任性出版

三國正史

資治通鑑、三國志、魏書……
十多本正史考證蒐集，
誰的評價遭冤枉？誰的表現被誇大？

比小說更戲劇

（原版書名：羅貫中沒告訴你的三國演義）

拂羅——著
微博知名作家、《唐朝有嘻哈》作者群之一

目錄

第六章 嫁給傳奇人物是什麼感覺？ 345

第七章 三國大哉問 361

（原版書名：羅貫中沒告訴你的三國演義）

推薦序一

三國，再戰千年

「大豫言家——說書人柳豫」粉專版主／說書人柳豫

每隔幾年，總有三國相關的電影登上銀幕，看電視戲劇或滑手機看到廣告，往往少不了三國題材的遊戲，許多三國遊戲甚至在日本、歐美都有廣大粉絲，這段一千八百年前的歷史，為什麼有如此魅力？三國到底在紅什麼？

原因眾多，以說書人我的角度來看，那就是一句話——對英雄的嚮往。

劉備、曹操、孫權都是百年難得一遇的人物，而他們各自擁有忠心耿耿的猛將謀臣，看著這些武力和智力破表的傳說將才鬥智鬥力，讓人著迷不已；戰火連天的東漢末年，自然是一個悲劇的時代，但因為這些英雄豪傑互相激盪，也造就了一個浪漫的時代。

今日人們對於三國人物大多不陌生，不過說到真正的歷史卻所知甚少，其實，近代上千個與三國有關的戲劇、遊戲、漫畫、動畫等創作，所參照的劇本原型幾乎都不是史書，而是《三國演義》。

簡單解釋，史書《三國志》可視為一部「官方設定集」，而《三國演義》則是史上最成功的「二次創作」，替這些英雄人物添上鮮明的外貌與個性。演義確實推廣了三國故事，但創作太過成功，也造成許多讀者對史實產生誤解。

比方說，劉備是個什麼樣的人呢？

演義中的劉備溫文儒雅、禮賢下士，打著皇叔的招牌行走江湖，仁義是他的旗幟，三秒落淚則是他的獨門絕活。

然而《三國志》曰：「先主不甚樂讀書，喜狗馬、音樂、美衣服。少語言，善下人，喜怒不形於色。好交結豪俠，年少爭附之。」劉備不是什麼文人，也不是靠著王室背景創業，他更像一個具有號召力的流氓老大，真正靠的是人狠、夠義氣、兄弟多。其江山不是哭出來的，而是和一票兄弟從無到有打拚出來的，比起血統，重情義才是劉備最大的魅力，因此多少英傑都心甘情願追隨他。

當然，這是說書人我眼中的劉備，我自承是蜀漢粉絲，不免有粉絲濾鏡；每個人看劉備，或許都會看到不同的模樣，正所謂「一個劉備，各自表述」，這點正是讀歷史有趣的地方。

翻閱史冊，人物和歷史有太多複雜的面向，若要統整資料並整理出一個脈絡，那可是大工程，而《三國正史 比小說更戲劇》做的就是這件事，用輕鬆幽默的方式訴說歷史，還原這些精彩的三國故事。另外，由於本書作者是女性，和一般男性切入事件的角度有所不同，像是「嫁給傳奇人物是什麼感覺？」這一章，讀來特別有趣，讓人會心一笑。

讀三國再多次，每次仍有不同的心得，喜愛三國的觀眾，大概都明白這種感覺。無論你是劉備的信徒、曹操的仰慕者、江東絕代雙驕孫策和周瑜的粉絲，就算已經非常熟悉他們的故事了，但這些人物的魅力，從來不曾減退。

三國，還能再戰千年。

推薦序二
給我來一點天然的三國

《非普通三國：寫給年輕人看的三國史》作者／普通人

因緣際會之下，我從二〇一五年開始在網路上發表三國史文章，也承蒙讀者們不嫌棄，讓我不僅有機會出版自己的第一本實體書《非普通三國：寫給年輕人看的三國史》，也有了一些受邀演講的機會，能夠站在臺上分享自己對於三國史的想法，收穫甚多。

在每次演講開始之前，我總喜歡向現場觀眾進行一項簡單的問卷調查：「請問各位最初是透過什麼樣的媒介接觸三國的？」絕大多數人都是從閱讀小說《三國演義》開始入門，其次則是以三國時代為背景的電玩遊戲，也有一些人是從影視作品開始認識，然而從正史《三國志》開始著手的卻幾乎掛零。

得到這樣的結果毫不令我意外，若是有人在尚未接觸任何三國相關改編作品之前，能夠把「質直過之」的文言文《三國志》讀得津津有味，那麼此人必定天賦異稟，乃萬中選一的絕世奇才。

三國之所以能夠成為顯學，深受大眾喜愛且歷久不衰，小說《三國演義》絕對是當仁不讓的頭號功臣。其影響力之深遠，甚至反客為主，讓人們對三國人物的認知來源是《三國演義》遠遠大過於《三國志》。

舉一個最經典的例子。說起關羽的形象，不管是廟宇裡的神像，還是傳統戲曲中的裝扮，都是丹鳳眼、臥蠶眉、面如重棗、髯長二尺、身披綠袍、手提青龍偃月刀或《春秋左氏傳》、身騎赤兔馬。上述這些特徵，幾乎稱得上是關羽的標準配備了，對吧？

然而我們若將關羽的形象調整為《三國志》的正史版本，那將完全不一樣——《三國志》並沒有對關羽的外表多加描述，僅提及關羽留有一束漂亮的大鬍子；偃月刀這樣的長兵器是宋朝才有的產物，且多用於儀仗和訓練，關羽不可能在三國時代拿著它奮勇殺敵；關羽嗜讀《春秋左氏傳》沒錯，但三國時代紙張尚未普及，關羽就算要拿或許也只會拿竹簡，而不是同樣到宋朝才有的精美線裝書；赤兔馬是呂布專屬的坐騎，跟關羽一點關係也沒有。

抽掉了《三國演義》的藝術加工之後，歷史上的關羽形象便單調許多。假如關羽不小心穿越時空來到現代，我們大概只會覺得不過是個普通的大鬍子男人罷了。但這不是說真實的三國歷史枯燥乏味喔！歷史上的三國雖然少了些誇大的帥氣，卻非常踏實；沒有《三國演義》強調的善惡對立，但真實人性更顯光怪陸離；蜀漢的「復興漢室」目標固然高大上（按：中國網路流行語，指高端、大氣、上檔次），但曹魏與孫吳也有各自堅信的理念，大夥各擅勝場、百花齊放。

我自己試著用各式各樣的方法，將真實的三國歷史轉化為精彩程度不輸《三國演義》的故事，拂羅老師所著的《三國正史 比小說更戲劇》，同樣抱持著這樣的理念，請讀者們務必親自感受純天然未加工的三國好滋味。

推薦序三

一個三國，各種解釋

「歷史說書人 History Storyteller」粉專創辦人／江仲淵

研究中國歷史一直是我長年以來的興趣，其中三國又是我認為特別有趣的一段，它不像其他時期被無聊的封建禮教約束，既有古代志士的豪放，也有近代政治家的狡詐，堪稱封建時代難得一見的時期。

還記得國小的時候，校內曾經流行過一種特殊文化，那就是模仿《三國演義》裡的行為，如果要交朋友，就必須仿照劉關張結義的劇情做些儀式；如果對誰不滿，就要仿照曹操對袁紹下戰帖的劇情，「複製」一份有模有樣的戰書；如果想要勸諫別人，就要像諸葛孔明那樣引用典故、滿口之乎者也。雖然回首往事，不免感到有些臉紅，但也能側面反映出三國歷史到底有多慷慨激昂、引人入勝，讓一整個學校的學生們甘願像孔子學習周禮一樣，卯盡全力學習。

羅貫中的《三國演義》對學生的影響太深了，在華人文化圈中更是一部讓人瘋狂的神話，甚至被認為是中國史上最精彩的小說，直到近代教科書裡，也總會將《三國演義》的幾個重要段落加上去，好讓讀者了解這個英雄四起、群雄逐鹿、波瀾壯闊的時代。

不過，《三國演義》雖以歷史為題材，但畢竟是一本著重文學而輕史實的小說，很多故事與正史並不相符。這種出於劇情隨意修改歷史的做法，使讀者對歷史產生了錯誤和虛假的理解，實在有礙於文化的發展與進步，本書即是在這個契機下應運而生。

我曾瘋迷過三國很長一段時間，那時經常與歷史社團的朋友們討論一些見解，但每當評價某些人物時，其他人總會跑出一些不同的觀點來反駁，有時候甚至會引發衝突。其實這是必然的，畢竟反駁的人中，有的是「演義派」，有的是「官方派」，有的是「考據派」，史學有太多角度了，要公正嚴謹的去還原一位真實人物，幾乎難如登天；如果要討論一名將領，也很難篤定以哪一套標準來看待他。

要考據三國歷史，最困難的不是沒有書，相反的，三國的第一、二手史料相當豐富，但是那些書大都參雜了個人觀點，或是莫名其妙的增加一些幻想（如曹操被關羽的靈魂奪命）；而少數客觀的著作雖然嚴謹，卻很迂腐；完整的歷史通論雖然詳細，卻厚得像磚；專業的史學論文雖然詳細，卻難以找到全貌。

正如作家陳茻（按：音、義同莽）所說：「羅貫中對三國的影響太大，要從他的影子裡走出來，格外費力費時。」本書做得最好的一點，在於平衡。作者拂羅大量使用歷史考據，卻不會讓人感到教科書式的死板，更以輕快的文筆，解釋歷史與《三國演義》的不同之處。

人們總只知道《三國演義》慷慨豪放，卻不知如果卸下層層修飾，其本質其實更加勁爆，譬如從民間走進政壇的劉備，很多人都誤認他懦弱、徘徊又老實，事實正好相反，他是一位城府很深的政治家，每一步路都經過細密的政治打算才敢踏出；或是演義裡存在感較低的費禕，他狂放不拘，簡直就是無賴，卻能靠著一派輕鬆的風格，代表蜀國周旋於吳地當和事佬；又或是五子良將之一的張遼，別看他向關羽勸諫投降時溫文儒雅，其實在戰場上凶得很，吳國小孩一聽見他的名字，甚至會立刻嚇哭……這本書將帶領讀者知道：在那些傳奇故事之後，這些人物的真面目到底是怎麼樣？他們又發生過什麼趣事？

希望各位讀者讀完這本書後，能更了解三國歷史的來龍去脈，並稍微得到一點收穫，這對作者來說，就是最大的讚美和成就了。

以古為鏡，鑑往知來，願讀者共勉之。

前言
英雄豪傑最需要的年代

文／麥貓糧

滾滾長江東逝水，浪花淘盡英雄。

歷史學家呂思勉先生曾感慨：「教歷史多年，看過的會考試卷不少，有些學渣真『不知漢祖唐宗，是哪一朝皇帝』，然而問起三國，大致都不會太離譜。」

託《三國演義》的福，三國英雄們名動大街小巷。劉關張桃園三結義、關雲長千里走單騎、趙子龍白衣救阿斗、諸葛亮妙算顯神機……數不清的傳奇被一代代人添磚加瓦、口耳相續，在說書人的驚堂木聲中，走進千萬人的心靈，造就了如璀璨星河般耀眼的英雄群像。但要是考究起真實的三國史，多半就困惑了——狀況如此紛亂，該從何說起？

要說英雄，得先知時勢。

劉備老愛吹噓自己那不太可靠的身世：中山靖王之後。中山靖王，姓劉名勝，父親是締造「文景之治」的漢景帝劉啟。劉勝這輩子沒有什麼本事，倒有一樣能力特別優秀——生孩子，光兒子就生了一百二十幾個。

劉備的老家涿(按:音同卓)郡,是當年中山國的地盤,自稱金枝玉葉,倒也不算誇大。不過,君子之澤,五世而斬。到劉備出生的時候,漢朝的光榮歷史已經等著被推翻了。

東漢帝國有三根支柱:外戚、宦官和士族。

王朝末年,宦官、外戚輪流執政,朝政腐敗,老百姓被逼得活不下去,遂掀起黃巾起義;同時,外戚和宦官因皇位繼承人之爭而陷入內鬥,最後同歸於盡,中央權力像雪崩一般迅速瓦解。甘肅軍閥董卓趁勢帶三千兵馬進入首都洛陽,控制了朝政。

董卓在歷史上沒什麼好名聲,但也並非草包,論打仗可謂非常能打,天生一個將才胚子。要是生在西漢初,說不定能和衛青、霍去病、李陵這些人並駕齊驅;可惜投胎到東漢末世,反把自身連同東漢王朝一起送上了末路。

董卓放縱軍隊四處燒殺淫掠,把洛陽弄成了荒涼的死城。上至被廢的小皇帝、皇太后,下至俘虜兵,礙事的,便殺!不礙事的,若剛好碰上老董心情不好,照殺!而且毒殺、絞殺、斬殺、肢解……什麼花樣都有。被虐慘的官員們咬牙聯合起來,各自招兵買馬,以袁紹為盟主創建關東聯軍,**湊了三十萬軍隊對抗董卓。這一年是西元一九〇年,也被稱為三國歷史的起點。**

值得一提的是,曹操也是其中一員,另外還有孫堅(孫權之父)等人。眾人藉聯合之力,成功擊退董卓,迫使董卓一把火燒了宮室,拽著皇帝逃往長安。

可惜,反董聯軍沒堅持幾個月,就因內訌而失敗。不過,董卓的好日子並不長——在司徒王允的策動下,董卓的乾兒子呂布窩裡反,將他幹掉了。順帶一提,史上並沒有貂蟬這個人,她和董卓、呂布的狗血故事，也是後人編撰的。

董卓死後，董家被滿門抄斬，首級成排掛在郿塢（按：位於中國陝西省，因董卓廣聚珍寶於此，故又稱「萬歲塢」）城門口。當初董卓營建郿塢，足足存夠了三十年份的糧食，他還拍起胸脯誇口道：「就算大業不成，只要守著這座城，也能安樂過一世。」誰知禍起蕭牆，最終死在信任的義子刀下。

空有一身勇力，卻不知權力越大、責任也越大；為了一己私欲，倒行逆施，身亡族滅，董卓至多只能算是個梟雄。

董卓一死，長江以北陷入混戰。手下兵卒過十萬的強者有袁紹、劉表、曹操等人，小軍閥就數不清了，較出名的有呂布、袁術、孫堅、公孫瓚、陶謙、張魯……在曹操縱橫疆場，力圖統一北方之際，劉備還在寄人籬下，部隊也是東拼西湊的雜牌軍，暫時無法搞出什麼大動靜。

西元一九一年，曹操平定了青州（今山東一帶）的黃巾軍，挑選出十萬精兵收為己用。有了這支部隊，再加上曹操擅長用人，武有曹家和夏侯家兩大子弟集團，文有郭嘉、荀彧、荀攸、賈詡、程昱等一幫謀士，短短幾年間，便打垮了呂布、張繡、袁術等一干對手。

西元一九六年，曹操迎漢獻帝，自洛陽遷都至許昌（別稱許都）。這次挾天子以令諸侯、把刀架在皇上脖子上的人，換成了曹操。

西元二〇〇年，官渡之戰，曹操和最強對手袁紹在官渡決戰，依靠奇襲火攻，擊潰對方十萬大軍，留下了軍事史上以少勝多的經典戰例。之後，他又花了七年，消滅袁紹兩個兒子的殘餘勢力，並北伐遊牧民族烏桓，大致上統一了北方。

西元二〇七年，四處奔逃的劉備找到了諸葛亮，三顧茅廬求來諸葛亮的《隆中對》。《隆中對》為劉備分析了戰略局勢，讓四處輾轉的他找到了方向，堂堂正正打起「復興漢室」的大旗，占據了荊州、益州一帶。

西元二〇八年，曹操將目光投向了長江以南。這一年，他率十多萬軍隊南下，號稱八十萬大軍，打算一舉統一中國。駐紮在樊城的劉備第一個倒楣，由於軍力懸殊，只好棄城逃走。曹操帶著五千精銳騎兵猛追，一天一夜趕了三百里，一口氣追到長坂坡，逼得劉備連老婆、孩子都扔下，和諸葛亮、張飛、趙雲等十幾人縱馬逃走。

這是劉備一生最凶險的關頭，而在激戰中，張飛、趙雲各自留下了一生最光彩的瞬間——張飛獨斷長坂坡，趙雲單騎救阿斗。

這時，孫堅、孫策都已過世，孫家家主是年僅二十六歲的孫權。面對強敵，他選擇和劉備聯手，在赤壁與曹操大軍隔江對峙。數年未嘗敗績的曹操，犯下了和袁紹同樣的錯誤：輕敵，最終被一把大火擊潰。

赤壁之戰，孫劉勝曹操，曹、孫、劉三足鼎立的局面初步形成。

在那之後，劉備趁勢先後收復荊州（今湖北及湖南四川江西部分）、占領益州（今四川雲貴地區）和漢中（今陝西南部），終於擁有了一塊比較完整的地盤。

西元二一九年，劉備從曹操手裡奪下漢中，封漢中王，隨後派關羽北伐。關羽一路圍困住襄陽與樊城，卻遭有意與魏國示好的孫權背後捅刀，劉備的江夏、長沙、桂陽三郡，也因此被搶走。後來，關羽在撤退的路上遭人截殺，頭顱被送到許都，曹操下令厚葬。這時候曹老闆六十四歲，已經老了。

西元二二〇年，曹操與世長辭，由兒子曹丕即位。

西元二二一年，曹丕迫使漢獻帝退位，自己登基做了皇帝，史稱曹魏。東漢在這一天徹底滅亡。

年輕的新皇帝俯瞰金殿前的一切，這些是父親用畢生打下的江山，但他未曾想到，有一支姓「司馬」的狼族，已經悄悄的潛入朝廷。

同年，沉浸在悲痛中的劉備終於稱帝，以報仇為名揮師伐吳，卻沒料到張飛也在半路上被人殺害。

西元二二二年，陸遜擊敗蜀兵，蜀國在夷陵之戰大敗；劉備退回白帝城後，於西元二二三年病逝，臨終前託孤於諸葛亮。從此大小事皆由諸葛亮處理，他讓鄧芝出使吳國，恢復聯盟，又七擒孟獲、四出祁山、與司馬懿對峙，後於西元二三四年病逝在五丈原（按：位於中國陝西省，唐代時建有諸葛亮廟，其內有匾額、題詞、碑記等遺蹟）。

蜀國後期，劉禪聽信宦官黃皓的讒言，於西元二六三年大開城門投降，即使著名軍事家姜維企圖復國，盡了蜀國最後一點氣數，終究被殺身亡。

而吳國那邊一直持續到西元二二九年，孫權才在武昌登基。他晚年性情多疑，治理昏庸，疑似精神分裂。

西元二四二年，孫權長子孫登死後，三子孫和被立為太子（按：次子孫慮卒於二三二年正月，享年二十歲），四子孫霸則被立為魯王。不料這兩人不和，朝廷內因而分裂成太子黨和魯王黨。

西元二五〇年，孫權廢掉孫和、賜死孫霸，這才平息爭鬥。

西元二五二年，孫權駕崩。當時的新帝孫亮（孫權七子）年僅十歲，權力在朝臣手中幾經爭搶，數年後落到了孫皓（孫和之子）手裡。然而孫皓昏庸殘忍，雖坐擁長江天險，仍不改國家苟延殘喘的事實。

魏國也不是那麼好過，朝廷權力逐漸被司馬氏掌控，一直到西元二六六年，最後一任皇帝曹奐被逼迫禪讓。司馬炎上位後，改國號為晉，史稱西晉。

西元二八〇年五月，西晉名將王濬率師至石頭城（吳國軍事要塞），孫皓反綁雙手出降，吳亡。後世劉禹錫有詩《西塞山懷古》云：「王濬樓船下益州，金陵王氣黯然收。千尋鐵鎖沉江底，一片降幡出石頭。」

三國滅亡，歸了晉朝，這一段南征北戰的精彩往事，也就此落幕。

東漢末年是個豪傑輩出的年代，這段歷史之所以精彩，就是因為它演盡了陰謀陽謀、兒女豪情。

曹操挾天子以占天時，孫權坐擁長江占有地利，劉備盡得人心而占人和，若要在三者中論出個最強，其實論不出來，因為他們各有勝負——曹操贏了官渡，輸了赤壁；劉備忍辱負重，暮年稱帝；孫權早期廉政，後期昏庸。是非榮辱，皆是豪傑。

對於晉朝人來講，三國已是歷史，正如對於現代的我們一樣，風沙掠過，只剩一首首壯烈的悲歌與詩句。

華夏向來不缺英雄，轉眼千年，又換了人間。

第一章

三國主要人物，和三國演義主角不太一樣

人物關係

魏

【曹操】

一、武將

① **夏侯惇**：深信，超越君臣。

② **夏侯淵**：器重。

③ **張遼**：重用。其他關係：關羽—好友。

④ **曹洪**：重用，後被記恨。

⑤ **曹仁**：深信。

⑥ **于禁**：後期失望。其他關係：原為鮑信部下。

二、軍師

① **郭嘉**：器重，欲託付後事。
其他關係：袁紹—短期投奔。

② **荀彧**：後期關係破裂。

③ **賈詡**：若即若離。其他關係：原為張繡部下。

④ **許攸**：兒時玩伴，後期厭惡。
其他關係：原為袁紹部下。

⑤ **禰衡**：不喜。

⑥ **司馬懿**：猜忌。其他關係：曹丕—關係好。
張春華—夫妻。

⑦ **程昱**：重用。其他關係：荀彧—朋友。

蜀

【劉備】

一、武將

① 關羽：情同手足。
② 張飛：情同手足。
③ 馬超：有所保留。
④ 趙雲：器重。其他關係：原為公孫瓚部下。
⑤ 姜維：受諸葛亮重視。
⑥ 黃忠：敬重。其他關係：原為劉表部下。

二、軍師

① 諸葛亮：超越君臣。其他關係：諸葛瞻─兒子。
② 徐庶：器重。其他關係：曹操─後歸屬。
③ 龐統：先看輕後重視。
④ 法正：寵信。其他關係：原為劉璋部下。
⑤ 張松：跳槽而來。其他關係：劉璋─被怒殺。
⑥ 費禕：信任。

吳

【孫權】

一、武將

① 周瑜：交好。

其他關係：孫策—總角之交。小喬—妻子。

② 太史慈：互相敬重。其他關係：原為劉繇部下。

③ 程普：敬重。

④ 呂蒙：深受喜愛。其他關係：魯肅—好友。

⑤ 甘寧：器重。其他關係：原為劉表部下。

呂蒙—好友。

二.軍師

① 張昭：又愛又恨。

② 魯肅：賞識。

其他關係：周瑜—好友。

③ 陸遜：前期信任，後被惹怒。

④ 諸葛瑾：信賴。

⑤ 諸葛恪：託孤大臣。

三、其他

① 孫堅：父親。

② 孫策：哥哥。

其他關係：妻子—大喬。

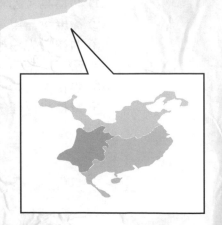

背景大綱

三國（西元二二〇年～二八〇年）是中國東漢與西晉之間的一段歷史時期，主要有曹魏、蜀漢、東吳三個政權。

西元二二〇年，曹丕篡漢稱帝，國號「魏」，史稱曹魏，三國歷史正式開始。

西元二二一年，劉備在成都稱帝，國號「漢」，史稱蜀漢。

西元二二九年，孫權於建業稱帝，國號「吳」，史稱東吳，至此三國正式鼎立。

此後的數十年內，蜀漢的諸葛亮、姜維多次率軍北伐曹魏，但始終未能改變三足鼎立的格局。曹魏後期的實權漸漸被司馬氏掌控。

西元二六三年，曹魏的司馬昭發動滅蜀之戰，蜀漢滅亡。兩年後司馬昭病死，其子司馬炎廢魏元帝自立，國號「晉」，史稱西晉。

西元二八〇年，西晉滅東吳，統一中國。至此三國時期結束，進入晉朝。

第二章

江山代有才人出，曹魏特別多

1 曹操文武雙全，曹丕、曹植建安風骨

姓名：曹操
職位：魏國CEO
愛好：打天下、文學、人妻（曾與袁紹搶親過）
技能：【奉迎天子】天子在手，天下我有；代表官方消滅你，戰局中永占先手。
【用人唯賢】觸發場中隨機三名人物的主動技能。
提示：不能直呼小名。
他人印象——李瓚：「時將亂矣，天下英雄無過曹操。」
個性簽名——「創業！創業！」

提起三國時期的奸雄，想必大家腦海裡都會自動浮現出一個人。此人用一輩子書寫了什麼

是真正的強者，無論歷史或演義，他的形象永遠都帶著幾分霸王之氣。今天我們就要講講這個傳奇人物——曹操，以及他的兩個兒子，曹丕和曹植。

何謂自我修養？即自我塑造。

首先，談一談曹老闆那矛盾的自我修養。

奸雄，即奸詐的英雄。曹操在演義中的形象奸詐狡猾，每次出場都自帶陰險背景音樂，這麼一看，反派設定似乎跑不掉了。但演義畢竟是演義，七分真、三分假，且人都有很多面相，不能只用一個詞來評價，曹操亦是如此。為什麼都說演義看看就好呢？因為作者本身有些偏心，如果我們仔細看，就會發現書中大都「尊劉貶曹」。

這是為什麼呢？主要是因為封建時期的皇上為了鞏固地位，總會叉著腰宣傳：「我才是正統皇室，你們可要信我啊！」讓所有反對者都變成了反派。

跟曹操相比，劉備的說詞就很正統，且每次招聘人才，都響亮打出「中山靖王劉勝之後」的招牌——各位看看，漢朝是老劉家的天下，而我也姓劉，所以我是正統的！本著這種思想，作者有意的將反派角色曹操，刻畫成一個典型的奸雄，但這是不對的，我們得把歷史上的曹操跟演義裡的曹操分開，冷靜看待。

初始時代，曹操自我修養的第一步是：不走尋常路。

曹操，字孟德，小名阿瞞（可不能隨便叫啊，許攸就是這麼被斬的）。他從小放蕩不羈、十分不平凡，當時人家都單學儒學一科，他偏不走尋常路，各家學說都要學。

他曾寫過《善哉行．其二》，詩中憐惜自己沒什麼福氣，自幼孤苦沒有依靠，既沒有受過孟母三遷式的教誨，也沒有受過庭訓（父親的教誨）：

自惜身薄祜，夙賤罹孤苦。既無三徙教，不聞過庭語……。

也正因放蕩不羈，許多人對他沒什麼好感，只有太尉橋玄和何顒（按：讀作ㄩㄥˊ）覺得這小子骨骼清奇，高度評價他「天下將亂，非命世之才不能濟也，能安之者，其在君乎」。事實證明他倆沒看走眼，因為這小子的確骨骼清奇。曹操年輕時聽說宦官張讓家裡斂有巨財，於是義憤填膺，孤身闖張府，不一會兒就被張讓發現；張讓派人捉他，不料曹操揮舞著手戟（按：古代兵器，一種供手持或投擲擊物的戟）邊打邊退，最後直接翻牆跑了。[1]

當然，曹操也不是學渣，為了實現滿腔抱負，他悉心鑽研兵書，這才贏得橋玄和何顒的讚賞。但是有了實力，曹操還是沒什麼存在感啊，這該怎麼辦呢？橋玄想了個方法：你去找名士許劭吧！

許劭，字子將，既是名士，也是著名人物評論家，他評論誰，誰立刻成為熱門話題。當時社會風氣很看重這個名聲，於是曹操就跑去找許劭：「你看我是什麼樣的人？」許劭覺得他骨骼清奇，但有點瞧不起他，便抬一抬眼皮，沒多加搭理。

曹操又問了一遍：「你看我是什麼樣的人？」

許劭：「子……治世之能臣，亂世之奸雄吧。你把刀放下，咱們好好說話……。」

這話怪怪的，明裡暗裡帶了點嘲諷，但曹操並不在乎，反倒哈哈大笑[2]，所以「奸」這個名號，是他自己也承認的，難怪後世人總在他的頭銜上加個「奸雄」。

接著，曹操踏上自我修養的第二步：入朝廷，當清流。嶄露頭角的他，定位是「清流」二字，對復興漢室抱持滿腔熱血，直到現實給了他一擊。

西元一七四年，二十歲的曹操因為好名聲被推舉為孝廉，高興的走上官場，發誓要當官界的一股清流，剛上任洛陽北部尉（相當於警察局的工作）不久，就聲明與自己家族有牽扯的宦官一派對立。當時皇帝很寵幸一個叫蹇（按：音同檢）碩的宦官，他叔叔蹇圖違禁夜行，卻仗著自己侄子的地位，天不怕、地不怕，最後被曹操毫不留情的用五色棒（按：上頭塗有紅、黃、綠、白、黑的棒子，為漢代執法所用）「解決」了。

蹇圖：「我侄子可是蹇碩！」

曹操：「啥？蹇碩就蹇碩唄。」

---

1 《異同雜語》：太祖嘗私入中常侍張讓室，讓覺之，乃舞手戟於庭，踰垣而出。才武絕人，莫之能害。

2 《三國志．魏志．武帝紀》：嘗問許子將：「我何如人？」子將不答。固問之，子將曰：「子治世之能臣，亂世之奸雄。」太祖大笑。

清流曹操看不慣朝廷昏庸的風氣，屢次進諫，雖然沒產生什麼效果，但也廣受人民群眾的好評。後來風水輪流轉，何進被十常侍[3]所害，十常侍緊接著被袁紹一干人所殺，再後來就是董卓掌權，跟他鬧翻的袁紹毅然跑路。

董卓考慮到曹操名聲不低，想拉攏曹操。但曹操一向不願意站在他這邊，也跑路了，一路來到陳留郡，「散家財，合義兵」，加入關東聯軍公開討伐董卓，可惜自身中箭失敗，聯軍不久後解散。待董卓為呂布所殺，曹操與同批的新人們也熬出了地位，例如袁紹、公孫瓚等人，都各自占據一方。

我們可以推測出，其實早期的曹操頗有一番豪情壯志，他發誓要在官場幹出些名堂來，所以立五色棒、屢次進諫，但東漢朝廷已然成了諸侯爭霸中瑟瑟發抖的肥羊，且內部昏庸、官宦爭奪不休，甚至出現公開花錢買官的荒唐事。

這段雄心壯志的日子讓曹操很難忘，以至於封了魏王之後，還找來當年舉薦他當北部尉的司馬防（司馬懿之父），端著酒杯笑問：「哎，你看，我現在還能擔任尉職嗎？」

司馬防回答：「以前我推薦您的時候，您正適合。」

有了兵力，接下來如何發展呢？曹操捨棄了最初的自我定位，重啟自我修養的第三步：開始逐鹿中原。

西元一九三年，青州黃巾軍大規模作亂，占領了兗（按：音同眼）州[4]不少地區。原兗州（山東濟寧）牧（按：州的行政長官）劉岱死後，鮑信連忙迎曹操任兗州牧，兩軍聯合作戰；

直到鮑信犧牲，曹操終於打退黃巾軍，收編了部隊，組成自己麾下的青州（山東淄博）軍。收編青州軍，無疑為曹操占領兗州打下了基礎，接下來他瞄準的目標是徐州。

曹操在中年時期，都做了些什麼呢？簡單來講，他屠城、被呂布打跑、回來打跑呂布、擴大勢力、迎漢獻帝。

西元一九三年秋天（曹操三十九歲），徐州刺史陶謙攻打兗州東部泰山郡，使得曹操的父親曹嵩被殺。由於殺父之仇，曹操隔年就帶著怒氣出兵徐州，實實在在的發狠下令：「屠城！給我屠城！」記載中「雞犬亦盡，墟邑無復行人」[5]，眼看著就要大破陶謙，後方的張邈和陳宮拉攏呂布，合夥舉起了「反曹」大旗；荀彧和程昱死死守住幾座城池，等曹操撤兵回來，雙方就這樣對峙了足足兩百多天。萬萬沒想到，蝗蟲成了戰事ＭＶＰ——自古物以稀為貴，當時蝗蟲吃糧，糧價頓時飛漲到了上萬倍[6]，雙方因蟲災不得不停戰、撤兵。

後來，曹操三次大敗呂布。一年後，在荀彧與程昱的建議下，他親自迎接流落在外的最高

3 《三國演義》以張讓、趙忠、封諝、段珪、曹節、侯覽、蹇碩、程曠、夏惲、郭勝十名宦官為「十常侍」。
4 古九州之一，另八州為冀州、青州、徐州、揚州、荊州、豫州、梁州、雍州。
5 《三國志．荀彧傳》：引軍從泗南攻取慮、睢陵、夏丘諸縣，皆屠之，雞犬亦盡，墟邑無復行人。
6 《三國志．武帝紀》：是歲穀一斛五十餘萬錢，人相食，乃罷吏兵新募者。

權力——漢獻帝。跟「女主角受苦受難時，男主角忽然降臨來擄獲芳心」的設定差不多，當時獻帝一行人顛沛流離的到處跑，不料忽然來了個曹操，恭恭敬敬的將他迎回去。獻帝對此相當感動，雖然之後曹操的劍就架在他的脖頸上，但起碼不用流落民間。

從董卓挾天子到曹操挾天子這段時間，當年魯莽冒失的曹操，已經不同以往；常年在亂世打拚的經歷加深了他的閱歷，促成這相當高明的一手。挾持皇帝，也就等於挾持了諸侯，猶如穩穩握住亂世裡的風向儀，這顯然和董卓等人不同。

董卓剛進京便要廢帝重立，殘暴且不得民心，袁紹因此打算另立一個劉虞當皇帝，只是被劉虞拒絕；袁術則是比較天真的那個，尋思著「我自己當皇帝不就好了」，僅在位兩年就吐血而死。

不過曹操不同，他拎著皇帝當擋箭牌，表面上對皇帝恭恭敬敬。對於皇帝的話，百姓自然都聽，一看「哎這曹操不錯」，就認定他是個好人；諸侯當然也得聽皇帝的，自然明白對方不好惹，揍他等同揍皇上——這正是史稱的「挾天子以令諸侯」。

有了皇帝的光環加持，又在郭嘉、荀彧、賈詡、程昱等謀士，以及夏侯淵、夏侯惇等武將的效忠下，曹操相繼除掉了呂布、張繡等集團，沒多久便將勢力擴大到黃河以北。此時的曹操已經有了可觀的實力，接下來兩場知名戰役讓他拿下一勝一敗；前者助曹操統一北方，後者讓曹操不得不暫停擴展版圖，退回北方韜光養晦，不久後平定了涼州。

這兩場戰役，分別是官渡之戰和赤壁之戰。

前者於西元二〇七年徹底結束，曹操在官渡一帶大敗袁紹，隨後追擊烏桓[7]，徹底消滅了「四世三公（世代官居高位）」的袁家勢力。

後者發生於西元二〇八年，劉備與江東孫權結盟，曹操派兵與兩方在赤壁對戰，見局勢不利撤軍烏林，卻被周瑜用詐降之計火燒戰船，只能從華容道狼狽而歸。這場戰役和官渡之戰的相似之處，在於都以少勝多，只不過這次落荒而逃的人，變成了曹操。

回去之後，曹操左思右想，打算進軍關中。當時關中的頭號對手是馬超和韓遂，這兩人雖占據一方勢力，名義上卻還是替朝廷辦事的，總不能沒有理由，忽然出兵打他們。於是曹操有意透露風聲，表示自己要打漢中張魯。為什麼呢？因為進軍漢中必須路過關中，到時馬超和韓遂必定坐不住，懷疑是要來打自己，等到他們起兵反叛，就能名正言順的討伐他們。[8]

曹操這個計策很成功，馬超和韓遂果然成了驚弓之鳥，被正正當當的打壓下去，等到了九月，馬超一方已無力抵抗，企圖求和。會面之前，曹操麾下的謀士賈詡暗地獻計，曹操亦點頭接受。是什麼計呢？以下道來。

---

7 中國古代北方民族之一，時任酋長為蹋頓，與袁紹之子袁尚聯軍。

8 《三國志・武帝紀》：是時關中諸將疑繇欲自襲，馬超遂與韓遂、楊秋、李堪、成宜等叛。

談和當天，馬超派曹操的老相識韓遂出去與曹操會面。韓遂就算提前想好無數說詞，依然十分緊張。沒想到，曹操親熱的拉著他的手：「文約（韓遂的字）啊，今天的天氣真不錯！」

韓遂一臉困惑：「啊，是是……。」

「文約啊，還記得咱倆過去的事兒嗎？那是咱們消逝的青春……。」

「啊，是是……。」

曹操拉著韓遂，如此閒話家常一番，就讓他回去了。回去之後，馬超連忙將韓遂拽過來問道：「你倆都說了些什麼？」

韓遂不知所措的回答：「沒說啥啊，就話了一頓家常……。」

馬超覺得對方一定有事瞞著自己，從此起了疑心；過了幾天，他又看到一封曹操故意送來的信，信上塗改不少，像是韓遂心懷鬼胎才改的一樣，馬超的疑心因此更重了。隨後曹軍發動奇襲，打退缺乏信任的兩人，就這麼平定了涼州。此時的曹操經過多年奮鬥，已經位極人臣，可以「贊拜不名、入朝不趨、劍履上殿」了。

從最早初入仕宦到散財起兵，再從復興漢室到封為魏公，曹操也從懵懂的青年，一步步成長為世人眼中的奸雄。他雖實權比肩皇帝，卻一輩子未稱帝，後世對此眾說紛紜。

西元二一二年到二一七年，曹操步入晚年，被推舉為魏公、建魏國，又受封魏王，乘車出行皆與王室別無二致。與劉備爭奪漢中失敗後不久，孫權一方擒殺關羽，將其頭顱送至許昌，曹操遂以厚禮代葬，結束了樊城之戰。

西元二二〇年，曹操在洛陽病逝，結束了傳奇的一生，功過榮辱，皆留予後人評說。

若仔細分析被演義淡化的細節，其實可以看出，曹操並不總是陰險狡詐的賊子；至於打著漢室旗號的劉備，其實也並非正統的繼承人——事實上，魏、蜀、吳三國的本質可謂相同，都是為了權力而搶地盤。

歷史上的曹操熟諳兵法、用兵嚴明，在軍事方面統一了北方，又利用剿黃巾軍獲得的錢財，進行屯田制，解決了軍糧缺乏的問題，促進被亂世摧垮的農業。至於選用人才方面，曹操採行「唯才是舉」，即任用「品德上稍有短缺、但有才能」的人，並先後頒布三道求賢令。但以「才」為大的時代，主要實行於亂世，在封魏王之後，他頒布的第三道求賢令就開始以「德」為主了。

在文化方面，曹操開創了具有「建安風骨」的文學，此風格以曹操、曹丕、曹植三人為代表，字句間有著慷慨悲涼的陽剛之氣。曹操的詩尤為明顯，例如行軍時所作的《觀滄海》、《龜雖壽》，還有表現求賢若渴的《短歌行》等。那麼，從曹操這個人的心路歷程上看，他的自我修養方向，究竟是一代梟雄，還是一代豪傑呢？

首先，我們要感謝演義塑造了鮮活的曹操形象，但**與演義相比，歷史上的曹操顯然更加生動**；這些活躍於字裡行間的記載，交織成後人評價不一的曹操。我們不能穿越到過去，一窺他真正的模樣，但我們可以盡量做到公平評價——放眼古今，英雄如浪淘沙，讚曹丞相一聲「雄傑[9]」，無愧於心。

姓名：曹丕
職位：魏國二代CEO（候選）
愛好：老爹的天下、文學、人妻、葡萄
技能：【隱忍上位】低調隱忍數年，一朝奪嫡上位，回合中有機率觸發反殺一擊。
提示：投餵葡萄、日常比劍會增加好感唷！
他人印象——諸葛亮：「曹丕篡弒，自立為帝，是猶土龍芻狗之有名也。」
個性簽名——「蜀漢的諸葛亮，戴有色眼鏡評價人，呸！」

姓名：曹植
職位：魏國二代CEO（候選）
愛好：曹丕、文藝、酗酒
技能：【任性】醉酒不領命，有機率導致自身無法行動一回合。

【愛兄】持有曹丕的情況下，曹植戰鬥力翻倍。

提示：不要在他面前說曹丕的壞話。

他人印象——李白：「曹植為建安之雄才，惟堪捧駕。天下豪俊，翕然趨風，白之不敏，竊慕高論。」

個性簽名——「哥哥今天來看我了，嘿嘿～」

史書裡的曹丕與曹植又是什麼樣子呢？來來來，讓我們把聚光燈轉移一下。

曹操兒子特別多，在二十五個兒子裡，曹丕和曹植脫穎而出；他倆都是卞夫人所生，為同父同母的親兄弟。

當時老爹曹操正在打天下，四處征戰也沒個大本營，兄弟倆只好跟著跑來跑去。曹丕比曹植大五歲，跟文藝青年弟弟比起來，顯然在戰鬥方面的造詣更高，不但六歲射箭、八歲騎馬，還從小跟著老爹南征北戰，過上軍旅生活。

戰場歷練對小孩子的心智成長的確有很大的好處，但也有不好的地方。無論演義還是史

9 《三國志・吳書・陸遜傳第十三》：陸遜：「斯三虜者（曹操、劉備、關羽）當世雄傑，皆摧其鋒。」

書，大家對曹丕的印象可能都是「悶騷心機」，這和他年少時的經歷有一定關係。例如西元一九七年的時候，張繡雖投降曹操，卻因伯母被對方納為妾室、自家親信疑似被收買而反攻，過程中，曹操長子曹昂就這麼遇害了[10]，年僅十歲的曹丕驚惶騎馬逃脫。

這樣的畫面對一個孩子而言，足以留下心理陰影，改變其性格，造就這對兄弟截然不同的性格，一個悶騷隱忍，一個任性文藝。老爹曹操比較偏心，更喜歡出口成章的曹植。

先來講講不怎麼被重視的曹丕，他的自我修養路線，就是悶騷到底。沒錯，他弟是狂放文青，他是悶騷武青，在《典論．自述》裡，曹丕心機滿滿的吹捧了自己一番，其中特意提到一件事……。

某日，曹丕和將軍鄧展、劉勳以及其他人一起喝酒，喝著喝著便聊起了劍術。就在鄧展大談劍術、說自己能空手接白刃時，曹丕忽然潑了一桶冷水：「哎，我也精通劍術，我覺得你說得不對。」

鄧展：「你算個啥？不服來捋起袖子打一架！」

曹丕：「打就打啊，誰怕誰？」

正巧當時大家在吃甘蔗，他們順手就抄起了兩根甘蔗，打得天昏地暗，最後由曹丕勝出。鄧展立刻表示不服，要求再打一架。

這一架，曹丕又贏了，還嘲諷道：「唉，就這個水準，我看鄧將軍還是重新學劍術吧。」旁邊其他人皆大吃一驚。[11]

除了繼承老爹的心機，曹丕還繼承了另一個愛好——人妻。他的正室、日後的文昭甄皇后，相傳本名甄宓，早期為袁紹次子袁煦之妻，西元二〇四年曹操攻破鄴城，曹丕便在曹操的允許下，納甄氏為妻。

這一故事在《魏略》和《世說新語》裡都有，細節不大一樣，但整體大致相同。後者記載曹丕進入袁府後，看見了袁紹之妻劉夫人，以及惶恐低著頭的甄氏；甄氏由於害怕，哭得梨花帶雨，曹丕因而被她的美貌擄獲，親手為她束起長髮，擦拭臉上的塵土。不提道德問題，僅僅四目相對這一幕、亂世裡這一抹柔情，大抵會讓甄氏銘記一輩子。她為曹丕生下了兒子曹叡和東鄉公主，可惜後來因失寵被曹丕賜死，可嘆帝王之愛，遠不如現代小說中那麼美好。

至於他的另一個特點——悶騷，又是指什麼呢？就是這個人表面沉悶，卻內心戲十足，誰也不知道他的心中藏著多瘋狂的想法。

《世說新語》裡記載，西元二一七年還發生過一件事，放到現在看，感覺有點傻——建安

10　《三國志・魏志・武帝紀》：建安二年，公（曹操）到宛。張繡降，既而悔之，復反。公與戰，軍敗，為流矢所中。長子昂、弟子安民遇害。

11　《典論・自述》：嘗與平虜將軍劉勳、奮威將軍鄧展等共飲，宿聞展善有手臂，曉五兵，又稱其能空手入白刃……坐中驚視。

七子[12]之一的王粲逝世，大家都很悲傷，在靈堂弔喪的時候，曹丕建議：「王兄生來最喜歡驢叫，咱們就學驢叫來送他走吧。」於是大家紛紛學起了驢叫，此起彼伏。

再來看看成強烈對比的曹植，他的自我修養路線，是貫徹有才任性。

曹植文科成績很好，年僅十歲就能出口成章。有一次老爹曹操看完他寫的文章，震驚道：「植兒啊，你你你……該不會是請人代寫的吧？」

曹植表示：「言出為論，落筆成章，當面試試就知道了，何必請人代寫？」另外，和心機的老哥曹丕比起來，曹植是典型的文人性格，灑脫不羈、坦率真誠，曹操非常欣賞。

接下來隨父征戰的日子裡，曹植相繼寫下了不少作品，名作《白馬篇》也是在這段時間寫的。西元二一〇年，鄴城銅雀臺建成，曹操請了一群文士來登臺作賦，其中自然有曹植。只見曹植略加思索，就從從容容的第一個交卷，呈上著名的《銅雀臺賦》。待曹操雙手顫抖的讀完，隨即成了自家兒子的狂熱粉絲，接著他問：「小丕你的呢？」

寫文不擅長一筆揮就的曹丕只能答道：「我我我……還沒寫完……。」明顯輸給了曹植。

曹植二十歲時，還隨著曹操西征馬超，期間寫了《洛陽賦》、《靜思賦》等篇，並於一年後凱旋，被封為臨淄侯。按理來說，如此博得老爹的喜歡，日後太子肯定就是他啊，但最後的太子之爭中，為什麼敗給曹丕了呢？

具體還得從繼承人之爭時說起——曹昂和曹沖[13]死後，繼承者只剩下曹丕和曹植。曹操的確將厚望寄託在文采斐然的曹植身上，但曹植個性灑脫、好飲酒，經常做出讓人失望的事。

曹操為此糾結不定，造成了兩方對抗的局面；曹植一方有楊修、丁儀等人，曹丕一方則有司馬懿、賈詡等人，雙方爾虞我詐，相爭幾年。本來曹植有好感優勢，又有楊修出謀劃策，好幾次差點被立為太子，只因其人太過任性，每每讓曹操放棄了念頭。曹植的妻子崔氏還受到牽連，《魏晉世語》中記載，崔氏因登臺時的衣裳太過華美，竟被曹操以違穿華服的禁令賜死。

而曹植最任性的一次，莫過於西元二一七年時，他趁著老爹不在，居然酒駕夜闖司馬門——此門只有皇帝舉行典禮的時候才開放，但酒醉的曹植玩得正盡興，誰的話都聽不進去。此事發生之後，曹操大怒，同年十月立曹丕為世子，從此兄弟之爭落幕。

曹丕得知消息後十分興奮，不顧以往的形象，居然一把摟住丞相長史辛毗（按：音同皮）的脖子：「辛毗啊辛毗，你知道我有多高興嗎？」

繼承王位之後，曹丕對曹植嚴加防範，從此曹植幾經徙封（按：古代有爵位者，從原封地

12 東漢末年漢獻帝建安年間的七位文學家，另外六子為孔融、陳琳、徐幹、阮瑀、應瑒、劉楨。

13 曹操之庶子，為環夫人所生，乃著名神童，《三國志》記載其靠船隻吃水程度，藉由同重量的大量石頭測得大象的體重，可惜十三歲即因病去世。

改為其他地區），陷入處處受限的境地，再也不能任性。傳說《七步詩》就是在曹丕相逼時作的，但此事不見於正史《三國志》，真假成謎，不能當作歷史相信。

西元二二一年，曹植被封為鄄（按：音同眷）城王，在封王途中寫下《洛神賦》，借愛情的失敗，來隱喻自己的理想消散。

西元二三二年，曹植被轉封為陳王，在陳郡度過憂鬱的後半生，最終於同年逝世，享年四十一歲。

曹植在文學史上的貢獻是有目共睹的，作為建安七子的代表人物之一，他在書畫詩賦方面都有成就，為後世歷朝文人所推崇。

而曹丕逝世得比自家弟弟還早（西元二二六年），篡漢之後僅在位七年。這七年裡，曹丕將曹操統一的志向發揚光大，不但集中皇權、徹底統一北方，還三次伐吳，但都沒有產生太大的效果。在文學方面，曹丕的代表作有《典論》、《善哉行》等，其中《燕歌行》是文學史上第一首完整的七言詩，對後世影響極大。

曹丕逝世前，曾召來曹真、曹休和司馬懿等人，讓他們共同輔佐曹叡，之後便與世長辭，葬於首陽陵。若曹丕泉下回顧，可會看清，長跪病榻前的司馬懿眼底那一抹寒光呢？[14]

---

14 曹叡駕崩後，由曹真之子曹爽掌權，之後司馬懿發動政變，從此魏國大權完全落入司馬氏家族手中。

2 曹操創業四夥伴，無一猛將

魏國的開國史，是一個大老（按：指某一方面負有盛譽的人）帶領一群文武之人的奮鬥史，他們以東漢亂世為舞臺，浴血打拚出一個曹魏來，名留史書。

曹操初發跡時，跟隨在他身旁、為他浴血拚殺的武將有夏侯惇、夏侯淵，還有曹洪、曹仁，而這四個開國元勳中，藏著曹操的血親。那麼孰是孰非？

姓名：夏侯惇
職位：魏國將軍
愛好：不當漢臣當魏官
技能：【忠心】兵力不足時，觸發募兵，增加兵力。
【劫持】承受攻擊時，有機率被敵方劫持，導致一回合無法行動。

提示：不要提起關於眼睛的話題。
他人印象——曹操：「魏絳以和戎之功，猶受金石之樂，況將軍乎！」
個性簽名——「別叫我盲夏侯，好嗎？」

第一題，夏侯惇和曹家有血緣關係，是否正確？

（A）正確。
（B）不正確。

咱們來看看答案——嘿嘿，答案就是沒有答案……哎，別掀桌、別掀桌！夏侯姓，也就是夏侯惇、夏侯淵的姓氏，為曹家本姓，這是後世比較有名的推測，且最早並非出自演義，而是要從曹操他爹曹嵩那一代開始講起。

曹嵩是宦官曹騰的養子，但再往上的身世無從考證，所以曹操的祖先目前還是個謎。《三國志》裡記載他是「漢相曹參之後」，但又記載曹嵩「莫能審其生出本末」，所以是不是曹參的後代，也暫時沒有確鑿的考證。

而本姓夏侯的傳說，出自裴松之[15]引吳國人注「嵩，夏侯氏之子」，但畢竟是引注，真正的歷史依然有待考證。根據《三國志》的記載，兩家世代聯姻、同族之間近親聯姻，在古代並不被允許，所以這個結論也值得懷疑。在兩邊身世還是個謎團、沒有確切結論之前，我們先保持中立。

先來講講夏侯兄弟之一，曹魏集團開國元勳——夏侯惇。

作為武將，其打仗勝率雖年年下降，但在老闆心中的地位不僅不變，反而一路高升。曹操奮鬥成功時，甚至不願讓夏侯惇的位置屈於自己之下，這是怎麼回事？夏侯惇究竟是何方人物？

夏侯惇，字元讓，是夏侯淵的哥哥。別人十四歲還在潛心讀書習武，夏侯惇已經拿到了人生首殺——他好學又尊敬師長，當時有人羞辱他的老師，他立刻怒不可遏殺了對方，從此聞名鄉里。

作為最早跟隨曹老闆的元老，早在曹操到處拉隊友創業之時，他就堅定不移的站在曹操這邊。據《三國志》記載，西元一九〇年，曹操剛開始起兵討伐董卓，就被徐榮打得落花流水，不僅隊友死了、軍心散了，自己更是在曹洪的保護下才拚死逃出來。一代奸雄畢竟不

15 南朝宋歷史學家，為《三國志》作注寫《三國志注》。

是最初即為奸雄，這下該怎麼辦呢？曹操決定回去招兵買馬，這時候幫他拉隊友的那個重要人物，就是夏侯惇。

夏侯惇拍胸脯：「兄弟莫慌，我在！」

雪上加霜的是，這些新來的隊友不但靠不住，還造反了一次，幸好最後曹操他們奇蹟般的拿劍殺了出來[16]。要不是夏侯惇拉了一把，曹老闆的傳奇奮鬥史恐怕剛開篇就要結束。

夏侯惇在演義中出場率極高，作者羅貫中十分偏愛他，一揮筆讓他宛如神力護體；但從歷史角度出發，夏侯惇的戰績其實並沒有那麼亮眼。

業績嘛，總有起起落落……讓我們細算夏侯惇跟曹操打拚後的戰績：

一、帶兵救曹操的老婆、孩子，卻半路被劫持，守城時還瞎了一隻眼。

二、後半生飽嘗失敗卻地位猛升。

劫持事件發生在西元一九四年，當時曹操打陶謙去了，夏侯惇留守濮陽，鄄城大本營的將領張邈和陳宮卻忽然反叛，夏侯惇連忙率輕騎去保護曹操在鄄城的家眷，半路跟呂布正面遇見，一言不合就打了起來。不料敗退的呂布竟趁機跑回濮陽，襲得夏侯惇的軍隊輜重（按：提供後勤補給的裝備及車輛）。

一看見輜重丟了，夏侯惇的將士們頓時亂成一團，這時呂布假意投降，實際上派了間諜劫持夏侯惇：「我已經劫持了你們的將軍，只要你們投降，我們就不撕票！」

這時，有個叫韓浩的部將站出來：「你們連大將軍都敢劫持，是不是不想活了？我奉命討反賊，怎麼可能因為一個將軍就眼睜睜看著你們亂來？撕就撕吧，我們照打！」為了國法，將軍，對不起了！韓浩默默垂淚。

沒想到這一吼的效果相當好，在氣勢上壓倒了劫匪；劫匪們膽子小，居然「匡噹」一聲把刀扔了，人質也放了：「唉唷饒命，我們只是想搞點物資啊……。」

史書裡對夏侯惇的記載少得令人驚訝，甚至沒有關於受害人夏侯惇的正面記載，但這件事想必會成為夏侯惇人生裡的陰影。

後來，曹操聽說了這件事，特意修改法令，宣布劫持者與被劫持者可以一同擊斃，自此之後再也沒有發生劫持這類事件。從曹操的反應我們可以猜測，他對夏侯惇這次表現相當不滿。

至於瞎眼的事，在演義第十八回裡有這個場景——追擊高順（呂布部將）的路上，夏侯惇被敵將曹性一箭射中左目，遂痛吼一聲：「父精母血，不可棄也！」把自己的眼球一口吃了，再挺槍殺了曹性。

這個橋段讓沒看過三國的人，也多少聽說過獨眼夏侯惇。但夏侯惇究竟有沒有吃過眼球呢？這故事很有可能是演義虛構的；那麼他是不是獨眼呢？是的，這個是真的。

16 《三國志．武帝紀》：太祖兵少，乃與夏侯惇等詣揚州募兵，刺史陳溫、丹楊太守周昕與兵四千餘人。還到龍亢，士卒多叛。《魏書》曰：兵謀叛，夜燒太祖帳，太祖手劍殺數十人，餘皆披靡，乃得出營。

叛亂發生後，大本營僅剩三座城，夏侯惇與荀彧、程昱拚死守城，這才稍微力挽狂瀾；但反攻呂布之際，夏侯惇被一箭射中左眼、身受重傷，鬼門關前走了一遭，從此瞎了一隻眼。曹操感到很愧疚，特別給他升了官。對於曹操來說，夏侯惇是他一無所有時就跟著打拚的人，這點顯然跟其他武將不一樣。

保住大本營後，夏侯惇繼續跟著老闆南征北戰，可惜沒有出現「我瞎了，也變強了」這般奇蹟，接下來的戰績也不是那麼盡如人意。

西元一九八年，夏侯惇領兵支援被呂布攻擊的劉備，敗。

西元二〇二年，劉備投靠劉表，劉表派他出戰；夏侯惇領兵抵擋，被伏兵擊敗。

儘管衝鋒陷陣吃下許多敗績，然而人性是複雜的，不能只看單方面評價，其他角度也值得我們細品。

曹操這輩子都把他當作好兄弟，連續幫他升職加薪，給的封邑也足足有兩千五百戶，多得嚇死人，讓夏侯惇在魏國的地位數一數二，幾乎無人能及。這是為什麼呢？因為夏侯惇值得這個待遇。

演義裡沒有詳寫的是，夏侯惇待人有禮，還善於處理政務，當年鬧蝗災，擔任太守的夏侯惇下令修池塘，跟將士們一起下地幹活，讓百姓逃過了饑荒。跟其他武將比起來，他還是個注重學習的學霸，曾親自迎接老師過來傳授知識。

難得的是，夏侯惇自己十分節儉，卻經常把多餘的財物分給下屬們，可謂百年難得一見的好老闆。但總有八卦的將士偷偷叫他「盲夏侯」，面對這樣尖銳的議論聲，夏侯惇十分痛苦，每次照鏡子看到自己的盲眼，都會惱怒的把鏡子一把推倒[17]。除此以外，他從未因此責罰、遷怒過任何將士。

夏侯惇粗獷的外表下，藏著一顆細膩寬厚的心。我們可以用英國詩人西格夫里・薩松（Siegfried Sassoon, 1886-1967）的一句詩來形容他：「心有猛虎，細嗅薔薇。[18]」

張遼那樣的神將固然重要，不過對於多疑的曹操來說，能互相信任的知交，如夏侯惇、郭嘉，也同樣無比重要——在曹操心中，夏侯惇不是血親，而是好兄弟兼下屬。根據《三國志》明確記載，兩人經常坐在同一輛車裡出行，且曹操晚年特別多疑，有個僕人光是半夜幫忙蓋被子，就被他跳起來砍了，只有夏侯惇能自由出入其臥室。

許多將領被授予魏國官號，唯獨夏侯惇被封了漢朝的官號，夏侯惇不開心，便去找曹操說理。曹操則覺得自己與夏侯惇同為漢朝的官員，怎麼能讓兄弟屈於自己之下呢？一開始並不想同意。

---

17 《魏略》：時夏侯淵與惇俱為將軍，軍中號惇為盲夏侯。惇惡之，每照鏡，恚怒，輒撲鏡於地。

18 原文：「In me the tiger sniffs the rose」，中文為余光中的翻譯版本。

夏侯惇：「不，我不要他們漢朝的官號，我就是要效忠你！」

曹操：「好好好……兄弟你開心就好。」

夏侯惇：「嘿嘿嘿。」[19]

曹操與夏侯惇的兄弟情因前者病逝，在西元二二〇年三月結束。同年六月，好兄弟夏侯惇追隨曹操去世，諡號忠侯。

史書上對於夏侯惇的記載近乎空白，但我們從寥寥的記載中，已經可以看出一個與眾不同的英雄形象——他是敗了，但在義氣上，他從來沒有敗。

在張邈等人反叛的時候，為了保護兄弟家眷，只率一支輕騎上路迎戰呂布，需要多大的果敢和勇氣？這條孤獨的路，又有多漫長？然而那個叫夏侯惇的將軍，昂首挺胸，走在路上。

姓名：夏侯淵

職位：魏國將軍

愛好：平叛、奇襲

技能：【平叛】敵人手中若有魏國牌（除主公外），可瞬殺。

【馬虎】馬馬虎虎，有機率被敵方瞬間擊殺（尤其面對黃忠）。

提示：面對刺客很脆弱。

他人印象——羅璧：「魏夏侯淵長於設變，短於總眾爾。」

個性簽名——「千里夜襲殺一人，哈！」

第二題，夏侯淵和曹家有血緣關係，是否正確？（送分題）

（A）正確。

（B）不正確。

（C）不確定。

嘿，這道是送分題！夏侯淵是夏侯惇的族弟，跟曹家的關係當然也不確定。但如果問題是「夏侯兄弟與曹家是否有親戚關係」，就得思索一下了。

夏侯惇的嗣子（按：繼承王位的嫡長子）娶了曹操的女兒清河公主，他自己又是曹操的連

19《魏書》：時諸將皆受魏官號，惇獨漢官，乃上疏自陳不當不臣之禮。太祖曰：「吾聞太上師臣，其次友臣。夫臣者，貴德之人也，區區之魏，而臣足以屈君乎？」惇固請，乃拜為前將軍。

襟——他老婆是曹操的妻妹（曹操的小姨子）——正所謂「世代聯姻」，顯然有姻親關係。元老之一的夏侯淵，是什麼樣的人呢？

夏侯淵，字妙才，若要簡單形容的話，那就是重義氣。曹操待在家鄉的時候，惹了點事，眼看就要被關了，夏侯淵便毅然站出來背黑鍋：「我幹的！」幸好曹操之後又想辦法把他救了出來。

當時兗州、豫州正亂，夏侯淵也吃不飽飯，其膝下還有親生的兒子，和亡弟留下的女兒，該怎麼辦呢？夏侯淵揮淚拋棄了自己的小兒子，選擇將兄弟的女兒撫養成人。

後來曹操在陳留起兵，夏侯淵也追隨曹操開始了金戈鐵馬的生涯。跟著曹老闆打拚創業的日子裡，他最出名的戰績主要有兩個：五次平叛、「虎步關右」。

五次平叛是哪五次呢？

西元二〇一年，探子來報：「報——昌豨（按：音同西）反叛啦！」夏侯淵和張遼把昌豨揪了回來。

西元二〇六年，探子來報：「報——昌豨又反叛啦！」昌豨被夏侯淵和于禁揪了回來，由昌豨的舊交于禁揮淚斬殺。[20]

西元二〇七年，探子來報：「那些黃巾軍反叛啦！」夏侯淵一樣砍了。

西元二〇九年，探子來報：「雷緒反叛啦！」照砍了。

西元二一一年，探子：「商曜占據大陵……」砍了。

「虎步關右」則發生在西元二一二年，夏侯淵將擅長的「襲擊戰[21]」發揮得淋漓盡致，完美擊退呂布，還一舉平定了隴右。

這一年，夏侯淵砍了馬超之餘部梁興等人；馬超在姜敘等人的圍攻下兵敗，不久後投奔張魯，於西元二一四年再次起兵圍攻祁山，姜敘連忙向夏侯淵求助。當時大家都覺得應該等待曹操的調度，但被夏侯淵否決了：「來往四千里啊，等老闆接到消息再回覆，為時已晚！」

夏侯淵立刻派五千人抄近路，自己隨後進軍，馬超則領著氐、羌等少數民族來戰，結果不戰而退。正巧這時韓遂也在這一帶，夏侯淵便果斷去攻打韓遂，嚇得韓遂趕緊跑路。

這時候離韓遂只有二十里，有人建議繼續追擊，有人覺得轉而打興國的氐族比較好，而夏侯淵又表示：「打什麼打？韓遂部隊精銳、興國城池堅固，不如攻打羌族的老巢長離，韓遂那小子肯定會跑回來營救。」

事實證明夏侯淵的推測沒有錯，打了長離後，韓遂果然不得不出面救援。當時韓遂兵力太多，大家都覺得應該紮營打長久戰，夏侯淵表示：「紮什麼紮？大家千里迢迢跑過來，就已經夠累了，這不是損耗士兵力氣嗎？韓遂只是看起來兵多，實際上挺好對付的。」

---

20 《魏志九・夏侯淵傳》：昌豨反，遣于禁擊之，未拔，復遣淵與禁併力，遂擊豨，降其十餘屯，豨詣禁降。

21 指夏侯淵用兵擅長輕兵急襲、出敵不意，但亦常恃勇無謀，親率輕銳出戰，因此常受曹操勸誡。

後來夏侯淵果然擊敗韓遂，就連為禍涼州的宋建，也被他一鼓作氣攻破，平定了長期讓曹操頭痛的隴右（古人以西為右，故亦稱隴西）。曹操感慨道：「宋建造為亂逆三十餘年，淵一舉滅之，虎步關右，所向無前。」

夏侯淵的一生無疑是輝煌的，為曹老闆立下赫赫戰功，但他在計謀方面比較馬虎，擅長的「襲擊戰」，也成了自己的最大弱點。

西元二一八年，劉備進軍陽平關，夏侯淵率徐晃等人與其對峙一年，之後劉備火燒圍在夏營外的鹿角（古代拒馬），夏侯淵大詫之下竟親自去救火，頓時失了防備，被老將黃忠所襲，遂戰死。消息傳到曹操耳裡，曹操一聲長嘆：「夏侯淵本來就不會用兵，軍中都叫他『白地將軍』；統帥不該親自作戰，更何況是去救火、修補鹿角呢？」[22]

對於曹操來說，擅長奇襲作戰的夏侯淵，無疑是他手中一把出人意料的刀刃，多年來為他四方平叛、打退馬超、平定隴右，如今利刃猝然斷裂，讓曹操無比心痛。然而此時此刻，一切長嘆都遲了，夏侯淵已經化作鬼雄，帶著他一生輝煌的戰績，徘徊於熟悉的戰場。

姓名：曹洪
職位：魏國將軍
愛好：酒色

技能：【救主】主公殘血時，可擋下致命一擊。

【吝嗇】吝嗇得罪曹丕，故曹丕出現在戰局時，該回合無效。

提示：從他那裡，你是借不到一毛錢的。

他人印象——曹操：「我家貲那得如子廉（曹洪的字）耶！」

個性簽名——「喂喂，有錢一定要借你嗎？」

第三題，曹洪是曹操的血親嗎？

（A）是。

（B）不是。

（C）不確定。

答案就是……A……嗎？

---

22 《魏武軍策令》曰：「夏淵本非能用兵也，軍中呼為『白地將軍』，為督帥尚不當親戰，況補鹿角乎！」

他們都姓曹嘛，所以肯定是兄弟……咳，翻翻史料，《三國志》裡明確記載：「曹洪字子廉，太祖從弟（按：堂弟）也。」所以答案真的是A，曹洪才是真正的員工兼血親。

曹洪很早就開始跟隨曹操，然而跟其他大將比起來，並沒有特別出色的戰績，大家一提到他，最常想到的是曹操被徐榮打敗那次；或許直到提起「讓馬」，才有人恍然大悟：「啊，是他啊！」

沒錯，讓曹操印象最深的，就是曹洪早期救他一命的事。西元一九〇年二月，曹操剛起兵要討伐董卓，半路就被對方手下的徐榮打得措手不及，差點全軍覆沒，而這場逃亡戰役裡，曹洪也在場。

曹操他們在前面跑，徐榮他們在後面追，忽然天外飛來一箭，射中曹操的馬，害曹操摔了個狗吃屎，一代奸雄差點光榮犧牲在這。曹洪挺身而出：「大哥，馬給你！」

曹操：「這、這怎麼好意思……。」

「大哥這是什麼話！這世上可以沒有我曹洪，但不能沒有您曹操啊！」

這句話把曹操感動得稀里嘩啦，騎上馬就跑，曹洪則在後面步行跟著，兩人急急忙忙的一路跑到汴水邊。不巧此時水流湍急，渡不過去，怎麼辦呢？曹洪找了找，隨即驚訝道：「大哥你看，前面有船！」於是兩人上船跑路，才得以留了條命回去。

當時揚州刺史陳溫是曹洪的朋友，曹洪就帶著一千多名家兵，趕去陳溫那裡招募隊友，成功招到兩千個戰士，之後到了丹楊郡又招了幾千人；曹洪帶著這些招來的兵馬，跟曹操在龍亢會合[23]，再次把曹操感動得稀里嘩啦。

曹洪的業績前期與夏侯惇相似，救老闆、招兵馬這兩件大功，為曹操日後奮鬥成功奠定了良好的基礎。他之後的業績則相較零散，主要是跟著曹操四處打仗，例如西元一九三年，鬧了一場饑荒，曹洪打頭陣占據了東平和范縣，順利搜集糧食接濟大部隊；西元一九六年，他又奉命迎接漢獻帝，緊接著在博望、陰葉等地，多次打敗劉表手下的將領……算起來，南征北戰都立下了不少軍功。

關於曹洪的戰績，史書上記載不多，但他的性格……就有些不可描述了。

入行十八年，沒功勞也有苦勞，轉眼也是曹操麾下的老幹部了，自己不但救過曹操一命，還是曹操的自家兄弟，曹洪心裡不免有點得意。在大破劉備部將吳蘭之後的慶功宴上，他幹出了一件讓人震驚的事——下令讓歌女穿上半透明的性感衣服，在眾目睽睽下跳舞。

當地士人楊阜對此很憤怒，站起來指著曹洪的鼻子怒罵：「男女有別，咱們這是國宴，怎麼能在大庭廣眾之下讓女子裸體？商紂和夏桀也沒你這傢伙驕奢淫逸！」說完這番話，在眾人

23 《三國志》：太祖起義兵討董卓，至滎陽，為卓將徐榮所敗。太祖失馬，賊追甚急，洪下，以馬授太祖，太祖辭讓，洪曰：「天下可無洪，不可無君。」遂步從到汴水，水深不得渡，洪循水得船，與太祖俱濟，還奔譙。揚州刺史陳溫素與洪善，洪將家兵千餘人，就溫募兵，得廬江上甲二千人，東到丹楊復得數千人，與太祖會龍亢。

呆愣的目光裡，楊阜憤然退出。曹洪旋即驚覺這事做得不對，連忙讓舞姬們退場，恭恭敬敬的把楊阜請了回來。[24]

還好這事沒鬧大，曹洪的前途沒受到太大影響。待曹操去世，由曹丕接任皇帝，但他上任沒多久就要幹掉曹洪，為什麼？這得從曹洪的另一大缺點說起——吝嗇。

曹洪是個名副其實的土豪，但性格吝嗇，曹丕以前向他借銀兩、東西時，曹洪每每表示：「不借」，惹得曹丕不太開心。曹丕即位後，終於在西元二二六年正月，欲藉曹洪門客犯罪的機會解決掉曹洪，即使許多臣子去說情，曹丕每每回覆：「不恕」。

當時曹真也在旁邊，對曹丕說：「陛下您這……殺他不要緊，可您要是殺了他，他肯定覺得是我背後陷害的啊。」

曹丕心意已決：「我自己要殺他，你猶豫什麼？」

風水輪流轉，蒼天饒過誰？在牢裡的曹洪可能萬萬沒想到，自己居然會因為摳門，得罪了未來的老闆。幸好曹丕之母卞太后出馬了，憤怒的她找到郭皇后：「妳信不信，他要是殺了曹洪，我明天就讓他廢了妳的后座？」

無辜的郭皇后抽抽嘴角，轉身就去向曹丕哭訴，曹丕一尋思，覺得還是算了吧，曹洪這才留了條命，只被免官並貶為庶人，當時許多人都因為這事對曹丕很失望。

剛剛回歸庶民不久，轉眼到了六月分，曹丕卒，輪曹叡上位。曹叡把曹洪召了回來，拜為後將軍。西元二三〇年，曹洪去世，追諡為恭侯。

演義和歷史大體相同，隨曹操起家的同批人馬中，除了最初那次驚險護主外，曹洪在其他戰役上，並沒有更出色的表現。但對於曹操而言，曹洪作為恩人，也算是重要的存在，畢竟當年曹洪若沒有讓馬，這漢末的天下，最後又會被誰握在手中呢？

姓名：曹仁
職位：魏國將軍
愛好：效力
技能：【打野】曹仁在場時，敵方每回合固定損失兵力。
提示：放心吧，不用特別培養好感，他會自動為你增加戰績。
他人印象——陳矯：「將軍真天人也！」
個性簽名——「挺曹操老哥一百年！」

24 《三國志．楊阜傳》：太祖遣都護曹洪御超等，超等退還。洪置酒大會，令女倡著羅縠之衣，蹋鼓，一坐皆笑。阜厲聲責洪曰：「男女之別，國之大節，何有於廣坐之中裸女人形體！雖桀、紂之亂，不甚於此。」遂奮衣辭出。洪立罷女樂，請阜還坐，肅然憚焉。

第四題，曹仁是曹操的血親嗎？（送分題）

（A）是。

（B）不是。

（C）不確定。

又一道送分題，因為他們都姓曹嘛……咳，《三國志》記載：「曹仁字子孝，太祖從弟也。」由此可以確定，曹洪與曹仁的確是曹操的同族親戚。

曹仁早在天下大亂的時候，就集結起上千個小夥子起兵，後來遇到了同樣起兵的曹操，就這麼加入了曹操的隊伍。

從創業轉為入人手下，曹仁的特點就是：他不正面參戰，而是為隊友提供有利的條件、掃除障礙，兢兢業業的增加戰績。他無數次為曹操立下汗馬功勞，例如攻破陶謙的部將呂由，又生擒了呂布的部下劉何，這些年執行任務從沒有失敗過，深得曹操重用。最出名的官渡之戰、赤壁之戰，曹仁也立下了赫赫戰功。

西元二〇〇年，官渡之戰，曹仁多次攔截袁紹的運糧隊，於雞洛山破袁紹軍。

西元二〇八年，赤壁之戰，曹操撤退後派曹仁和徐晃駐守南郡，和周瑜耗了整整一年。當時周瑜先鋒隊已到達，曹仁派部曲[25]牛金領三百人迎戰，但牛金的兵力太少，轉眼反被團團包圍。眼看牛金就要犧牲了，大家站在城樓上都大驚失色，唯獨曹仁要去救人，大喝一聲：「取馬來！」

眾人趕緊拉住他：「唉唷，不行不行，這是自尋死路啊！」重臣陳矯也說：「賊眾盛，不可當也。假使棄數百人何苦，而將軍以身赴之！」

但曹仁沒理他們，逕自上馬衝去救出牛金，見當時敵陣中還有沒救出來的士兵，又衝回去二度救人，就這麼擊退了吳軍。此作為深得曹操讚賞，轉封他為安平亭侯。

後來，在曹操大敗而逃、聯軍乘勝追擊的情況下，曹仁守江陵一年之久，還重傷周瑜，為曹操爭取了喘氣的時間。

駐守樊城之際，也就是樊城之戰，曹仁寫下了他人生中最後一筆輝煌。西元二一九年，關羽攻來，水淹樊城，于禁直接投降，曹仁則在彈盡糧絕的境地下鼓舞士氣，讓數千士兵們撐過這段日子，直到徐晃的援兵趕來，大水亦消退，終於擊退關羽。

兩次守城，都可謂扭轉局面。那時曹仁已經五十多歲，不再是意氣風發的神將。

西元二二二年，濡須口之戰，曹丕親征伐吳，曹仁在後方坐鎮，最後敗給了東吳重要武將朱桓。不久曹仁便逝世，享年五十六歲。

---

25 又稱客，是一種社會階級。在魏晉南北朝時，中國部曲主要指家兵、私兵。

放眼曹仁這一生，戰功赫赫、無愧於魏，可用陳矯的一句話來形容——將軍真天人也。

這四道題目，你都答對了嗎？

3 張遼、于禁比《三國演義》寫的還強

曹操手下武將一大堆，其中五位將軍個個戰功顯赫，被稱為「五子良將」，分別是誰呢？有張遼、樂進、于禁、徐晃、張郃（按：音同河）。

既然貴為心腹，那待遇自然是一等一的，不光生前顯赫、戰功斐然，死後依舊讓人敬佩，例如世代被人崇拜的張遼。但也有一位不那麼幸運，雖早期深受重用，後期卻因一念之差，被曹丕活活逼死——他就是于禁。

同為五子良將，他們為何會落得天壤之別的下場？待我們細細道來。

姓名：張遼
職位：曹魏五子良將之一
愛好：打勝仗

技能：【智勇神將】我方全體戰力翻倍。

【張遼止啼】張遼在場時，孫權無法行動。

提示：早期「主公掃把星症」嚴重。

他人印象——孫權：「張遼雖病，不可當也，慎之！」

個性簽名——「直到回來我才知道，那天差點被我捉住的小子是孫權。」

合肥之戰後，江東百姓家常常出現這樣的場景。

「嗚嗚嗚，媽媽我不想睡覺……。」

「你這孩子……張遼來了！」

張遼這個名字，殘害了不少江東孩童的心靈，只要爹娘說一句「張遼來了」，正啼哭的孩子保證就不哭了，比老虎來了還嚇人。張遼究竟是何方妖魔呢？在廣大兒童的心中，他就是那個差點活捉孫權的怪叔叔——這件事也在孫權的心裡造成陰影。

張遼是曹魏奮鬥史中不可缺少的名字，對於曹操而言，他就像是一把所向披靡的砍刀。讓我們來看看張遼進入曹魏集團前的職業生涯。

張遼，字文遠，西元一六九年生；他家原來不姓張，因為一個叫聶壹的祖先發動了「馬邑之謀[26]」失敗，而改成張姓[27]。

他青年就當上了郡吏，何進派他去河北招聘新士兵，等張遼領著一千多新兵趕回來的時候，何進卻因剿宦失敗而卒，張遼和這些新兵從而變成董卓的手下。後來董卓也死了，張遼便投奔呂布；西元一九八年，曹操來了，並把他和呂布捉了起來，讓張遼再次死了主公。

跟曹操對視的那一瞬間，張遼就決定了自己以後的職業生涯，果斷投奔曹操。

也許是曹操的命硬，破解了張遼的「主公掃把星症」，這次跳槽後，張遼的工作明顯穩定下來，開始跟著曹老闆南征北戰。

作為能力極強的武將，張遼不只武力超凡，智力也不同常人，勸降昌豨一事，充分表現出他的智慧。西元二〇一年，張遼跟夏侯淵一起圍困東海的昌豨，圍了幾個月都沒動靜，眾人尋思著先撤退再說，旋即被張遼回絕：「這幾天每當我巡視，昌豨那小子就盯著我看。況且他們的箭一天天減少，眼下那小子肯定猶豫不定，我要是去勸勸他，他應該會跳槽過來。」

張遼隨後派人跟昌豨傳信，又經過張遼親自上門一番勸導，昌豨這隻迷途羔羊終於跳槽至曹營，此次圍困以一個美好的結局落幕。事後，曹操讓昌豨先回去，把張遼拉來責備道：「你

---

26 西元前一三三年，漢朝策劃引誘匈奴並殲滅，結果被匈奴識破，從此雙方不再採取和親政策。

27 《三國志・張遼傳》：張遼字文遠，雁門馬邑人也。本聶壹之後，以避怨變姓。

怎麼能孤身闖進敵人大本營？這不是大將該幹的事。」

張遼解釋：「我既奉您的旨辦事，那麼憑著您的威信，我相信昌豨肯定不敢加害於我。」

曹老闆一聽：「這……好吧。」

還有一次平定叛亂，張遼也從容鎮定的化解了危機。西元二〇八年，荊州未穩，張遼屯軍長社，還沒出發，軍隊中就出了謀反的叛徒，趁夜起火、製造動亂，嚇得所有人都亂了心思。反觀張遼十分淡定：「放心，不可能全營都是叛徒，只有少數人在那裡作亂。傳我軍令，不想叛變的都給我坐下！」隨後領人往大營裡叉腰一站，一舉斬了叛軍的首領。[28]

在作戰方面，張遼有什麼特徵呢？答案是浴血奮戰。早在西元二〇七年，張遼跟曹操一起追擊袁尚時，途中從草叢裡跳出一群敵兵；張遼二話不說，領兵衝上前去大殺一通，砍了敵方首領單于（按：匈奴族對部落首領的專稱）蹋頓。

第二件事發生於西元二〇九年，陳蘭和梅成叛亂，曹操派于禁等人討伐梅成，再派張遼領兵討伐陳蘭。梅成假裝投降，于禁一尋思好像沒什麼不對勁，即撤軍班師；梅成卻乘隙逃走，緊接著跟陳蘭軍會合，一起跑去了灊（按：音同前）山。

灊山有座通天峰（天柱山，因主峰如柱倚天而得名），山道僅容一個人通過，張遼毫不猶豫的準備進軍，遂被眾將攔住：「別別別……咱們兵少，路又險，難以深入啊。」

張遼：「現在正是一對一的時候，誰勇敢誰就能占先機。」於是直接領兵發動攻擊，果然獲得了勝利，取得陳蘭、梅成的首級。[29]

第三個例子就是合肥之戰。此為張遼人生中最精彩的一筆，在許多人眼裡一戰封神。在實力懸殊的情況下，他打得孫權的十萬大軍倉皇逃竄，甚至上演了「張遼止啼[30]」的一幕。

對於曹操來說，張遼靜若處子、動若脫兔，能在淡定和瘋狂之間自由切換，是百年難遇的好員工，為他締造了一次次的戰績。後來曹丕特意將皇帝乘坐的車子賜給張遼的母親，凡是張家人到達的地方，所有軍士都會列隊出迎。

曹丕曾問過張遼：「將軍，當年你破吳時是什麼景象啊？」

張遼：「啊，那一次啊，還得從孫權說起……。」

聽完，曹丕感慨：「將軍簡直是古代的大將召虎（按：即召穆公，曾於周宣王時，率七千

28《三國志》：時荊州未定，復遣遼屯長社。臨發，軍中有謀反者，夜驚亂起火，一軍盡擾。遼謂左右曰：「勿動。是不一營盡反，必有造變者，欲以動亂人耳。」乃令軍中，其不反者安坐。遼將親兵數十人，中陳而立。有頃定，即得首謀者殺之。

29《三國志》：陳蘭、梅成以氐六縣叛，太祖遣于禁、臧霸等討成，遼督張郃、牛蓋等討蘭。成偽降禁，禁還。成遂將其眾就蘭，轉入灊山。灊中有天柱山，高峻二十餘里，道險狹，步徑裁通，蘭等壁其上。遼欲進，諸將曰：「兵少道險，難用深入。」遼曰：「此所謂一與一，勇者得前耳。」遂進到山下安營，攻之，斬蘭、成首，盡擄其眾。

30《魏略》：張遼為孫權所圍，遼潰圍出，復入，權眾破走，由是威震江東。兒啼不肯止也，其父母以遼恐之。

周師戰勝四萬淮夷）啊！」[31]

合肥之戰後，張遼重病纏身，傳奇故事漸漸落幕。曹丕派侍中劉曄領著太醫去看他，還經常讓使者們打探張遼的病情，探病的眾人時不時就能在半路上碰到，惜才之情可見一斑。[32]

見張遼的病久久不好，曹丕乾脆把張遼接到自己的住所，親自握著他的手噓寒問暖，賜他皇帝的衣服和每天吃的飯菜。這時候，之前向魏國稱臣的孫權又叛變了，張遼還是從病床上爬起來，親自去海陵駐守江邊。孫權隔岸看見張遼，就提醒左右：「張遼那傢伙雖然病了，但還是不好惹，得小心點！」顯然在他的心目中，張遼是個張牙舞爪的大魔王。

後來張遼率眾將打敗吳國大將呂範，不久（西元二二二年）病逝在江都。曹丕傷心不已，三年後下詔：「合肥之役，遼、典以步卒八百，破賊十萬，自古用兵，未之有也。使賊至今奪氣，可謂國之爪牙矣。」

曹操手下猛將無數，張遼無疑是其中一員。他既知道大局輕重、擔得起責任，又不是一味作戰的蠻夫，可謂智商、武力兼具，這樣的人註定會在亂世大放光彩，直至謝幕千年，後世還時時不忘。

放眼回顧史冊，那個闖入敵陣大殺特殺的將軍，恐怕只有死亡才能阻攔他的腳步吧。

姓名：于禁

職位：曹魏五子良將之一
愛好：作戰
技能：【撤兵有序】我方即將覆滅時，保留部分兵力。
【晚節不保】遇到敵方關羽會叛投；與我方曹丕並存時，會觸發身亡事件。
提示：不要用黑歷史刺激他，會死人的。
他人印象——曹操：「吾知禁三十年，何意臨危處難，反不如龐德邪！」
個性簽名——「唉……。」

講完張遼，我們來講講于禁。其人生可分成兩階段：投降前意氣風發，投降後跌落神壇。于禁，字文則，泰山鉅平人，標準的山東大漢。他以前是鮑信的老部下，後來經王朗推薦投奔曹操，從此搖身一變，從路人甲變成軍司馬，開始了光輝的武將生涯。

31 《三國志》：黃初二年，遼朝洛陽宮，文帝引遼會建始殿，親問破吳意狀。帝嘆息顧左右曰：「此亦古之召虎也。」

32 梁章鉅《三國志旁證》：漢三公病，遣中黃門問病。魏、晉則黃門郎，尤重者或侍中。（張）遼位未至公，而遣侍中，蓋寵之也。

在曹老闆的奮鬥史中，于禁之名無疑是光輝的。他隨曹操打呂布，單獨率兵攻破了兩支呂布的人馬，又在須昌打敗高雅，先後占領了四座城；隨後，他跟曹操討伐黃巾軍陣營的劉辟等人，大獲全勝，期間黃邵趁夜偷襲曹營，也被于禁打敗。

除此之外，曹操被張繡打跑時，于禁還因為撤兵有序得到老闆的賞賜。當時是西元一九七年，于禁跟著曹操進軍宛縣，張繡投降又叛，曹軍被打個措手不及，趕緊慌張跑路。

既然是忙著跑路，路上一定雞飛狗跳、混亂不堪；一團亂中，唯獨于禁帶領的隊伍依然紀律嚴明。還沒到曹操的根據地，于禁忽然看到十幾個狼狽的傷兵，就上去問：「你們怎麼傷成這樣？」

幾個傷兵回答：「我們被青州兵打劫了……。」青州兵為曹操先前收留的黃巾賊，仗著曹操對他們寬容，就橫行霸道。于禁聽完頓時怒氣滿滿，帶兵狂追身為自家人的青州兵，把這些打家劫舍的痞子狠狠教訓了一頓。

「不好啦！于禁打自家人啦！」青州兵跑到曹操那裡哭訴：「于禁想造反啊！」

有人一看青州兵惡人先告狀，趕緊提醒于禁向曹操報備一下，被于禁霸氣拒絕：「現在追兵還在後面，說不定等會兒就追上來了，咱們要是不事先防備，怎麼可能擋住他們？老闆這麼明智，諒他們打我小報告又有何用？」他丟下這麼一句話後，淡定的讓士兵們做好應戰準備，這才派人去跟曹操解釋清楚。

曹操聽了很開心：「文則做得對啊！上次吃敗仗，連我都嚇得手忙腳亂，只有將軍在混亂中整頓軍紀，教訓兵痞，還堅固了壁壘，已經超過古代那些名將了！」[33]

西元二〇六年，昌豨投降，只是投降之後居然又叛變了，曹操於是派于禁圍攻他。昌豨轉念一想，覺得自己跟于禁是故交，再投降一次應該沒事，便舉雙手投降。不料于禁淚眼汪汪的握住他的雙手，緊接著自行將其砍殺——凡是大軍包圍後才投降的人，皆不能赦免。

聽說他揮淚處死昌豨之後，曹操感慨：「昌豨他沒投降我，而投降于禁，這是命啊！」[34]

于禁在曹操麾下屢立戰功，默默無聞的日子已經離他遠去；他跟徐晃等人都是當時赫赫有名的大將，再加上從不私占財物，更是深得曹操的喜歡。有人說五子良將之首本應是于禁——如果他不墮落的話，那麼他的人生從什麼時候開始改變的呢？

西元二一九年，是于禁心頭永遠的痛。這一年，關羽圍攻樊城，于禁和龐德一起去支援曹

---

33 《三國志．于禁傳》：從至宛，降張繡。繡復叛，太祖與戰不利，軍敗，還舞陰。是時軍亂，各間行求太祖，禁獨勒所將數百人，且戰且引，雖有死傷不相離。虜追稍緩，禁徐整行隊，鳴鼓而還。未至太祖所，道見十餘人被創裸走，禁問其故，曰：「為青州兵所劫。」……太祖悅，謂禁曰：「淯水之難，吾其急也，將軍在亂能整，討暴堅壘，有不可動之節，雖古名將，何以加之！」

34 《三國志．于禁傳》：諸將皆以為豨已降，當送詣太祖，禁曰：「諸君不知公常令乎！圍而後降者不赦。夫奉法行令，事上之節也。豨雖舊友，禁可失節乎！」自臨與豨決，隕涕而斬之。是時太祖軍淳于，聞而嘆曰：「豨降不詣吾而歸禁，豈非命耶！」

仁，當時正值秋雨暴漲，他們都困在了高地上，被關羽生擒。

關羽問龐德：「你投不投降？」龐德死不投降，破口大罵，後遭關羽處斬。

關羽又問于禁：「你投不投降？」

于禁嚥了下唾沫，做了個一失足成千古恨的決定：「我……投降。」

也有人說，于禁是出於保護手下士兵才投降，當時他底下帶著整整三萬人，倘若不投降，這三萬人的性命又該如何？但歷史記載中的于禁並不得軍心，且主將死，不代表手下的兵也會死，所以這個可能性不大。不管如何，身為大魏的主心骨兒（按：可依靠、憑恃的力量），于禁的投降，是大魏極大的屈辱。

遠方的曹操聽說之後，哀嘆不已：「吾知禁三十年，何意臨危處難，反不如龐德邪！」從這一刻，于禁在曹魏奮鬥史中努力打下的功績，都化作灰燼，他也被關押在了荊州。

不久後，關羽被孫權攻破而死，于禁因此獲釋到了吳國。在孫權這邊的日子，他過得並不好。有次于禁跟孫權並排騎馬，被虞翻看到了，虞翻就指著他的鼻子破口大罵，還要用馬鞭打他，被孫權連忙制止；後來于禁在宴會聽到樂聲，回想起自己後半生的經歷，不禁傷心落淚，這時虞翻又蹦了出來，指著他的鼻子：「你裝什麼可憐！」[35]求于禁的心理陰影面積。

當年那一念之差，換來數年的晚節不保，這些苦都化作妖魔般的陰影，一遍遍折磨于禁。

西元二二一年，曹丕即位，孫權稱臣，便將于禁也送回魏國。在一片嘲笑聲中，曹丕召見了于禁，見他「鬚髮皓白、形容憔悴、泣涕頓首」，便安慰道：「唉，你也別太自責了，我任命你為安遠將軍，去鄴城拜謁我老爹的陵墓吧！」

于禁來到鄴城後，進入陵屋一抬頭，竟愣在原地。這一刻，他的心臟突突的猛跳起來，彷彿要撞破胸口；昔日那些灰暗的記憶瞬間湧進腦海，畫壁上的人物好像紛紛轉過頭來，猙獰的對他冷笑……原來曹丕早已派人在牆壁上畫了一幅畫，畫卷裡的關羽生擒了他和龐德，而他正在向關羽投降。

是啊，平時這麼一個軍紀嚴明、一絲不苟的老將軍，怎麼到了危難關頭，偏偏投降了呢？怎麼偏偏因為這一念之差，晚節不保了呢？就這麼一次投降，讓那個英勇善戰、紀律嚴明、氣節不移的于禁，在眾人心中緩緩的消散了，取而代之的是投降、淒慘、自私的形象——看畫看得肝膽俱裂的他羞愧去世[36]，諡號厲侯。

一失足成千古恨，倘若能重回那一天，于禁一定會仰天長嘆一句「不投降」吧？

---

35 《三國志．虞翻傳》：魏將于禁為羽所獲，繫在城中，權至釋之，請與相見。他日，權乘馬出，引禁並行，翻呵禁曰：「爾降虜，何敢與吾君齊馬首乎！」欲抗鞭擊禁，權呵止之。後權於樓船會群臣飲，禁聞樂流涕，翻又曰：「汝欲以偽求免邪？」權悵然不平。

36 《三國志．于禁傳》：欲遣使吳，先令北詣鄴謁高陵。帝使豫於陵屋畫關羽戰克、龐德憤怒、禁降服之狀。禁見，慚恚發病薨。

4 郭嘉、荀彧料事如神，賈詡、程昱摸透人性

這世上有這麼一種職業，從事的人智商很高，且一轉眼就能猜到你在想什麼，甚至能料到你什麼時候會死。這種人在戰場上，運籌帷幄之中，決勝千里之外——他們，就是軍師。

曹魏集團幕後最出色的軍師莫過於四人：郭嘉、荀彧、賈詡、程昱。

姓名：郭嘉

職位：曹魏軍師祭酒

愛好：出謀劃策、酗酒

技能：【神預測】郭嘉說你三更死，閻王留不到五更，預言敵人死亡，有機率觸發瞬死。

【兵貴神速】為我方增加一回合攻擊。

提示：日常飲酒可以增加好感唷。

他人印象——曹操：「使孤成大業者，必此人也。」

個性簽名——「十一年，活過，來過。」

第一位在演義與遊戲小說中戲分不少，以「鬼才」形象深得人心，不僅具備實力與智慧，更是算無遺漏，讓人懷疑是個穿越時空之人。

他只輔佐了曹操十一年，但屢立奇功，被曹操視為知己；君臣相知，坐同席、行同車，曹操每每回憶起他，都痛哭流涕。讓曹操心碎大哭「哀哉奉孝！惜哉奉孝！痛哉奉孝！」的，究竟為何方神聖？他是郭嘉，字奉孝。

郭嘉生於西元一七〇年，那時東漢朝廷已昏庸不堪，不過他沒蹚這趟渾水，弱冠之年就開始了隱居生涯。二十一歲，年輕人忙著找工作的時候，郭嘉先北上投奔袁紹。但只在袁紹那待了幾十天，他就深感對方不懂用人之道，跟同事辛平、郭圖吐槽：「袁紹啊，是想得多、做得少，喜歡亂出謀劃策卻又不下決定，不是個好老闆。」然後說到做到的走了[37]，果斷炒了老闆

37 《三國志》：郭嘉，字奉孝，潁川陽翟人也。初，北見袁紹，謂紹謀臣辛評、郭圖曰：「夫智者審於量主，故百舉百全而功名可立也。袁公徒欲效周公之下士，而未知用人之機。多端寡要，好謀無決，欲與共濟天下大難，定霸王之業，難矣！」於是遂去之。

的魷魚。

天地浩大，亂世紛爭，這個二十一歲的年輕人仰頭看著高遠的天，要去哪裡呢？他決定繼續隱居，這一閒就閒了六年。

郭嘉當了六年鹹魚嗎？筆者認為他不會讓自己閒著，關於他做了什麼，史書上沒有太多記載，但我們可以推測出，郭嘉在這六年間，大抵把天下局勢仔仔細細的分析透徹了。正所謂知己知彼，百戰百勝，什麼老闆是什麼樣子他都知道，所以才如此善測人心。

第二次投靠的機會很快就來了，郭嘉的名字闖入了曹操的眼簾。西元一九六年，戲志才（曹操早期的主要謀士，河南人，《三國演義》中沒有此人，在《三國志》中略有記載）病死，曹操痛心不已，要聘個新人，於是郭嘉在好友荀彧的強力推薦下重新出山，投奔了曹操。

君臣初見，共議天下大事，曹操對郭嘉相當滿意：「那個助我打天下的人，就決定是你了！」郭嘉對曹操也非常滿意：「這才是我真正的老闆啊！」

自此，郭嘉獲得了人生中第二個職位：軍師祭酒[38]。這個職位名稱可能有點奇怪，究竟是做什麼的呢？祭酒意指首席，軍師祭酒，白話翻譯就是首席謀士，足見新老闆曹操對郭嘉相見恨晚，直接任性的為郭嘉專設一個新職位。

老闆這麼任性，作為員工兼知己的郭嘉是不是也同樣任性呢？答案是肯定的，郭嘉這人向來不按常理出牌，人家都乖乖遵守軍紀，他偏不。有個叫陳群的紀檢官員，就因為郭嘉作風不檢點記了他一筆，仍被護短的曹操無視。

郭嘉：「我花天酒地、不拘小節，但我知道我是個好謀士。」

曹操：「對，奉孝是個好謀士。」[39]

好謀士郭嘉為曹老闆做了些什麼呢？他的主要事蹟，表現在官渡之戰前後。例如官渡之戰前，他便提出了著名的「十勝十敗論」。

西元一九七年，曹老闆被張繡坑了一回，袁紹聽說他吃了敗仗，趕緊得意洋洋的寫封信過去，嘲諷了一番。曹操很憤怒，把信拿去給荀彧和郭嘉看。

曹操：「袁紹那個傢伙居然落井下石，這是人幹的事嗎？我想教訓教訓他！」

「好啊。」

「但我好像打不過他……。」

袁紹是誰？袁紹家族被稱為「四世三公」，三公指司馬、司徒、太尉這三個頂級高官。袁紹家裡四代人都做過這樣的大官，可謂標準的高官世家，影響力可想而知，根本沒把曹操放在

38 《三國志．郭嘉傳》：先是時，潁川戲志才，籌畫士也，太祖甚器之。早卒。太祖與荀彧書曰：「自志才亡後，莫可與計事者。汝、潁固多奇士，誰可以繼之？」或薦嘉。召見，論天下事。太祖曰：「使孤成大業者，必此人也。」嘉出，亦喜曰：「真吾主也。」表為司空軍祭酒。

39 《三國志．郭嘉傳》：陳群非嘉不治行檢，數廷訴嘉，嘉意自若。太祖愈益重之，然以群能持正，亦悅焉。

眼裡。

這時郭嘉站出來：「我有十個理由讓你去教訓他。」接著寫下著名的「十勝十敗論」，從各方面比較現任老闆和前任老闆，頓時鼓舞了曹操的信心。這十個理由簡單來說就是：道勝、義勝、治勝、度勝、謀勝、德勝、仁勝、明勝、文勝、武勝。

當然，曹操也不是個頭腦簡單的人，不可能一經郭嘉鼓舞，就拎著劍去向袁紹挑戰，更重要的是，這篇文鼓舞了軍心，讓小兵們當即覺得：「啊，原來袁紹跟老闆比起來差這麼多啊，我們穩贏了！」

作為袁紹的舊職員，郭嘉才相處了幾十天，就分析出前老闆這麼多弱點，證明他十分擅長剖析對手的短處，且在曹操猶豫不決的時候，站出來給予動力，實在是不可多得的好員工。此外，官渡一戰前後，無論是兵法還是心理上，他都造成了巨大的效果。

心理預測方面：一、預測袁紹不會打來。二、預言孫策死亡。三、預言袁家兩子內訌。

官渡之戰即將開始時，袁紹挑了十萬精兵進攻許都，曹操決定應戰，但顧慮到自己跑去跟袁紹打仗期間，劉備那小子忽然進攻怎麼辦？不行，先把劉備消滅了再說。

軍師甲：「老闆，眼看袁紹就要正面打過來了，咱們還有精力去打劉備？」

曹操：「這……。」

軍師乙：「不行不行，萬一許都被袁紹趁機偷襲，咱們可是連大營都沒了！」

曹操：「那……。」

郭嘉：「再多討論一會兒，就又浪費了半分鐘，要打趕緊打。」

曹操：「奉孝都開口了，打！」

郭嘉不喜歡廢話，思及袁紹的反應比較慢，不會迅速偷襲許都，加上此時劉備根基未穩，正是打他的好時機，要打當然先打後者。

果然，袁紹那邊全程都沒什麼動靜，直到曹操打跑了劉備，從從容容的率兵回來之後，他這才反應過來，開始急著攻打曹操。他還派陳琳寫了篇《為袁紹檄豫州文》，文中不僅歷數曹操罪狀，還罵他是宦官的後代，曹操於是大怒迎擊。

正當轟轟烈烈的官渡之戰拉開了序幕，有一個壞消息暗暗傳遍曹營——江東孫策準備趁機襲擊許都，一時間人心惶惶，甚至不少曹軍已經做好了逃到袁紹那邊的打算。這時郭嘉預測道：「莫慌，我看孫策必定會被人刺殺。」不久之後，孫策卒，死因：被許貢的門客刺殺。[40]

官渡之戰後，袁紹病逝，曹操打算一鼓作氣向袁紹的兩個兒子進攻，就在大家壯志滿酬的時候，郭嘉又站了出來：「莫急，他兩個兒子必定起內訌。」

40 《三國志》：孫策轉鬥千里，盡有江東，聞太祖與袁紹相持於官渡，將渡江北襲許。眾聞皆懼，嘉料之曰：「策新並江東，所誅皆英豪雄傑，能得人死力者也。然策輕而無備，雖有百萬之眾，無異於獨行中原也。若刺客伏起，一人之敵耳。以吾觀之，必死於匹夫之手。」策臨江未濟，果為許貢客所殺。

曹操再次聽了郭嘉的話，裝作撤軍攻擊劉表。果然，曹軍前腳剛走，袁譚和袁尚就起了內訌，被曹操調頭打了個落花流水，最後袁譚死去，袁尚則狼狽逃往烏桓。

戰爭中每一次預測都是一場豪賭，作為必贏的那一方，郭嘉難不成是拿著史書穿越來的？其實不然，神預測只是冷靜分析後的結果。

對於孫策，郭嘉冷靜分析後發現，孫策剛吞了江東，人心尚不齊，況且他是個輕率的人，得罪的又都是厲害角色，如果有刺客襲擊，孫策和孤家寡人沒什麼區別。又例如袁紹家的兩個兒子內訌，郭嘉知道袁紹在傳位問題上一直優柔寡斷，最後倉促傳位給袁尚，袁譚必定覺得不服氣，終致兩方決裂。

兵法方面，郭嘉創造了兵貴神速的奇蹟。

在「是否追擊袁尚」的問題上，郭嘉又唱了反調。遇到熟悉的問題和景況，眾人都覺得如果再出兵烏桓，依附劉表多年的劉備必定會偷襲許都，這時候郭嘉開口了：「儘管出兵無妨，因為劉表並不完全信任劉備，就算劉備想偷襲，劉表也不會同意。」

曹操：「好，去！」

曹軍到了易縣，郭嘉覺得應輕兵加速行軍，曹操便暗中率了一支部隊，抄近路來到白狼山附近開戰，大獲全勝，擄獲了整整二十萬人，逼得袁尚逃往公孫康處。同年秋天，公孫康拎著袁尚的腦袋來投降。

就在曹操春風得意、帶著郭嘉打天下的時候，噩耗傳入他的耳中——郭嘉一病不起。

西元二〇七年，註定是跌宕起伏的一年，兩顆明星中一顆徐徐落下，一顆才剛剛發光。在從柳城歸來的半途，郭嘉水土不服，因病去世；同一年，另一個年輕人登上了亂世舞臺，他叫諸葛亮。

郭嘉的英年早逝讓曹操心痛不已，於其彌留之際，曹操更在庭中轉來轉去，屢次進屋探看病情，直至郭嘉撒手人間，這位割據一方的豪傑才放聲大哭。赤壁慘敗後，曹操甚至發出一聲悲痛的呼喊：「郭奉孝在，不使孤如此！」

曹操還寫下《與荀彧追傷郭嘉書》，其中一句以血淚凝成：「且奉孝乃知孤者也，天下人相知者少，又以此痛惜，奈何奈何！」郭嘉啊郭嘉，始終是曹操心中一個難以磨滅的身影。

十一年君臣相知、盡心輔佐、算無遺漏，郭奉孝始終是個活得如此純粹的人，倘若他九泉之下有知，大概也會笑著道一聲「不悔」吧。

姓名：荀彧
職位：漢朝尚書令
愛好：復興漢室、薰香、保持風骨
技能：【王佐之才】敵方攻擊主公時，荀彧會化解一次攻擊。

【薦才】觸發此技能，有機率為我方增加一員謀士。
提示：可贈送薰香增加好感，但無法改變其心繫漢室的立場。
他人印象——陳壽：「彧清秀通雅，有王佐之風，然機鑒先識，未能充其志也。」
個性簽名——「曹公，你可忘了當年的諾言？」

建安十七年，對荀彧而言是悲涼的一年。自從反對曹操晉爵國公，他就感受到曹操對他的明顯不滿。荀彧躺在壽春城的病床上長嘆一聲，但有什麼辦法呢？他是大漢的臣子啊，曹操已半路改了初心，身為漢臣，難道要看著曹操加封國公嗎？他只是悲涼，但不後悔。

「報——這是曹丞相賜的美食！」

荀彧慢慢打開食盒，頓時愣住了。只見食盒裡空空如也，一粒米也沒有，彷彿曹操在他耳邊冷笑：「你看，你心心念念要復興的漢室，已經不存在了！」荀彧最後一線苦苦支撐的信念，轟然崩塌……他起初只想當個漢朝的公務員，誰知最終被寫入了曹魏奮鬥史中。

荀彧，字文若，祖父荀淑以品行高潔出名，膝下八個兒子被稱為「八龍」，高潔的家風塑造了他清流般的性格。年少時期，北軍中侯（中央軍分南北，中侯掌管北軍精銳五個營）何顒就評價過他：「這孩子是王佐之才啊！」

王佐之才，即輔佐君王的人才，這句話註定了荀彧心在漢室的一生。西元一八九年，荀彧被舉為孝廉走上仕途，卻遇董卓半路殺進來把持朝政，於是毅然辭了官回到家鄉潁川，要求鄉民們跟他走：「潁川四面無防守，要是打起仗來，第一個遭殃的肯定是這裡，趕緊離開啊！」眾人面面相覷：「這小子說什麼呢？這可是咱老家啊！」顯然缺少「說走就走」的勇氣，心繫著家鄉。

眼看冀州牧韓馥派人來接，竟沒有人跟他走，荀彧只好一咬牙，僅領著家人們搬了家[41]，後來鄉民們果然大多死於戰亂。

到達冀州時，冀州的主人已經換成了袁紹，荀彧陰差陽錯的進入袁紹手下，他弟弟荀諶（按：音同辰）也在這邊工作。可袁紹這人十分倔強，向來不聽勸，荀彧跟好友郭嘉一樣，也覺得袁紹不是什麼好老闆，一年後就離職了。這一年他二十九歲，目標明確的投奔了曹操，曹操為之大喜：「這是吾之子房（張良，著名謀士之一）啊！」

荀彧投奔三年後，就在叛亂事件中穩住場子，為曹操守住了兗州三座城，可謂業績不凡。

41 《三國志》：除亢父令，遂棄官歸，謂父老曰：「潁川，四戰之地也，天下有變，常為兵沖，宜亟去之，無久留。」鄉人多懷土猶豫，會冀州牧同郡韓馥遣騎迎之，莫有隨者，彧獨將宗族至冀州。

當時趁曹老闆出戰，大本營兗州出了兩個叛徒，張邈和陳宮打算暗地迎呂布進來。荀彧跟程昱一起守在鄄城之際，張邈派人來撒謊：「呂將軍準備助曹打陶謙，快給糧食！」

正當眾人困惑不已的時候，唯獨荀彧在第一時間做出反應：「真相只有一個——你們肯定在說謊！」他立刻加強防守，又把夏侯惇調回來，連夜斬了數十個叛徒，軍心這才安定下來。

這時豫州刺史郭貢領了上萬大軍來攻城，請荀彧出城一見，此去性命堪憂，夏侯惇擔心的勸告荀彧：「君一州之鎮也，往必危，不可。」

沒想到，這個年輕的謀士安之若素：「貢與邈等，分非素結也，今來速，計必未定。及其未定說之，縱不為用，可使中立，若先疑之，彼將怒而成計。」表示郭貢與張邈平時並沒有往來，如今來得這麼急，必定是計畫未定；若趁現在說服他，就算他不幫我們，也會保持中立，先起疑的話，反而會讓他惱怒成計。

待荀彧出城，淡然的與郭貢見了面，又在萬軍之中從容退出，郭貢反而起了疑心，覺得他一個手無寸鐵的謀士居然這麼淡定，其中肯定有詐，於是調頭而返。

荀彧又與程昱一同用計保全了三城陣地，使得曹操的大本營沒被徹底攻陷，不久之後，曹操便領兵回來打跑了呂布。可以說，要不是荀彧的從容自若，曹操早已在這次劫難中失去了大本營；雖然他不會帶領千軍萬馬去打仗，然而千軍萬馬已藏於其心。

官渡之戰中的關鍵人物不光是郭嘉，荀彧也提出了「四勝」的說法，即是度勝、謀勝、武勝、德勝，告訴曹操堅持就是勝利。除此之外，他也有過神預測。

袁紹領兵攻打許昌，在「是否迎擊」的問題上，曹操這邊分成兩派，一派是消極的孔融：「打不過也惹不起啊。」一派是樂觀的荀彧：「袁紹軍法不嚴，底下的員工各有毛病，田豐剛愎自用，許攸又是個大貪官，我賭許攸家肯定會犯什麼法，到時候他必定會跳槽過來。」

官渡之戰爆發後，熬到九月，眼看軍糧都要吃完了，曹操心裡有點打退堂鼓，隨即寫信給荀彧：「文若啊，我打算先領兵回許昌……。」荀彧堅決不同意，表示已經熬了半年，連敵人的底細都摸清楚了，正是奇襲的好時機，怎麼能說退就退呢？不退！

曹操：「好吧，文若你說不退就不退！」

不久之後，許攸的家人果然犯了法，許攸本人也因貪財、袁紹不聽勸諫，帶著他的情報跳槽，曹操就這麼徹底消滅了袁家勢力。

除了守兗州與官渡之戰以外，荀彧還為曹操統一北方制定了方針，又提出「迎天子」的計策，推薦了郭嘉、荀攸（荀彧的堂侄）等大量人才。

作為重要謀士，荀彧謙和低調，對曹操的表彰和獎賞每每推辭不受，即使想授以三公，荀彧亦派荀攸推辭了十多次，曹操只好無奈作罷[42]。由此看來，荀彧與曹操的君臣感情，似乎比

42《典略》：太祖欲表彧為三公，彧使荀攸深讓，至於十數，太祖乃止。

得上郭嘉和曹操，但事實並不全然如此。荀彧除了輔佐曹操之外，其實他心裡想的是大漢，對自己的定位也始終是漢臣，並以復興漢室為己任。

當初漢獻帝從長安逃回洛陽，曹軍猶豫著是否迎接這塊肥肉、建都許縣，荀彧是如何決定的呢？眾多否決票數中，荀彧投下了至關重要的一票：「迎！」

「自天子播越，將軍首唱義兵，徒以山東擾亂，未能遠赴關右，然猶分遣將帥，蒙險通使，雖禦難於外，乃心無不在王室，是將軍匡天下之素志也。」其中「心無不在王室」、「匡天下之素志」這兩句，足以看出其志向——高潔如荀彧，心心念念的，依然是他的漢室。

曹操聽了他的建議，奉迎天子遷都許昌，從此獻帝在手，天下我有。荀彧由此被任用為尚書令，在這個職位幹了十多年，所以又被尊稱為「荀令君」。

說到「荀令」，不得不提到「荀令留香」的典故。荀彧是不折不扣的美男子，《三國志》裡記載「荀彧清秀通雅，有王佐之風」，傳說他去別人家裡作客，離去之後，坐過的席子連續幾天都因其薰香而香氣不散，後來這個詞被引申來形容美男子。

不過到了後期，曹操逐漸失去初心，慢慢的偏離了方向。當曹操打算進爵「魏公」時，荀彧毅然站出來反對，言詞錚錚：「本興義兵以匡朝寧國，秉忠貞之誠，守退讓之實。君子愛人以德，不宜如此！」提醒曹操應該匡扶大漢、治理國家，而不是進爵封公。

這個做法直接觸怒了曹操，君臣關係就此出現裂痕，且越來越大。荀彧深知局勢已無法挽回，光憑一己之力不可能力挽狂瀾，只能眼睜睜的看著一切漸漸崩塌，毫無辦法。

怎麼辦呢？那就殉葬吧，為了漢朝，為了矢志。

荀彧死於西元二一二年，對於他的死因，各史書記載不一。《三國志》記載他鬱鬱而終，《魏氏春秋》則記載：「太祖饋彧食，發之乃空器也，於是飲藥而卒。」

彌留之際的荀彧，心中究竟會有多麼深切的悲傷呢？我們無從而知，只知道從此世間少了個高潔如白雪的臣子，史冊裡多了最後幾行的嘆息。

曹植曾這樣形容過他：「如冰之清，如玉之潔。」可冰雪是會消融的，一旦換了季節，就會無聲融化……別了，荀令君；別了，漢朝。

姓名：賈詡

職位：魏國太尉

愛好：跳槽、存活

技能：【李郭之亂】挑起的仇恨太多，承受攻擊增加三〇％。

【明哲保身】有機會復活。

【離間】能挑起敵方互毆。

提示：若即若離，難以親近，看似已掏心，實則路漫漫兮。
他人印象——陳亮：「漢室再亂於賈詡，終於董昭。」
個性簽名——「大吉大利，今晚吃雞。[43]」

提起「毒士」，你會想起誰？一般人可能會想到賈詡，但「毒士」這個稱號，在史書上並沒有相關記載，實為後人替他起的外號。

賈詡，字文和，早年並不出名，四十二歲之前只有寥寥一件事被記載：他早年舉孝廉當上郎官，後來因病辭官，在踏上漫漫回家路的半途，草叢裡忽然跳出一群叛亂的氐人，把賈詡跟同行的幾十人全抓了起來，二話不說開始砍頭。

俘虜甲：「大、大王，我這裡有的是錢……。」

「砍了！」

「大、大王，你看我長得不錯吧？」

「嘔，砍了！」

眼看刀尖就要砍到自己的脖子上，賈詡突然大喝一聲：「我外公是段熲（按：音同窘）！」

段熲可是東漢時期的名將，絕對是惹不起的人物。這句話把氐人嚇得渾身一顫，一看這傢伙氣場不凡，面相也像個官二代，態度忽然一百八十度大轉變，砍了餘下幾十個同行的人，唯獨恭恭敬敬的送賈詡回去：「兄弟有空常來玩唷！」[44]

那麼，賈詡究竟是不是段熲的外孫呢？

賈詡：「……呵呵。」

在曹魏大老名冊中，賈詡的簡歷有點特殊。他一開始所處的陣營和曹操對立，後來才拉攏一起跳槽，更早之前，則是在朝廷當公務員。

這個公務員光憑一句話，就折損了上萬人命，這是怎麼回事？原來賈詡早期在董卓麾下，當董卓去世，王允打算清理掉他的手下。其中李傕和郭汜[45]覺得遲早會完蛋，不如趕快收拾東西拆夥。

---

43 原文：「Winner winner, chicken dinner」，在遊戲《絕地求生》（PUBG: Battle grounds）中勝利後，會出現這句話，起源於街頭骰子遊戲，若賭錢之後贏了，代表玩家今晚買得起一頓雞肉大餐。

44 《三國志》：察孝廉為郎，疾病去官，西還至汧，道遇叛氐，同行數十人皆為所執。詡曰：「我段公外孫也，汝別埋我，我家必厚贖之。」時太尉段熲，昔久為邊將，威震西土，故詡假以懼氐。氐果不敢害，與盟而送之，其餘悉死。詡實非段甥，權以濟事，咸此類也。

45 傕音同絕，一說讀作確；汜音同四，一說讀作範，為「氾」的通假字。學者吳小如在講座《治文學宜略通小學》表示確和範的讀音才正確，復旦大學歷史學系講師姜鵬認同此一說法，並予以採用。

不行，他倆跑了，自己不也會招來殺身之禍？以西涼謀士身分從屬於李傕、郭汜的賈詡有些著急，不得不站出來，攔住這兩個人：「你們就這麼跑路，恐怕連個小亭長都能抓住你們，倒不如招兵買馬攻入長安城，替董卓報仇。事若成了，你們就能把持朝廷；不成，再跑路也來得及啊，是不是？」李傕和郭汜一拍腦袋，覺得有道理啊，文和你真機智！[46]

於是他們四處散播「王允要殺你們西涼人」的謠言，果然引來上萬大軍投奔。集齊隊友之後，他們成功打下長安、幹掉王允，把刀架在了獻帝的脖子上。這一場戰亂，惹得京城哭喊連天，死了無數的無辜群眾。

賈詡區區一段話，引發長達三年的腥風血雨，因連鎖反應而死的百姓更是數以萬計，這也是賈詡被後世稱為「毒士」的一個原因，他「陰險」的形象就這麼敲定了。

賈詡在朝廷裡當了尚書，期間選拔了不少人才，李傕等人表面上對他相當好，實際上還是有些忌憚這個聰明得過分的角色。機智的賈詡早料到他倆不成氣候，便有意無意的疏遠他們，往漢獻帝靠攏。不久之後，賈詡的母親去世，在他回鄉奔喪的這段日子，李傕和郭汜這兩人又開始火拚起來，賈詡正好趁著這次機會辭了官職，從從容容的抽身而去。

脫離了公務員職位，接下來得去找個老闆啊，但要找誰呢？賈詡相繼找過兩個，但都靠不太住。首先是將軍段煨（按：音同威），乃賈詡的老鄉，還是賈詡的小粉絲。

段煨：「哇賈詡你來了，我總算盼到你了，我對你的景仰有如滔滔江水連綿不絕……。」

賈詡嗅到了對方的陰險氣息，察覺這傢伙表面上恭敬，實際卻有點猜疑的意思，於是打算離開段煨，投奔南陽的張繡。臨走之前有人問了：「文和，段煨他對你不好嗎？」

賈詡：「段煨生性多疑，生怕我搶他糖吃，雖然表面上恭恭敬敬的，沒準心裡正想著什麼陰招呢。我要是走了他肯定很開心，他還指望著我拉外援，肯定會好好對待我的家人……哎不多說了，我走了。」賈詡走了之後，不僅張繡開心，段煨也很開心。[47]

與第二個老闆張繡跟曹操對著幹的日子裡，賈詡最大的貢獻是說服張繡跟劉表聯合，一起打擊曹操。西元一九七年，張繡投降曹操又叛逃；一年後兩軍對陣，張繡被打得抬不起頭，不料曹操打到一半，居然撤軍跑了。

張繡大喜：「看來他是怕我們了，追上去揍他們！」

賈詡開口：「我勸你別追上去。」張繡不聽，追了上去，被打得落花流水回來。

---

46 《三國志．賈詡傳》：卓敗，輔又死，眾恐懼，校尉李傕、郭汜、張濟等欲解散，間行歸鄉里。詡曰：「聞長安中議欲盡誅涼州人，而諸君棄眾單行，即一亭長能束君矣。不如率眾而西，所在收兵，以攻長安，為董公報仇，幸而事濟，奉國家以征天下，若不濟，走未後也。」眾以為然。

47 《三國志．賈詡傳》：是時將軍段煨屯華陰，與詡同郡，遂去傕託煨。詡素知名，為煨軍所望。煨內恐其見奪，而外奉詡禮甚備，詡愈不自安。張繡在南陽，詡陰結繡，繡遣人迎詡。詡將行，或謂詡曰：「煨待君厚矣，君安去之？」詡曰：「煨性多疑，有忌詡意，禮雖厚，不可恃，久將為所圖。我去必喜，又望吾結大援於外，必厚吾妻子。……則家與身必俱全矣。」詡遂往，繡執子孫禮，煨果善視其家。

賈詡又開口：「我勸你追上去。」張繡一臉困惑的追了上去，打得曹軍落花流水。

原來，賈詡早就知道張繡不如曹操，當時曹軍剛撤離，曹操還在原地，張繡跑過去純粹是想送死；但曹操既然急著撤離，肯定是後方出了事，等他打敗張繡的追兵，肯定會把兵撤回去——只要曹操已經倉促離開，就肯定打得過。賈詡的預測一〇〇％正確，曹老闆正是聽說袁紹要偷襲許都，才倉促撤軍而還。

看來張繡的格局還太小，不是個能逐鹿天下的英雄，不行，得再找個老闆。正在賈詡尋思之時，袁紹派獵頭來談判，意圖招攬張繡。張繡剛要一口答應，就被賈詡搶了話：「對不起，我們不跳槽，當初袁紹連兄弟都容不下，還能容得下我們嗎？」

見張繡一臉震驚，賈詡從從容容的解釋：「我們該跳槽到曹操那邊的原因有三，第一、曹操挾天子以令諸侯，贏的機率更大；第二、曹操更求賢若渴；第三、曹操他為了名聲，肯定能不計前嫌。」

張繡：「喔……好吧。」

待他倆一起投奔曹營，曹操果然沒提之前的恩怨，高高興興的接待賈詡：「讓我名滿天下的人就是你啊！」然而賈詡知道自己是半路跳槽過來的，湊老闆太近反而可能有害，就始終跟曹操保持著一種若即若離的距離，在東漢這個刺激的戰場裡活到最後。

作為一個聰明人，賈詡在投奔曹營後保持低調，縱使提過的建議不多，但都很精確。例如官渡之戰時主張開戰，曹操果然大勝；又例如赤壁之戰前，曹操攻破荊州，欲順江東而下，但賈詡覺得應先安撫百姓，而非勞師動眾，可惜曹操不聽。再然後……就沒有然後了，赤壁之戰可說是曹操的心頭痛。

在曹魏集團奮鬥的過程中，賈詡比較突出的貢獻，是在渭南之戰中獻計，離間了馬超與韓遂，使曹操趁機進攻關中。除此之外，賈詡還有一項特殊技能：保命。

江山遲早是下一代的，得找個後續靠山，而曹丕、曹植兩個彆扭兄弟之間，賈詡選擇站在曹丕這邊。曹丕正因為和曹植鬥爭困擾不已，覺得自己好像當不上太子，就悄悄的來找賈詡：「我該怎麼辦啊？」

賈詡：「願將軍恢崇德度，躬素士之業，朝夕孜孜，不違子道，如此而已。」總而言之就是多修身、多看書，不違反兒臣之道。

後來曹操也因為立太子的事，悄悄的來找賈詡：「文和啊，關於立太子這件事，你的看法如何？」

賈詡：「……。」

曹操：「喂，在嗎？」

賈詡：「啊……抱歉抱歉，我剛才在想別的事呢。」

曹操：「什麼事？」

賈詡：「就袁紹和劉表家的那點破事。」

袁紹和劉表家都有相似的黑歷史，那就是廢長立幼導致兄弟鬩牆，最後毀了家族。曹操聽後頓時會意，哈哈大笑，不久立曹丕為太子[48]。曹丕即位後也沒有忘了這份恩情，賞賜相當豐厚，高官厚祿樣樣都有。

西元二二三年八月，賈詡去世，享年七十六歲，相較其他謀士算高齡了。

作為屢次讓自己全身而退的聰明人，賈詡在曹營也從不跟人隨便交往，連兒女婚姻都沒有攀附權貴，非常懂得明哲保身，不僅保全了自己，還保全了家人，在這個一不留神就容易翻船的亂世，硬是開闢出一條穩妥的路來。

也許有人會疑惑，既然賈詡被稱為「毒士」，那他是不是一個陰險冷酷的反派呢？這個其實不好回答，就像曹操無法單以「好」、「壞」這麼簡單的詞來評價一樣。人是有多面性的，在史書文字的背後，誰知道從叛黨的手中死裡逃生的那天，賈詡有沒有為了同行人的死亡而悵然無眠？誰知道他一句話導致生靈塗炭的那年，賈詡有沒有在夜半時分驚醒，失聲痛哭？

這些答案，我們都無從知曉。

姓名：程昱

職位：魏國衛尉

愛好：做夢
技能：【不擇手段】損失我方兵力，化作主公血量。
提示：經常能感受到他的鄙夷，等獲得一定好感度，或許會允許你幫他改名。
他人印象——王彧：「程昱有謀，能斷大事。」
個性簽名——「話說在前頭，豬隊友別來找我。」

曹操麾下還有個謀士，他本叫程立，從少年起就不是個平凡人，總能夢見自己雙手捧著太陽，登上泰山，但又不知道這夢是什麼意思。程立覺得挺稀奇，後來到了曹營當謀士，就把這個夢告訴荀彧；荀彧也覺得挺稀奇，便告訴了曹操。

曹操聽完之後，想了想道：「真稀奇，卿當終為吾腹心啊，我給你加個日，你改名叫程昱吧！」程立就這麼變成了程昱。

程昱，字仲德，兗州人，西元一四一年生，比曹操大十四歲。《三國志》裡記載他「長八

48 《三國志．賈詡傳》：太祖又嘗屏除左右問詡，詡嘿然不對。太祖曰：「與卿言而不答，何也？」詡曰：「屬適有所思，故不即對耳。」太祖曰：「何思？」詡曰：「思袁本初、劉景升父子也。」太祖大笑，於是太子遂定。

尺三寸，美鬚髯」，身高將近一米九，留著一把長鬍子，還手握兵權擔任武職，跟各大電視劇裡的文士形象大不相同。

早期的程昱，是忍受著一堆豬隊友熬過來的，直到遇見曹老闆，才義不容辭的成為奮鬥史中的一員。什麼是豬隊友呢？就是無智無勇還常害人的隊友。當時黃巾軍來襲，程昱從一群瑟瑟發抖的鄉民中站出來，打跑了黃巾軍。

兗州刺使劉岱跟袁紹、公孫瓚的關係很好，袁紹讓自己的妻兒住在劉岱這邊，後來袁紹和公孫瓚鬧不和，公孫瓚就要求劉岱：「你別跟他好了，把他的妻兒送回去，然後斷絕來往，否則我就讓你見識我的厲害！」

劉岱頓時陷入了兩難，想著公孫瓚挺厲害的，自己好像打不過，萬一他真的打過來，自己不就完蛋了？幸好這時王彧提醒他：「老闆，你別自己瞎糾結了，去問問程昱吧。」劉岱一拍腦袋，連忙跑去找程昱。

程昱嘆氣：「你放棄袁紹近援，求公孫瓚遠助，就好像眼前有個孩子溺水了，你卻跑去遙遠的越國求人救命一樣好笑。你放心，公孫瓚絕對不是袁紹的對手，安啦。」後來公孫瓚果然被袁紹擊敗，劉岱的擔心也自然化解。

劉岱：「仲德，你太聰明了！我要薦你當騎都尉！」但被程昱毫不猶豫的借病推辭了。誰想繼續忍受豬隊友呢？

後來，劉岱不聽勸，硬是要打黃巾軍，結果被殺，曹操於是來到兗州，想要徵召程昱。這次程昱看出曹操是個好老闆，毫不推託的直接去面試了，曹操也對他非常滿意，當場就給了個壽張縣令的職位。

同鄉人：「仲德啊，你之前不是不想當官嗎？怎麼前後態度差這麼多啊？」

程昱：「呵呵，你不懂。」

程昱加入曹營後的最大貢獻，是與荀彧一起處理曹操大本營的叛亂，奔走安撫民心。當時他跟荀彧一起留守在鄄城，張邈和陳宮反叛，迎呂布進兗州，各個郡縣都立起反旗，只有東阿、范縣、鄄城還堅守著。荀彧對程昱說：「如今兗州只剩下這三城堅守，這是我們最後的希望了，您回去鼓勵鼓勵他們，肯定能堅持下來！」

程昱立刻動身回東阿，路過范縣，好好鼓勵了范縣縣令靳（按：音同近）允一番[49]，把靳允感動得直流淚：「我絕無二心。」

程昱又派人守住倉亭渡口，阻斷陳宮過河的路，終於在這場叛亂中為老闆保下了三座城。曹操回來之後感動萬分，握著他的手：「要不是你出力，我連老巢都沒了！」

除此之外，他還負責在曹操舉棋不定的時候審時度勢，替曹操打強心針。例如他對袁紹和

---

49 《資治通鑑》、《三國志》：昱乃歸，過范，說其令靳允曰：「……今天下大亂，英雄並起，必有命世能息天下之亂者，此智者所宜詳擇也。得主者昌，失主者亡。……孰與違忠從惡而母子俱亡乎？唯君詳慮之！」

劉備的分析，都十分精準。

時值曹操、呂布交戰，被半路進場的蝗蟲干擾戰局，袁紹得意洋洋的派說客過來，想讓曹操舉家搬到他那邊去。曹老闆也有猶豫不決的時候，眼看兗州一點點的飛了，自己沒地方去，似乎搬過去也不是什麼壞決定。

程昱一聽這還得了？自己選中的老闆居然要去當別人的員工了！他連忙去找曹操，苦口婆心的勸了一通：「您只是一時怯場而已，否則不會想得這麼膚淺。您想想，袁紹擁有併吞天下的野心，但這傢伙有勇無謀，您怎麼會甘心當他的員工呢？憑著您、荀彧還有我們，一起手牽手闖天涯，肯定能成功！」曹操被他的冷靜氣場所折服，想想後覺得有道理，就拒絕了袁紹。

至於被呂布打敗、暫時來投奔曹操的劉備，程昱第一眼就覺得「有雄才而甚得眾心，終不為人下」，建議曹操把他除掉，不過曹操沒殺，後來劉備果然舉了反旗。

程昱還預料到孫劉結盟這件事，當時劉備跑去求助孫權，大家都以為孫權會殺了劉備，只有程昱覺得他們兩個肯定要聯盟，後來孫劉果然結盟了。

不過，晚年的程昱逐漸退出了舞臺。曹操非常敬重這位老員工，即使有人跟程昱不和，跑去跟曹操誣告程昱要謀反，曹操反而更加器重他。

但仔細想想這件事，會發現有點詭異。畢竟程昱跟著曹操打了一輩子天下，也算得上是元老級的人物，別人私下說他幾句壞話都得想一想後果，更別說是直接跑去跟曹操打小報告了，由此可見程昱確實得罪過不少人。

當初中原平定之後，曹操拍著程昱的背感慨：「當年兗州大敗，要不是聽了你的話，我就沒有今天的成功啊！」

程昱這樣回答：「知足不辱，吾可以退矣。」之後就交還兵權，安心過上老鳥生活。把這兩件事聯繫起來後，能對程昱的忽然退休，推測出兩種可能：第一是出於自己年事已高，想安心養老；第二則是他性情耿直，在朝堂的處境沒有表面上那麼安穩，乾脆告老退避。

無奈禍事還是在西元二一三年，主動找上這位七十二歲的老人——任職衛尉（南軍長官）的程昱因為跟中尉（北軍）刑貞起衝突，被曹操罷免了職位，對程昱來說是個不小的打擊。七年後，直到曹丕稱帝，程昱的官職才恢復；等到西元二二三年，曹丕終於想起要封程昱為公，程昱卻去世了，曹丕只能難過的追封他為車騎將軍。

程昱遲遲未像其他人一樣位列三公，根據《魏晉世語》中的記載，還有這麼一個原因：曹操早期缺糧草，程昱想為老闆解決這個大問題，竟領兵回到東阿縣，大肆強奪一番，為曹軍提供了三天的糧食，其中甚至參雜了人肉。[50]

程昱就像伴曹操左右的狼與鷹，一旦主公有需要，會不惜一切代價撲上去，甚至不擇手段。正是這種冷酷的性格，讓他名聲不佳，到了晚年總給人一種落寞寂寥的感覺。

50《魏晉世語》：初，曹操乏食，昱略其本縣，供三日糧，頗雜以人脯，由是失朝望，故位不至公。

5 阿瞞容不下的人才

姓名：禰衡
職位：名士
愛好：恃才傲物
技能：【高傲】嘲諷對手一回合，減少敵方戰力一〇%。
提示：小心，很毒舌。
他人印象——劉勰：「孔融氣盛於為筆，禰衡思銳於為文，有偏美焉。」
個性簽名——「這個世界總是容不下鋒芒太盛的人。」

提到「找死」，無論是看過演義還是正史的朋友，腦海裡可能都會浮現出一些名字，禰衡算是當中的佼佼者。禰衡很有真才實學，但缺點也十分明顯——特別喜歡輕蔑別人。有人曾問他：「你這麼厲害，怎麼不去投靠陳群（九品官人法的創建人）和司馬朗（司馬懿之兄）？」

鑑於陳群曾勸曹操恢復肉刑（按：古時切斷犯人肢體、或割裂肌膚的刑罰），禰衡表示：「我才不跟殺豬的一起玩，哼。」

「哎，那你就去找荀彧和趙融他們啊？」

「哼，瞧荀彧那張哭喪臉，弔喪還差不多；至於趙融那個胖子，讓他管廚房還差不多！」

如果這番話被荀彧等人的粉絲聽到，估計會引起一輪罵戰。正因為這般個性，導致禰衡的朋友比較少，只有孔融和楊修不介意這位老兄直言無忌。孔融甚至向曹操推薦了禰衡，只是禰衡看不起曹操，曹操便讓他換上鼓吏的頭盔（岑牟）和蒼黃單衣（單絞）去敲鼓。

不料禰衡沒換衣服就去了，輪到他時，旁人怒道：「哎，禰衡，你怎麼不換衣服啊？」

禰衡：「好，我這就換！」然後在眾目睽睽之下，慢悠悠的脫光衣服，再慢悠悠的換上衣服來撾（按：音同抓，鞭打、敲擊之意）鼓。

曹老闆笑道：「我本想羞辱你，沒想到今天反而被你羞辱了。」[51]

51《後漢書》：（曹操）聞衡善鼓，召為鼓吏。因會賓客，閱試音節，諸吏過者，皆令脱其故衣，更著岑牟單絞之服。次至衡，方操撾，踴躍而前，吏呵之曰：「鼓吏何不改服而輕進？」衡於是先解褻衣，次釋餘服，裸身而立，徐取岑牟單絞而著之，復操撾，顏色不怍。操笑曰：「本欲辱衡，衡反辱孤。」

此事之後，孔融數落了禰衡一頓，要他去向曹老闆賠罪。想到大家都有個臺階下，曹操挺高興的，只是等了很久禰衡才到，還拿著木杖開始大罵曹操。

曹操：「……。」為了不讓人覺得自己不懂得包容部下，曹操直接把禰衡送到劉表那裡，不髒自己的手。後來禰衡果然羞辱了劉表，於是劉表又把他送給性急的江夏太守黃祖，欲借其手殺之。

雖因文采而受到重視，但禰衡仍一度出言不遜，指著黃祖開罵：「你這死老頭！」最終以二十六歲結束了神奇的一生。

論才華，禰衡的確令人讚嘆，一篇《鸚鵡賦》託物言志、寓意深刻，著實是上乘之作，以至於黃祖怒下令殺他後立即後悔，其長子黃射亦光著腳來阻攔，卻已經晚了一步[52]，這顆鋒芒太盛的珠子終究碎在了江頭。後世的李白等人對禰衡之死十分惋惜，還特意為此作過詩（李白作《望鸚鵡洲懷禰衡》）。

好是他，壞也是他；有才是他，狂客也是他，面對這樣的禰衡，我們不如以胡曾的《詠史詩・江夏》來紀念：

黃祖才非長者儔，禰衡珠碎此江頭。今來鸚鵡洲邊過，唯有無情碧水流。

姓名：許攸
職位：魏國謀士
愛好：直呼老闆小名、貪污受賄
技能：【叛投獻計】一回合內，使對方增益技能為己方所有。
提示：戰功雖好，但超愛邀功，不要因此殺掉他唷。
他人印象——荀彧：「許攸貪而無治。」
個性簽名——「阿瞞最近怎麼不理我了？每次我一開口，他就呵呵一笑，算什麼嘛？」

這第二個找死的人，就是許攸。

曹操有個小名叫阿瞞，阿瞞、阿瞞，似乎叫起來挺順口的。但你敢站在曹操面前，叉腰直呼他一聲「阿瞞」嗎？這種事還真有人敢做，這個人叫許攸，字子遠。

許攸出生在南陽，跟曹操、袁紹兩人自小就認識，一起在夕陽下奔跑過；後來大家各奔東

52《後漢書》：後黃祖在蒙衝船上，大會賓客，而衡言不遜順，祖慚，乃呵之。衡更熟視曰：「死公！云等道？」祖大怒，令五百將出，欲加箠。衡方大罵，祖恚，遂令殺之。祖主簿素疾衡，即時殺焉。射徒跣來救，不及。

西，許攸也拎著求職信，一頭栽進了亂世裡。

他覺得自己註定要幹大事，也的確做了件驚天動地的大事——西元一八四年，他跟冀州刺史王芬等人聯合，欲謀廢漢靈帝，另扶合肥侯上位，更企圖暗中拉攏曹操，但為曹操所拒。

曹操的拒絕是有先見之明的。後來他們失敗了，王芬畏罪自殺，許攸自己也捲起了鋪蓋跑路[53]，在西元一八九年，離開董卓投奔袁紹，安安穩穩的當了十年左右的謀士。他的貢獻主要在官渡之戰，但說來奇怪，他的戰績並非獻給袁紹，而是給了曹操。

當袁紹與曹操開打，許攸當然不是跑龍套的，他來到袁紹面前，把策劃案呈上去：「曹操雖然帶兵來了，但他兵少啊，此時許都那邊肯定十分空虛，不如派一支輕騎偷偷繞過去，偷襲許都，一下子就能打敗曹操。」

然而策劃案被袁紹駁回了：「不行，我一定要先逮到曹操那小子！」他顯然屬於想得多、做得少，還不太聽勸的倔強類型，毫無商量的餘地。

許攸原想就此作罷，沒想到這時候又出事了——許攸的家人犯了罪，全被留在鄴城的審配捉了起來。一想到這個陣營竟然不顧自己和袁紹的兒時情誼，許攸二話不說當即跳槽，背著包袱投奔曹操。曹操一聽他來了，居然高興得「跣（按：音同顯）出迎之」，什麼意思呢？就是他高興得連鞋都來不及穿，光著腳就跑出來！

這份誠意讓許攸很滿意，立刻把機密文件獻了上去：「阿瞞，我跟你說喔，袁紹的軍糧全都在烏巢（按：位於中國河南省，因南臨烏巢澤而得名），你一把火就可以燒了。」

曹操大喜過望，連忙挑一批士兵燒了袁紹家的軍糧，贏下官渡之戰。曹操的手下樂進還捉回一名叫淳于瓊的將軍，這人的鼻子在被俘虜時砍掉了，念及與對方是舊識，曹操原想饒他一命。許攸：「阿瞞，你想想，以後他只要照鏡子都會看見自己的鼻子沒了，這個奇恥大辱豈不是一輩子都忘不了嗎？難保不會有報復的念頭喔！」曹操覺得有道理，就殺掉了淳于瓊。

在曹操底下工作的日子，是許攸最舒坦的一段時間。雖然功勞莫大，他還是有件擔心的事：萬一時間長了，阿瞞忘了自己的功勞怎麼辦？

許攸想了想，做出一個傻呼呼的決定──時不時提醒曹操一下不就好了？

「阿瞞，要是沒了我，你得不到冀州啊！」

曹操：「是是是，你說得對。」

「阿瞞，你還記得咱們打袁紹的日子嗎？哎，真是多虧了我呀！」

曹操：「是是是，你說得對。」

縱使表面迎合，實際上曹操已經相當不滿，為什麼呢？小時候的事都過去了，如今他可不是那個玩泥巴的曹阿瞞，而是一方霸主曹操。霸主是需要威嚴的，所以許攸仗著交情攀關係這

---

53 《三國志》：頃之，冀州刺史王芬、南陽許攸、沛國周旌等連結豪傑，謀廢靈帝，立合肥侯，以告太祖，太祖拒之。芬等遂敗。

一套，在他眼裡挺煩人的；更別說不斷吹噓自己了，簡直不把曹營其他武將和謀士放在眼裡，他要是再「是是是」的迎合個不停，豈不是變相無視了他們的功勞嗎？

終於，許攸的報應來了，而且來得猝不及防。西元二〇四年的某一天，許攸從鄴城東門出去，回憶起官渡之戰，便得意的又向旁人提起：「要是沒有我，曹家人可進不來這個城門！」有人把他的話轉告曹操，這一次曹操沒有說「是是是」，而是直接下令將之處斬，就當作殺雞儆猴，幫自己重新建立威信。[54]

許攸：「阿瞞——」

「給我砍了！」

「咦？」許攸，卒於西元二〇四年。

不知道許攸被收押進牢的時候，有沒有認真思考過這個問題。也許他至死都不明白，年少時跟自己一起玩泥巴的曹阿瞞，怎麼忽然就翻臉了呢？

54 《魏略》：攸自恃勳勞，時與太祖相戲，每在席，不自限齊，至呼太祖小字，曰：「某甲，卿不得我，不得冀州也。」太祖笑曰：「汝言是也。」然內嫌之。其後從行出鄴東門，顧謂左右曰：「此家非得我，則不得出入此門也。」人有白者，遂見收之。

6 比起他，曹操哪算奸雄

講司馬懿之前，我們先翻翻《晉書》，看一件有關他後代的事。

在很久很久以前，晉朝有一任皇帝叫司馬紹，為晉明帝。有一天，天真無邪的司馬紹問侍坐的老臣王導：「晉朝的天下是怎麼得來的呀？」

王導述說起了以前的歷史：「喔，咱們的天下呀，一開始還叫曹魏，是您的祖先司馬懿辛辛苦苦將政權攬到手裡，之後司馬昭把政權都過戶到您家，再後來，就是司馬炎幹掉皇帝，終於建立了晉朝……。」

沒想到，司馬紹把頭埋在被子裡，「哇」的一聲哭了出來：「原來我的祖先是篡位上來的啊，完蛋了、完蛋了……。」

對於此話，司馬懿如果泉下有知，八成會氣得從棺材裡跳起來。

不過王導說的故事的確發生過，也難怪晉明帝聽完之後嚷嚷「完蛋了」，至於這段歷史完整是什麼樣呢？咱們還得回到東漢末年，從司馬懿開始說起。

姓名：司馬懿
職位：魏國太傅、（後）晉宣帝
愛好：架空朝政、攻略曹丕
技能：【狼顧之臣】主公死亡時，可代替主公上陣，戰局不結束。
【裝病】承受攻擊時，有機率化解。
提示：想增加好感？為他殺人吧！對了，打聽夫妻感情，似乎會得知有趣的八卦。
他人印象——曹操：「司馬懿非人臣也，必預汝家事。」
個性簽名——「看我眼神，我可是個好人。」

司馬懿，字仲達，嚴格來說，他不算是曹魏奮鬥史的忠實一員，只是有目的的投靠過。先來講講他一開始投靠的狀況——諸葛亮賴床三天，他賴床七年。

曹操當年派人找上門，強行拉他來底下工作，但司馬懿不樂意，這下該怎麼辦呢？他索性往床上一躺，假裝得了風痺病[55]，身體不能起居。

曹操當然不傻，暗地裡雇了個人趁夜去打探消息。那人溜到司馬懿府裡一看，發現司馬懿始終動也不動，就像真的得到風痺病一樣。

就這樣，司馬懿完美避開了強行招聘，轉眼過了七年，另一個老闆曹洪也派人來招聘了，可這人沒什麼學識，司馬懿還是不樂意，怎麼辦？他索性把拐杖一拄，繼續裝病。

曹洪因此記恨，告訴了曹操這件事：「每次要叫這傢伙工作，他就裝病！」

曹操：「不然換我召他一次。」

比較過兩個老闆後，司馬懿竟把拐杖一扔，直接投奔曹操：「老闆啊，我好了！」

曹洪：「……。」

很多人說司馬懿前期並沒有什麼作為，不得重用，大器晚成，其實並不然。當初跟曹操一起征討張魯，他曾勸曹操趁機攻打甫奪益州、腳跟未穩的劉備，但曹操覺得現在進攻沒好處，以一句「既得隴右，復欲得蜀」拒絕。除此之外，他不僅提出了屯田制的建議，還早早看出荊州刺史胡修和南鄉太守傅方並非好下屬，不適合邊防工作，可惜曹操沒聽，後來這兩人果然投降了。

當關羽圍攻襄樊，離許昌有點近，曹操心裡不安，打算移都到河北去，被司馬懿攔住。這次曹操總算聽了他的建議，贏下樊城之戰。由此可見，司馬懿並不是大器晚成。

55《症因脈治》：風痹之症，走注疼痛，上下左右，行而不定，故名行痹。

都說司馬氏是潛入曹魏的一支狼族，司馬懿也有狼顧之相[56]，有這麼多動物，為什麼偏偏以狼來比喻呢？

古人覺得狼不是個好東西，可以把腦袋轉到將近一百八十度，在行走時因為謹慎，總是回頭四顧，久而久之，這個詞就用來形容人心懷不軌了。《晉書》裡記載，有一次曹操忽然叫司馬懿的名字，司馬懿這麼猛地一回頭，顯出了狼顧之相，把曹操嚇出一身冷汗，從此十分忌憚這小子。

後來，曹操暗地裡跟兒子曹丕說：「看見沒？這傢伙不是個好東西，你小心點。」

未料曹丕並不在乎：「老爹你不要懷疑仲達，他不就長得奸詐了點嗎？我們不能以貌取人。」原來司馬懿此時已經拉攏了曹丕，而且在西元二一九年當上「太子中庶子」。

不管怎麼說，「狼顧」這事缺乏一定的真實性。《晉書》裡對司馬懿的記載尤其誇張，甚至出現了他會召喚隕石的情節……史書畢竟是人寫的，偶爾還是會有杜撰的成分。

司馬懿和第二任老闆曹丕的關係很不錯，早在丕、植爭位時，司馬懿就堅定的站在曹丕這一邊，君臣之間可說是達到了一〇〇%的信任。例如曹丕忙著伐吳時，幾次放心大膽的讓司馬懿留守老巢，還把他比作蕭何；曹丕駕崩之前，還對下一任老闆曹叡說過：「慎勿疑之。」就連司馬懿死後，都和曹丕一樣被葬在了首陽山。且不提日後司馬家做過的事正不正確，起碼對於曹丕，司馬懿是盡責的臣子。

待曹叡登基，掐指算來，已經是司馬懿的第三個老闆。

這時的司馬懿總算在曹家熬出頭，接下來遇到了生命中的大敵——諸葛亮。兩人在北伐之戰的鬥智鬥勇，得從孟達說起。這人原是蜀將，後來投降魏國，在曹丕時受到重用；但曹丕駕崩後，孟達頓失靠山，再加上諸葛亮暗中勸他叛魏，他就答應了。

這事被另一個太守申儀知道，就偷偷向司馬懿告狀。司馬懿決定先穩住孟達再說，於是寫了封信過去：「孟達啊，你想想，你已經背叛過蜀國一次了，諸葛亮勸降你之後，肯定想殺了你呀。」

孟達是個猶豫不決的人，收到信後果然舉棋不定，司馬懿趁機暗中發兵準備討伐，幾個魏國將領有些擔心，勸他穩穩再說。司馬懿表示沒問題：「孟達那小子不講道義，現在正猶豫著呢，咱們趁機打他準沒錯。」

就在司馬懿領兵進發的時候，孟達收到諸葛亮的信，勸他提高防範。孟達不以為意：「唉喲喂，不用這麼著急吧？我們距離足足有一千兩百里呢！司馬懿他得先向天子進呈奏章，得到准許才能發兵，放心吧，那時候我已經準備好了，沒問題的。」

八天後，司馬懿率大軍而來。

原來司馬懿先斬後奏、先行動再上表，一路飛奔而來，這時蜀吳兩國連忙派兵來援，都被

56《晉書．宣帝紀》：帝（司馬懿）內忌而外寬，猜忌多權變。魏武（曹操）察帝有雄豪志，聞有狼顧相。

魏兵攔截。孟達又寫信給諸葛亮，驚嘆道：「他們居然八天就到城下了，未免太快了吧！」[57]諸葛亮見信：「……。」守城十六天後，孟達卒。

孟達被滅，讓諸葛亮的策反失敗，其實也算是司馬懿與諸葛亮的一次遠程交鋒，很顯然前者占了上風。西元二三一年，曹真去世，司馬懿接手工作，負責領兵跟諸葛亮對抗。

這是諸葛亮的第四次北伐，他用木牛流馬（諸葛亮製造的運輸兵糧工具，有機關可以自動）運輸糧草，留王平等人繼續攻祁山，自己則帶領主力軍迎擊司馬懿。對於這段歷史，不同的史書有不同的記載，例如《晉書》記載：「帝（司馬懿）攻拔其圍，亮宵遁，追擊，破之，俘斬萬計。」敘述司馬懿用兵如神，諸葛亮反倒有些狼狽。但我們知道《晉書》裡記載得有點玄幻，後文甚至出現了「會有長星墜亮之壘，帝知其必敗」這樣的記載。

同樣一段歷史，《漢晉春秋》裡說是諸葛亮占了上風，「亮分兵留攻，自逆宣王於上邽（按：音同規）。郭淮、費曜等徼（按：攔截）亮，亮破之，因大芟（按：音同刪，削除）刈（按：音同亦，割取）其麥，與宣王遇於上邽之東，斂兵依險，軍不得交，亮引而還」。

司馬懿知道蜀軍他們缺糧，於是用了「耗死你」這一招，不管怎麼樣就是不出戰，等對方把軍糧耗光再說。但司馬懿能忍，魏國將領們卻不能忍，在他們一再要求下，終於出兵打了一架。不過《漢晉春秋》以蜀漢為正統，不推崇曹魏一方，難免有些偏袒。

歷史真相如何，如今我們還無從知曉，史書也各執一詞，因此第四次北伐時發生的真實情況，還是籠上了一層迷霧。

西元二三四年，諸葛亮率十萬大軍第五次北伐，到達五丈原紮營；司馬懿也領兵對峙，繼續採用「耗死你」的方法，誰也沒撿到便宜。面對司馬懿這種縮頭不出的辦法，諸葛亮也想好了打長久戰的對策：他下令分兵屯田，先把長久以來的軍糧問題解決，再慢慢耗下去。

幾個月過去了，司馬懿收到諸葛亮寄來的快遞。他打開一看，唉唷我的天裡面居然是一套女裝，孔明他這是什麼意思？一時間大家看司馬懿的目光都有點怪怪的……。

然而送女裝其實沒有別的意思，只是為了羞辱司馬懿，讓他出戰而已。司馬懿一向能忍，淡定的把女裝放下，但一旁的將士可忍不了，嚷嚷著要殺諸葛亮：「他這是什麼意思！」

請戰的人太多，司馬懿也沒辦法，故意上表給魏明帝，魏明帝趕緊派個叫辛毗的衛尉過來，攔著他別出戰[58]。其實這表完全沒必要寫，只是為了作戲給憤怒的將士們看：「你們看，是皇上不讓我出戰，我也沒辦法呀。」

57 《晉書》：初，達與亮書曰：「宛去洛八百里，去吾一千二百里，聞吾舉事，當表上天子，比相反覆，一月間也，則吾城已固，諸軍足辦。則吾所在深險，司馬公必不自來；諸將來，吾無患矣。」及兵到，達又告亮曰：「吾舉事，八日而兵至城下，何其神速也！」

58 《資治通鑑》：司馬懿與諸葛亮相守百餘日，亮數挑戰，懿不出。亮乃遺懿巾幗婦人之服。懿怒，上表請戰，帝使衛尉辛毗杖節為軍師以制之。

對面的諸葛亮看著這場年度大戲，心裡跟明鏡似的：「彼本無戰情，所以固請戰者，以示武於其眾耳。將在軍，君命有所不受，苟能制吾，豈千里而請戰邪。」看穿這只是做做樣子。

不久，蜀軍送戰書的使者又來了，司馬懿拉著他打探：「哎，小哥，你們營的孔明……平常都在做什麼啊？」

「啊？」

「就是那個……一天吃多少飯啊？什麼時候起床啊？什麼時候睡覺啊？」

一聽問的無關戰事，使者答：「諸葛公的一天可忙了，起得早、睡得晚，連飯都不太吃，愁死我們了。」

司馬懿連連點頭，送走了使者，轉身對眾將說：「熬夜易猝死，孔明又操勞過度，我看活不久了。」不久之後蜀軍回撤，司馬懿連忙派兵追擊，半路見楊儀忽然扭頭作勢反擊，立刻嚇了一跳，生怕是諸葛亮的計策，撤軍不敢再追，就這麼目送蜀軍跑路，後來才聽聞，原來諸葛亮早就病逝於五丈原。

這事被大家當成玩笑，說「死諸葛嚇走生仲達」。司馬懿倒也沒生氣，呵呵一笑：「吾能料生，不能料死故也。」表示自己哪能料到死人之計。

後來司馬懿特意去諸葛亮的空營看了一圈，發現大量書籍、糧食，不禁讚嘆：「孔明真是天下奇才啊！」[59]

諸葛亮與司馬懿，都宿命般的遇到了一生中的強敵，最後這場強強對戰，以諸葛亮不敵天命、病逝於五丈原謝幕，蜀國北伐也這麼結束了。

平定了遼東後，司馬懿就回家演他的拿手好戲——裝病。這又是怎麼了？原來是為了政鬥做準備。

曹叡駕崩，年幼的曹芳上位，司馬懿又當了託孤大臣，但一起的還有大將軍曹爽（曹真之子、曹操侄孫），這就讓人有點不爽了——就在第一任老闆的曾孫（但曹芳是曹叡的養子，與曹操實際上並無血緣關係）上位之後，自己成了稀有物種：託孤老臣，本以為能權傾朝野，卻偏偏有個競爭對手擋著，而且這個對手明明沒什麼腦子，還百般排擠你。這可怎麼辦呢？司馬懿索性把辭職信一交，繼續裝病。

曹爽並不傻，也覺得這老傢伙在裝病，於是派李勝去打探實情。司馬懿早已把裝病的精髓鍛鍊得爐火純青，李勝來的那天，他就在侍女的攙扶下顫顫巍巍的登場，把粥吃得滿身都是。

李勝：「我要回本州（李勝是荊州人，所以把荊州稱作本州）任刺史，特來向您辭別。」

司馬懿假裝聽錯：「啊？你這次回并州，多照顧照顧我兒子司馬昭和司馬師啊……。」

李勝：「不是并州，是本州。」

59《晉書》：帝以窮寇不之逼，於是楊儀結陣而去。經日，乃行其營壘，觀其遺事，獲其圖書、糧穀甚眾。帝審其必死，曰：「天下奇才也。」

司馬懿：「啊，到并州，到并州啊。」

李勝：「不是并州，是回本……不是，回荊州。」

經過這次試探之後，李勝真的相信司馬懿老糊塗了，回去跟曹爽稟報，曹爽也就不再防著這個老傢伙，安安心心的權傾朝野。[60]

萬萬沒想到，就在西元二四九年的正月，曹爽隨皇上一起去先帝陵墓，趁著這段時間，司馬懿扔掉拐杖行動了。他發動高平陵之變，阻止曹爽回城，又上書稱曹爽企圖篡位，請求曹芳除掉曹爽。

後來司馬懿派人誘勸曹爽放棄權力回洛陽，並允諾他只要交出兵權，還是可以保留爵位。曹爽猶豫了，他身邊的桓範連忙勸他萬萬不可，不如回到許昌去重整旗鼓。不料思考一夜後，曹爽把刀一扔，決定向司馬懿投降，惹得桓範大怒。等曹爽回到了洛陽，他和桓範等人就一同被滅了三族。

自此，曹魏大權終於徹底落到司馬家手裡，司馬懿相繼滅掉了幾支曹氏的反對勢力，為後期司馬家篡位奠定了雄厚的基礎。

西元二五一年，司馬懿因病去世，次子司馬昭上位（長子司馬師早逝）。司馬昭遣兵消滅蜀漢，後封晉王，為建立晉朝進行權力過渡，終於將當時皇帝曹髦（曹丕之孫）的權力架空。

眼看著權力就要從自己手中飛走，曹髦召人討伐司馬昭，「司馬昭之心，路人皆知也」就是從曹髦口中說出來的。但此事傳到了司馬昭耳裡，曹髦知道事情敗露後，乾脆領人衝向司馬昭府邸，府中士兵一時都不敢來戰，只有太子舍人（按：任事於太子宮中的侍從）成濟直接操戈刺死了曹髦。

事後司馬昭在僕射（按：射，音同葉，僕射為善射的武官）陳泰的建議下，拉著成濟兄弟當替罪羔羊，以誅君名義亂箭射殺他們，將自己的嫌疑撇清，繼續塑造光明磊落的形象，立曹璜（即曹奐）為天子。一直到了位傳司馬昭之子——司馬炎，才終於逼迫曹氏禪讓，建立了晉王朝。

司馬炎一生榮辱皆有，在經濟與文化上都有貢獻，但他前期沿用漢代分封制，削弱了中央集權，再加上後期荒淫無度，最終為八王之亂埋下了禍根。

這支潛入曹魏政權的狼族，真的應驗了曹操的預言，將這易變的江山握在手中。之後劉裕起兵，逼迫司馬氏禪讓，才結束了一百五十五年的晉朝歷史。

歷史總是驚人的相似，像個車輪一般，轉來轉去又轉了回來；而且向來是權謀與野心的一幕幕大戲，一場繁華一場空，不知影帝司馬懿倘若泉下有知，會作何感慨呢？

---

60 《晉書》：帝詐疾篤，使兩婢侍，持衣衣落，指口言渴，婢進粥，帝不持杯飲，粥皆流出沾胸。……「太傅不可復濟，令人愴然。」故爽等不復設備。

魏國八卦之一
吾弟怎麼偏偏是才子曹植？

1樓　**曹丕** 樓主
@曹植 好了。

2樓　**司馬懿**
什麼情況？我先卡個位。

3樓　**楊修**
我看到我家小植的名字才進來的。

4樓　**曹植**
@曹丕 謝謝哥。
這個帖嘛，是我叫我哥開的，作為我們的留言板，心事啊、作品啊什麼的，都可以發在上面，不定時更新。

5樓　**賈詡**
曹丕轉性寵弟弟了？

6樓　**曹丕** 樓主
不要誤會，是因為昨天考作文，我打賭輸了，老爹更喜歡小植的文章，我才答應他來開帖。
心事？我才不會傾訴。

7樓　**司馬懿**
小植一直很受老闆喜歡啊。

（下接128頁）

8樓 **楊修**

那是我家小植的實力！

9樓 **司馬懿**

別以為我不知道你總是偷遞答案給小植。

10樓 **荀彧**

我純粹圍觀兩邊互鬥。

11樓 **曹植**

小時候老爹在乎小昂，沒想到小昂離開了；之後老爹又在乎小沖，但是小沖也走了……。

哥哥從小騎馬、射箭樣樣行，我以為老爹會多看他一眼，沒想到因為我文采不錯，老爹竟開始偏愛我了。

哥哥喝醉後總說，老爹應該只是把他當作贈品吧。但我並不這麼覺得，在我心裡，哥哥一直都很厲害。

最近我和哥哥的粉絲總是互相攻擊，說我倆為了爭位置，關係惡化，並沒有這回事。

12樓 **司馬懿**

唉。

13樓 **賈詡**

愛兄成性？

14樓 **張遼**

不明白你們在說什麼，不過好像是很憂傷的事，抱抱。

15 樓　**曹丕** 樓主

哈哈哈哈，今天鄧展吹牛說他玩劍玩得可厲害了，我看不慣他自以為是，就拿著甘蔗跟他大戰，連贏 2 回喔，哈哈哈哈。

16 樓　**張遼**

……剛剛憂傷的氣氛呢？

17 樓　**曹植**

@曹丕 哥哥真帥！今天有人送我不少葡萄，哥你吃不吃？

18 樓　**曹丕** 樓主

葡萄！我馬上去！

19 樓　**楊修**

小植我也要！

20 樓　**楊修**

怎麼沒人回我？

21 樓　**楊修**

喂……？

22 樓　**程昱**

別喂了，他們都吃完了。

23 樓　**賈詡**

……呵呵。

——用戶【曹植】發表詩作《公宴》——

公子敬愛客，終宴不知疲……飄颻放志意，千秋長若斯。

——用戶【曹丕】發表五言詩《芙蓉池作》——

乘輦夜行游，逍遙步西園。……遨遊快心意，保己終百年。

24樓 **曹植**

今天參加了哥哥的宴會，真好。

25樓 **夏侯惇**

你們建安七雄可真有文采，吃吃喝喝就算了，結束不但要寫詩，居然還要湊成對，嘖嘖。

26樓 **賈詡**

是建安七子、戰國七雄。

27樓 **郭嘉**

這兄弟倆的感情可真好。

28樓 **程昱**

可惜帝王家……我就不說了。

29樓 **司馬懿**

樓上的小心被查水表。

30樓 **曹丕** 樓主

老爹他果然偏心，弟弟們都跟著走了，怎麼就我留下來了？

——用戶【曹丕】發表作品《感離賦》——

建安十六年，上西征，余居守，老母諸弟皆從，不勝思慕，乃作賦曰：

秋風動兮天氣涼，居常不快兮中心傷，……。

31 樓　**曹植**

哎……怎麼老爹偏偏把哥哥一個人留下了呢？

——用戶【曹植】發表作品《離思賦》——

建安十六年，大軍西討馬超，太子留監國，植時從焉。

意有憶戀，遂作離思賦云……。

32 樓　**楊修**

小植你……。

33 樓　**司馬懿**

小丕你……。

34 樓　**郭嘉**

我湊個熱鬧。

35 樓　**曹丕** 樓主

確定了，我就是個贈品而已。

老爹今天又出新考題，題目是銅雀臺，小植第一個交卷，老爹看完大笑。

後來輪到我交卷，老爹只微笑了一下。

36 樓　**曹植**

哥……我不是故意的。

37 樓　**曹丕** 樓主

沒事。

38 樓　**楊修**

小植啊，你聽我說。喝酒誤事你知道吧？以後別喝了，乖，小丕黨正虎視眈眈的盯著我們呢，最近局勢特別緊張。

39樓 **曹植**

不要，哥不會那樣對我。

而且只要我一天不喝酒，就會發生很恐怖的事。

40樓 **郭嘉**

什麼？

41樓 **曹植**

我會立刻死掉的。

42樓 **楊修**

……。

43樓 **鍾繇**

孩子喜歡喝酒，你就讓他喝嘛。

44樓 **曹丕** 樓主

@鍾繇 那個……我挺喜歡你那兒的一塊玉，能不能給我？

45樓 **鍾繇**

不給。

46樓 **曹丕** 樓主

@曹植 小植，去幫我把玉要過來，可以嗎？

47樓 **曹植**

好的，哥哥。

48樓 **鍾繇**

你們兄弟倆欺負人啊？

49樓　**曹丕** 樓主

嘿嘿嘿。

50樓　**曹植**

嘿嘿嘿。

51樓　**郭嘉**

這帖好久沒更新了。

52樓　**荀彧**

最近小丕黨和小植黨又鬥起來了，挺嚴重的。

53樓　**宮門守衛**

不好惹！

54樓　**楊修**

啊？

55樓　**程昱**

什麼？

56樓　**曹植**

喔喔喔喔喔，過過過過過過過過！

57樓　**司馬懿**

這是怎麼了？

58樓　**宮門守衛**

啊啊啊啊，小植大人喝醉了，目前正騎著馬在禁道上跑！誰也攔不住！

59樓 **楊修**

小植！

60樓 **賈詡**

哈哈哈哈哈哈哈！

61樓 **司馬懿**

喜聞樂見。

62樓 **曹老闆**

臭小子，你給我回來！

63樓 **曹丕** 樓主

……。

64樓 **曹植**

咳，我……我是小植，我酒醒了……被老爹狠狠罵了一頓……。
我承認，我平時的作風是有點問題……好吧，這次是很大的問題，所以老爹非常生氣，對我很失望……。
總而言之，哥哥當上太子了。

65樓 **曹丕** 樓主

哈哈哈哈哈！ @辛毗 你知道我有多高興嗎？

66樓 **辛毗**

臣知道……請太子不要再像當日那樣，摟著臣的脖子蹦蹦跳跳了……。

——用戶【曹植】發表五言古詩《侍太子坐》——

白日曜青春，時雨靜飛塵。……翩翩我公子，機巧忽若神。

67 樓　**曹植**

我哥真是個翩翩公子啊。

——用戶【曹植】發表作品《仲雍哀辭》——

曹喈字仲雍，魏太子之中子也。三月而生，五月而亡。……涙流射而沾巾。

68 樓　**曹植**

我哥哥的兒子病逝了……好傷心。

69 樓　**曹植**

哥哥不怎麼回帖了……其實我也知道，雖然我們兄弟倆的關係還是很好，一起喝酒、一起談笑，但已經不是年少時的心情了。古往今來，每個生在皇室的兄弟都會經歷這樣的鬥爭……。

轉眼，老爹又讓我帶兵去救曹仁，會不會讓哥哥更擔心呢？

70 樓　**曹植**

喔喔喔喔喔喔喔喔！

71 樓　**城門守衛**

我的天，不好啦！小植大人怎麼又喝醉了！

72 樓　**曹老闆**

……早知道不讓你去。

73 樓　**曹植**

……喔喔喔喔喔喔喔。

74 樓　**楊修**

小植，你沒有真醉，對嗎？

75樓 **曹植**

……。

76樓 **張遼**

你們真是……。

77樓 **楊修**

小植呀……大勢已去，我要先走啦，莫念。

78樓 **曹植**

德祖（按：楊修的字）……哥……。

——用戶【曹丕】成為新版主，論壇年號改為【黃初】——

——用戶【曹植】被轉移到【流放版】——

「陛下，你為何總是看當年的帖子？要不要回覆他一聲？」
「不必了。」

——用戶【曹植】發表作品《求出獵表》——
臣自招罪釁，徙居京師，待罪南宮。
於七月伏鹿鳴麀（按：音同悠，母鹿），四月五月射雉之際，此正樂獵之時。

79樓 **曹植**

哥，在外地怪沒意思的，我能回去打獵嗎？

——用戶【曹丕】發表作品《與吳監書》——
中國珍果甚多，且復為說蒲萄：當其朱夏涉秋，尚有餘暑，醉酒宿醒，掩露而食，甘而不涓，脆而不酸，冷而不寒，味長汁多，除煩解渴……。

80樓　**曹丕** 樓主

葡萄真是超級、超級、超級好吃！你們喜歡吃荔枝還是葡萄？

81樓　**司馬懿**

那個，荔枝……。

82樓　**程昱**

荔枝……。

83樓　**曹丕** 樓主

……。

84樓　**司馬懿**

別說了，再說小丕要哭了。

85樓　**曹植**

哥，我喜歡吃葡萄……。

——用戶【曹丕】發布詔書《詔群醫》——

南方有龍眼荔枝，寧比西國葡萄石蜜乎？

86樓　**曹丕** 樓主

你們為什麼瞧不起葡萄？我們家葡萄哪裡不好了？跟安邑御棗、真定郡梨，還有新城肫羊佐蜜餞一起吃，可好吃了！我都在詔書裡寫著呢。

87樓　**司馬懿**

等等，您認真在寫詔書？

「陛下，您笑什麼？」

「總算有個和我一樣喜歡吃葡萄的傢伙。」

——用戶【曹植】發表五言閨怨詩《七哀詩》——

明月照高樓，流光正徘徊。上有愁思婦，悲嘆有餘哀……

願為西南風，長逝入君懷。君懷良不開，賤妾當何依？

——用戶【曹植】發表五言古詩《種葛篇》——

種葛南山下，葛藟自成陰。與君初婚時，結髮恩義深。

歡愛在枕席，宿昔同衣衾。

竊慕棠棣篇，好樂和瑟琴。行年將晚暮，佳人懷異心。

恩絕曠不接，我情遂抑沉……。

88樓 **曹植**

哥……這個帖子我已經看了無數遍，什麼時候我們能回到年少的時光呢？你看，那時候我們多好啊，一起吃葡萄，一起去宴會……。

「陛下，這次南征回來正好路過雍丘（按：曹植曾封爵雍丘王）呢。」
「嗯，出發。」
「陛下要去哪？」
「走吧，去見見小植。」

89樓 **曹植**

哥哥今天來看我了！我就知道哥哥會來！我就知道！

雖然哥哥沒幾天就走了，但我看出哥哥還是想念我的！太好了……我們兄弟，終於能破冰了……。

——用戶【曹丕】退出論壇，年號改為【太和】——

90樓 **曹植**

哥？

——用戶【曹植】發表祭文《文帝誄》——

承問荒忽，惛懵哽咽。袖鋒抽刃，嘆自僵斃。追慕三良，甘心同穴……。

91 樓　**曹植**

哥，聽說你走的消息，我一直恍惚至今，幾次哽咽，欲抽刀與你同去……。

92 樓　**曹植**

哥……以前我看帖，是盼著你能回覆；現在我看帖，只能看著你生前用過的 ID 了。

93 樓　**曹植**

哈哈……哥，曹叡那孩子，脾氣真是和你一模一樣，看我時那種故作深沉的忌憚眼神也一樣。我寫了好多、好多信寄給他，他都沒看。

——用戶【曹植】發表作品《慰情賦》——

黃初八年，正月雨，而北風飄寒，園果墮冰，枝幹摧折。

「大人，已經不是文帝的年號了，應寫太和年。」
「大人？大人？您又恍惚了……。」

——用戶【曹植】刪除帳號——

「咦？你看陳思王（按：曹植未封陳王，且諡號思，後世常稱陳思王、陳王）寫黃初八年……不對啊，是抄錯了吧？」
「也許是吧。」

魏國八卦之二
曹操的腦子確實病得不輕

1樓　**華佗** 樓主
我是華佗，我正在回家的路上。
其實有一句話，我一直想對曹老闆說……。

2樓　**夏侯惇**
華佗！你快回來！看看我的眼睛還有沒有救！

3樓　**夏侯淵**
別理他！

4樓　**賈詡**
咦？你不是幫老闆治頭疼的那個郎中嗎？

5樓　**曹丕**
我認識他，他替我老爹治病，治到一半就跑了，老爹正寫信催他回來呢。

6樓　**于禁**（異地用戶）
老闆什麼時候病的？

7樓　**張遼**
唉唷喂，于禁老弟！你在吳國過得怎麼樣啊？

8樓　**于禁**
還、還行吧……就是東吳的虞翻總罵我……。

（下接142頁）

9樓 **虞翻**（異地用戶）

區區降將，還敢翻牆去看魏國論壇！

——用戶【虞翻】被踢出論壇——

10樓 **曹老闆**

踢了。

11樓 **郭嘉**

老闆出現了！

12樓 **曹老闆**

奉孝你來了！

13樓 **荀彧**

奉孝啊，你走之後老闆天天唸叨你呢，總哭什麼「哀哉奉孝」。

——用戶【荀彧】被禁言 5 分鐘——

14樓 **曹老闆**

我沒哭，只是眼睛裡進了沙子！

15樓 **曹老闆**

事情是這樣的，我這幾天不是頭疼嗎？我看華佗挺出名，便請他來替我治病，後來他說他收到一封家書，得知老婆病了。我尋思著總不能攔著人家回家啊，就讓他走了，誰知道過了這麼久，這老頭還沒回來！

16樓 **司馬懿**

呃，我覺得他跑路了。

17 樓　**程昱**

＋１！

18 樓　**荀彧**

不會吧？華佗很出名的。

19 樓　**華佗** 樓主

那個……我來了，我老婆真病了，你們要相信我……。

@曹老闆 求假延長 7 天。

20 樓　**張遼**

@曹老闆 我也想請假！

21 樓　**許攸**

@曹老闆 阿瞞你偏心，你都沒讓我放過假！沒有我，你們能進城嗎？

22 樓　**曹洪**

@曹老闆 我也要！

23 樓　**曹丕**

@曹洪 你這傢伙有時間回帖，居然沒時間借我錢！

24 樓　**曹植**

哥，你幹麼總向人家借錢啊？

25 樓　**曹丕**

弟，你不懂。

26 樓　**司馬懿**

小丕沒事，還有我。

27 樓 **曹丕**

嗯！

28 樓 **曹老闆**

@司馬懿 你個狼顧之相，離我兒子遠點！

@華佗 好啦好啦，批准了。

其他要假期的來找我，我給你永久假期。

29 樓 **張遼**

不敢要了……。

30 樓 **華佗** 樓主

謝謝，我會盡快回去！話說曹老闆，你這個病短期治不好，得長期治療，而且長期治療也只能延長壽命……你介不介意我平時出去幫別人治病？

31 樓 **曹老闆**

很介意，你有我一個病人就夠了，懂嗎？

32 樓 **賈詡**

出現了！霸道總裁曹老闆！

33 樓 **曹丕**

我來翻譯一下：醫生，我不允許你替除了我之外的人治病。

34 樓 **許攸**

哈哈哈哈哈哈哈，阿瞞真有意思。

35 樓 **劉備**（異地用戶）

啊，當年青梅煮酒，孟德就是用這個語氣跟我說話的。

36 樓　**張遼**

哇操，敵軍大 boss ！大夥兒集火（按：集中火力攻擊）他！

37 樓　**劉備**（異地用戶）

怎麼？你能順著網路來砍我？

38 樓　**徐庶**

前任老闆！

39 樓　**劉備**（異地用戶）

元直（按：徐庶的字，其故事可詳見第三章第三節）！

40 樓　**徐庶**

前任老闆！

41 樓　**劉備**

元直！

——用戶【劉備】、【徐庶】被踢出論壇——

42 樓　**曹老闆**

陰陽怪氣的，踢了。

話說我今天又給那老頭寫信了，那老頭居然沒回我。

43 樓　**荀彧**

再等等？

44 樓　**華佗** 樓主

@曹老闆 老闆……我……那個，請求再寬限 7 天假期！我老婆她實在病得很嚴重！

45 樓　**程昱**

真相只有一個——你治不好我們老闆，才不願意回來。

46 樓　**華佗** 樓主

老夫的醫術可不是騙人的。曹老闆，你是真的腦子有病，我沒亂說啊。

47 樓　**夏侯惇**

哎，老頭，你這句話是不是有雙重含義？

48 樓　**華佗** 樓主

沒有、沒有，真的沒有。

49 樓　**曹老闆**

……好吧，再給你 7 天，不能再多了。對了，我考慮了一下，你可以趁機幫百姓治病。

50 樓　**華佗** 樓主

謝謝老闆。

51 樓　**司馬懿**

我看他是不願意待在宮裡，跑路了吧？

52 樓　**賈詡**

嗯，挺像的。

53 樓　**曹老闆**

夜深了，這時候回帖，那老頭應該看不到。

偷偷跟你們說，我已經派人跟去那老頭的家鄉，他老婆要是真的病了，我就賞點豆子給他；要是假的……哼哼。

54 樓　**賈詡**

老闆英明。

55 樓　**司馬懿**

老闆英明。

56 樓　**郭嘉**

早點睡吧，以免晚睡頭疼又更嚴重了。

57 樓　**曹老闆**

好的，奉孝。對了，前幾天幫我守夜的侍衛不小心被我砍死了，你們誰今晚有空，可以幫我蓋蓋被子呀？

58 樓　**張遼**

……。

59 樓　**司馬懿**

……。

60 樓　**曹仁**

……。

61 樓　**夏侯惇**

行啊，我有空。哎，你們怎麼都不說話呢？

62 樓　**曹老闆**

混蛋，他老婆根本沒病！我已經派人抓他了！
好啊，欺君、不從征，我看他能怎麼辯解！

63 樓 **郭嘉**
唉。

64 樓 **荀彧**
……。

65 樓 **夏侯惇**
我的眼睛啊，誰來給我看看眼睛——

66 樓 **華佗** 樓主
好吧老闆，我認罪。

67 樓 **曹仁**
居然！

68 樓 **賈詡**
圍觀。

69 樓 **華佗** 樓主
這年頭郎中不好當啊……醫病關係這麼緊張，更何況是給曹老闆治病。曹老闆的腦子確實有病，我只是實話實說，誰知他馬上翻臉，不高興了。這不是重點，重點是郎中這個職業地位太低了，我其實是想當官啊……。

70 樓 **曹仁**
那你幹麼宅在家裡不出來？

71 樓 **華佗** 樓主
我聽說司馬懿也是個家裡蹲，宅著宅著，就得了個官職，我就是想仿效一下嘛……還有蜀國的諸葛亮也是……。

72樓 **司馬懿**

@諸葛亮 你看。

73樓 **諸葛亮**（異地用戶）

……。

74樓 **郭嘉**

孔明？你好，聽說咱們入行和退出的時間很接近。

75樓 **諸葛亮**（異地用戶）

你好。

76樓 **曹老闆**

奉孝，別和敵方交頭接耳。

@華佗 你認罪了？

77樓 **華佗** 樓主

我認……。

78樓 **荀彧**

老闆，我覺得華佗的醫術很高明，可以救人，咱們應該學會寬容。

79樓 **曹老闆**

嘖，天下這種無能鼠輩多得是。

——用戶【華佗】遭封鎖帳號——

80樓 **曹丕**

老爹，你幹麼封鎖他的帳號？

81樓 **曹老闆**

喔，因為他罵我腦子有病。

第三章

二十歲佩服諸葛亮，六十歲佩服劉備

1 為什麼你最該佩服劉玄德？

姓名：劉備
職位：蜀國CEO
愛好：天下、招攬人才
技能：【仁義之君】被敵方刺殺時化解攻擊。
【運氣破表】隨機使一名敵方叛投我方。
提示：只要你有才華，不用自己投奔他，他會主動來找你。
他人印象——陳登：「雄姿傑出，有王霸之略，吾敬劉玄德。」
個性簽名——「朋友，有沒有意願加入我們，一起幹大事啊？」

有這麼一句話：「**二十歲佩服諸葛亮，四十歲佩服曹操，六十歲佩服劉備。**」為什麼呢？

二十歲正是意氣風發、一展拳腳的時候，看諸葛亮初出茅廬、勝券在握的模樣，便心生佩服；四十歲經歷榮辱沉浮，回首看曹丞相，也是一路浮浮沉沉，最終獲得成功，也很值得佩服；那為什麼六十歲才佩服劉備？

劉備的出身有幾分小說設定的感覺，凡是逆襲的主角大多有兩個特點：

一、出身底層。

二、有異於常人的地方，例如隱藏的身世設定。

第一點，劉備完美滿足了。他很早就沒了父親，從小跟著母親一起賣草鞋過活。

第二點，劉備勉強滿足了。他是漢景帝的兒子中山靖王劉勝的後代，但這個「後代」僅是沾了點邊，究竟劉勝有多少兒子呢？由於沉迷酒色無法自拔，他可是足足生了一百二十個。

不過，**劉備還有另外一個天賦：人緣極佳**。這個天賦自少年起，貫穿了他的一生……。

劉備，字玄德，生於西元一六一年，十五歲時，在母親的要求下拜盧植為師。當時劉德然和公孫瓚都是他的同學，劉德然的父親劉元起特別喜歡劉備，經常好生招待他，並交代劉德然：「兒子啊，沒事要多跟劉備一起玩啊！」

劉元起的老婆表示不滿：「到底誰是你兒子？我怎麼感覺頭上有點綠？」

劉德然：「妳懂什麼？我們老劉家出了這麼個孩子，肯定不是普通人。」

老劉說得沒錯，劉備後來果然白手起家，創出個蜀漢集團。他的人生可以分成四個階段：年少時期、顛沛時期、立業時期、晚年時期。度過年少求學的時期後，劉備領著員工們東奔西跑的來到顛沛時期，其中先後投奔過陶謙、曹操、劉表等人。

跑路第一站——陶謙。

西元一八四年，黃巾之亂爆發，劉備鞭打督郵（官名）之後，領著關羽和張飛跑路；中途當了幾個小官，後來投奔老同學公孫瓚，待了好幾年，和青州刺史田楷一起對抗冀州牧袁紹。

後來黃巾餘黨圍攻北海，作為北海相的孔融連忙派太史慈過來求救。孔融就是那個讓梨的孔融，挺出名的，劉備收到消息後也很驚訝：「孔融居然知道有我這號人物啊！」遂派了三千精兵一解北海之圍。

西元一九四年，曹操為報父仇發兵徐州，徐州牧陶謙趕緊向田楷求助，劉備就帶著兵，又一次走上救援之路。劉備剛剛歸屬陶謙不久，曹操才在前方打仗，後方大本營兗州就被呂布襲擊了，曹操隨即調頭回去。

陶謙：「唉唷喂，老弟你可真厲害，你就當豫州刺史、駐軍小沛（按：三國時期江蘇徐州沛縣的官方名稱）吧！麋竺你們看，這位就是劉玄德，可厲害了！」

劉備：「啊……沒有，我沒有……。」

一年後，陶謙即將病逝前，特意囑咐麋竺讓劉備接任；陶謙死後，麋竺立刻率領全徐州人民迎接劉備當太守（東漢太守相當於地級省轄市長）：「玄德啊！徐州沒有你不行啊！」

劉備：「啊……不是，我不是……。」在孔融和陳登的幾番勸說下，他才當了徐州太守。

你們以為劉備會在這過上安生的小日子嗎？錯了，劉備很快就轉移到第二站——劉表，沿途經過曹操、袁紹兩站。

一年後袁術殺來，劉備領軍對峙，萬萬沒想到，就在兩軍對峙的時候，呂布悄悄的偷襲下邳（按：音同陪，下邳為郡名），俘虜了劉備的妻子。劉備撤軍半路上，又被袁術打了一頓，陷入困境，幸得糜竺掏腰包相助才沒潰敗。

東拼西湊起來的兵力，顯然打不過呂布這個狠角色，劉備不得已向呂布求和，呂布便將妻子還給了他，再把他攆去小沛待著。不久之後，呂布見劉備的兵力上萬，心生忌憚，再次領兵來伐。這一戰劉備又敗了，只得收拾行李投奔曹操；曹操讓他做了豫州牧（州牧比太守高一級），人稱「劉豫州」。

西元一九八年，劉備再次敗給呂布，妻子也再次被俘虜，所幸半路遇見曹操，兩軍聯合才擒殺了呂布，之後劉備就跟著曹老闆回到許都。

一年後，衣帶詔（藏於衣帶裡的密詔）事件暗中進行著，漢獻帝準備找機會殺掉曹操。在「青梅煮酒」時，曹操說出了著名的那句話：「今天下英雄，唯使君（劉備）與操耳！[61]」一聽對方說天下英雄唯獨彼此，劉備暗暗感到心驚，深知此地無法久留，毅然參與衣帶詔事件，

61《三國志》：先主未出時，獻帝舅車騎將軍董承辭受帝衣帶中密詔，當誅曹公。先主未發。是時曹公從容謂先主曰：「今天下英雄，唯使君與操耳。本初之徒，不足數也。」先主方食，失匕箸。

趁討伐袁術的機會擺脫曹操的控制，聯合袁紹一起抗曹。

衣帶詔事件曝光後，曹老闆十分憤怒：「原來劉備這小子早已懷揣這等心思！」便親自出馬攻打劉備，打得劉備一路逃往青州，連麾下大將關羽都為曹老闆所得。

劉備就這麼與關羽分離了數月，輾轉來到袁紹這邊，袁紹收到消息後遠遠跑過來迎接。轉眼到了七月，劉備和剛剛叛歸袁紹的劉辟一起侵犯、劫掠許都以南；聽到這個消息，關羽立刻從曹操手下離開，迢迢回到大哥身旁。

當時曹操派曹仁來攻打劉備，劉備不得已回撤，心裡暗暗起了離開袁紹的念頭。於是他找了個理由離開，聯合黃巾軍餘黨數千人，還殺了曹操派來攻打自己的大將蔡陽。

袁紹：「玄德啊，你幹麼去啊？」

劉備：「唉唷，我去聯結劉表呀。」

袁紹：「好呀，那你去吧。」

劉備出發之後，半路被曹老闆追著打，終於還是跑去投奔劉表，再也沒回袁紹處。但在劉表這邊，劉備的日子也不好過，走到哪裡都有人搶著結交，因此引起了劉表的懷疑，開始防著劉備。

在荊州一待就好多年，對於胸懷大志的劉備來說，這段清閒的日子無疑是煎熬的。直到西元二〇七年，**他已經四十六歲了，卻始終輾轉於他人麾下**，經歷過無數次失敗，不見成功。

幸好，劉備的人生很快有了轉折。他去請教一個叫司馬徽的高人，對方向他推薦了兩個年輕人，分別是諸葛亮和龐統，也就是「臥龍、鳳雛」，徐庶亦曾提起過這兩人的名號。隨後劉備前往隆中，誠心誠意的叩響諸葛亮的門：「你好，我是中山靖王的……。」

諸葛亮避不見面。

「你好，我是……。」

諸葛亮再次避不見面。

傳說級的人物果然沒那麼好請，幸好劉備堅持不懈，第三次誠心扣門，才終於請出了諸葛亮，喜聞《隆中對》。《隆中對》為劉備確定了打天下的方向，但跑路的命運還是免不了，這次還拽著新加入的諸葛亮一起跑。

西元二〇八年，曹操再次攻來，劉表已經病死，劉表的次子劉琮趕緊投降。此時劉備正在樊城屯兵，完全不了解情況，到了宛城才知道曹老闆已經打過來了，連忙率軍跑路。

諸葛亮表示：此時攻劉琮，是奪下荊州的好時機。但劉備覺得畢竟大家都姓劉，舞刀弄槍的多不好，不忍心搶劉琮的地盤，便只是在城門底下喊劉琮的名字而已：「劉琮——」

劉琮本人不敢出來，但他的部下們敢，且紛紛被劉備的人格魅力吸引，毅然投靠劉備。等劉備逃到當陽的時候，居然集結了十萬個追隨者，劉備就要關羽準備幾百艘船，在江陵和自己會合。

旁人看了很著急：「玄德，咱們雖然有十萬人，乍看挺多的，但他們根本不會打仗啊！若曹軍追來的話有什麼用？趕緊扔下他們保住江陵要緊啊！」

劉備堅決的搖頭：「夫濟大事必以人為本，今人歸吾，吾何忍棄去！」拒絕離棄他們。眼看著苦日子即將結束，西元二〇八年，劉備順利與孫權結盟，並在赤壁打跑曹老闆，生平第一次贏了曹操，接著收服荊州四郡，又向孫權借了一郡，變成荊州五郡[62]，可說是成功翻身，邁入人生第三階段：立業時期。此時蜀漢集團正式進入成長期，主要作為包含占益州、奪漢中、進軍夷陵。

漸漸的，劉備偶爾會露出邪惡的一面……。

孫權：「玄德啊，有借有還，你什麼時候把我的地盤還來啊？」

劉備邪笑：「乖，等我奪了益州就還。」

時任益州牧為劉焉，劉焉死後，兒子劉璋子承父業。但劉璋生性軟弱多疑，當年漢中張魯不聽命令，劉璋便殺了他的母弟（按：同母生的弟弟），從此兩方結仇。在張松的建議下，劉璋派法正前去向劉備求援，法正和龐統勸劉備趁機奪取益州；劉備尋思一下，同意了，遂把諸葛亮和關羽留在荊州，自己進入蜀地。認為劉備才是名主的張松、法正和龐統，又趁熱打鐵，勸劉備直接取代劉璋，但劉備遲疑再三，最後以自己剛入蜀中、人心不齊為由拒絕。

劉璋遲遲未察覺劉備的心思，把他們迎了進來，直到一年後才突然反應過來，直接殺了叛徒張松，兩方終於撕破臉。劉備派兵一路攻入城中，此時還有一道防線——雒（按：音同洛）城，張任與劉循退守不出，堅守一年才被攻破。就在攻城的過程中，龐統死於流矢之下。

西元二一四年，劉備勸降馬超，與諸葛亮、趙雲等人一同包圍了成都，當時城中還剩有餘糧，不少人想繼續堅守，劉璋卻決定開城門投降。旁人問起緣故，劉璋哭道：「我與父親在益州二十餘年，沒能給百姓恩德，卻引狼入室打了三年的仗……許多人死於草莽外，全是因為我啊，我怎能安心？」在一片哭聲中，劉璋投降。

西元二一五年，劉備得到益州後，孫權趕緊派人來信：「玄德啊，荊州該還我了吧？」

「乖，等我奪了涼州再還你。」

居然還有下一站！孫權大怒，立刻派呂蒙奪取三郡，劉備也不甘示弱，派五萬大軍前去迎戰，但被一個突發消息攔住了——曹操那邊又有了動作。

見曹操派兵往巴西郡追討逃跑的張魯，搶先自己占領了漢中，劉備連忙安撫孫權，表示兩人可以平分荊州，同時派兵進攻漢中。漢中之戰就這麼拉開了序幕，西元二一九年由劉備獲得勝利，同年**進位為漢中王**。

這時的劉備已經五十八歲，脫離了中年人的行列，他也終於能夠站得住腳，不再視勝利為遙不可及的事情。無奈世事無常，過沒多久，現實又給了劉備重重一擊。

奪取漢中後不久，關羽便被吳軍殺害身亡。西元二二一年，劉備在成都稱帝，同時打著報

---

62 劉備收服的四郡分別為：武陵、長沙、桂陽、零陵，向孫權借的則是南郡。

仇的大旗攻入吳地，然而另一員大將張飛卻也在此時被殺害，這對劉備來說無疑是二次打擊。怒不可遏的劉備聽不進孫權的談和，一路進軍，夷陵之戰就此展開，最後劉備在巨大的軍事失誤下慘敗，駐於史書裡那個悲涼的地方——白帝城，並在白帝城結束了東奔西跑的一生。

桃園結義是假（正史沒說三人結拜），兄弟情義是真，年老的劉備剛嘗過大敗的滋味，顫顫巍巍的坐在病榻上，望著蒼白的天。此時的他或許會憶起年輕時候，自己和關羽、張飛把酒共飲的快哉吧？奈何故人已去，眼前已然一場空，只有鬢髮皆白的諸葛亮依然候在病榻前，表情沉痛。

劉備的思緒漸漸轉向現實……孔明，你也老了啊，遲暮間一回首，原來已過去這麼多年。

西元二二三年三月，劉備託孤於諸葛亮；同年六月，與世長辭，享年六十三歲。

天時、地利、人和，劉備這一生誠然占盡了人和，但成也人和，敗也人和。正如毛澤東眼中的劉備，優點是善於用人，缺點是感情用事，而他的優點亦是他的軟肋。不過這些都不影響劉備的雄才形象，現在我們回到正題：**為什麼六十歲看劉備，會佩服他？**

如果你有一個大到漫無邊際的夢想，苦苦堅持了半輩子都不見曙光，你還會堅持下去，一遍遍的躬身造訪人才嗎？二十歲的你當然滿懷壯志，可四十歲、或者五十歲的你呢？是否能保持初心？但劉備做到了，他撐過一次次失敗和顛沛流離，直到六十歲才稱帝，在史書留下不朽的一筆。

不知道六十歲的劉備，在坐上龍椅、接受群臣朝拜的那一刻，腦海裡會不會浮現出當初那個，指著大樹口出狂言並被叔父訓斥的自己呢？可以肯定的是，那些話始終閃爍於劉備心中，未曾黯淡——「我一定會乘坐上羽飾華蓋之車！」[63]

姓名：劉禪
職位：蜀國CEO二代
愛好：跟宦官玩
技能：【有爹有靠山】劉禪受到攻擊，有機率觸發我方武將反擊一次。
提示：與這孩子相處要有耐心唷！
他人印象——張璠：「劉禪懦弱，心無害戾。」
個性簽名——「樂不思蜀？不思蜀……。」

63 《三國志．蜀書．先主傳》：舍東南角籬上有桑樹生高五丈餘，遙望見童童如小車蓋，往來者皆怪此樹非凡，或謂當出貴人。先主少時，與宗中諸小兒於樹下戲，言：「吾必當乘此羽葆蓋車。」叔父子敬謂曰：「汝勿妄語，滅吾門也！」

多數人想起劉備，可能會連想到他那個「扶不起的」二世祖阿斗。

阿斗，大名劉禪，甘夫人所出，劉備對他寄予厚望，讓諸葛亮親自抄書教他識字。劉禪十七歲時繼承父親王位，由丞相諸葛亮輔佐，期間並沒有什麼出色的政績，造成後世對他的評價大都分成兩種：一、劉禪沒什麼能力；二、劉禪其實深藏不露。

對於第一種說法，有人戲說是因為當年被劉備摔傻了……這個當成笑話看就好；第二種說法認為劉禪大智若愚，表面上憨厚，實際上非常精明。我們無法定論這兩種說法哪個正確，畢竟誰也沒辦法穿越回去，看看歷史上的劉禪到底是什麼樣子。

作為皇上，他其實並沒有親自作主太多事情，尤其是事無巨細（按：指事情不分大小，什麼都要管）的諸葛亮，什麼都打理好了，連自己死後誰來繼承也想好了，從這點看來，劉禪沒什麼能力也挺合理的。對於劉禪來說，諸葛亮八成是個事事都替他打點好的老前輩，很容易激發年輕人的叛逆心理。

諸葛亮去世之後，有個叫李邈的大臣揣摩著聖上的心思，蹦出來大聲嚷嚷：「唉唷，諸葛亮終於死了，這傢伙生前整天嚷嚷北伐、北伐的，看得我可擔心了！況且他也有狼顧之相，危險得很，如今他終於掛了，你們都應該高興啊！」

劉禪：「……。」李邈，卒。

諸葛亮死後，劉備留下來的一班老臣也沒剩下多少了，這時候宦官便強勢登場。

宦官黃皓肆無忌憚的干涉朝政，就算上奏要把他殺掉，劉禪也認為他不過是個小臣子，嚇得自知失言、恐怕會被報復的姜維回家屯田[64]。西元二六三年，姜維聽說魏國要打過來，連忙上書給劉禪，只是黃皓再次出場，安慰劉禪：「安啦，敵人不會來的。」

劉禪聽信黃皓的話，而滿朝文武居然都不知道這件事。等到魏國真的大舉攻來，姜維在前線劍閣擋住鍾會，鄧艾卻偷偷的繞路襲擊過來，劉禪只好派出諸葛亮之子諸葛瞻防守，但諸葛瞻不久就戰死於綿竹。

眼看大勢已去，劉禪就這麼開城門投了降，還寫信叫在劍閣的姜維回來一起投降。姜維假意投降，暗地裡打算復興蜀漢，後因此計洩露被殺；劉禪則被移居魏國都城洛陽，上演了一齣樂不思蜀的鬧劇：

「頗思蜀否？」

「此間樂，不思蜀。」

左右皆笑。

64 《華陽國志》：維惡黃皓恣擅，啟後主欲殺之。後主曰：「皓趨走小臣耳，往董允切齒，吾常恨之，君何足介意！」維見皓枝附葉連，懼於失言，遜辭而出。後主勅皓詣維陳謝。維說皓求沓中種麥，以避內逼爾。

後世許多人對這一幕的分析十分極端，一是劉禪的確愚笨，二是此為劉禪的保身之計。事實如何我們無從知曉，但劉禪這個人的評價實在太過極端，我們稍微折衷一下，只把他當作一個普通人來看待，也未嘗不可。

2 孔明的強項、姜維的優秀，《三國演義》沒寫

翻開孔明的回憶錄，在講他本人之前，我們先來理一理回憶錄裡的其他名字。

諸葛亮未出山前，每天睡睡覺、作作詩，找個志趣相投的隱士一起討論天下大事。那個時期，他的好友名單上有司馬徽、龐統、徐庶等人，劉備死後，諸葛亮又悉心培養起姜維，想讓他做自己的接班人，延續蜀漢的命脈。由此可見，諸葛亮周圍人才不斷，前輩有龐德公、司馬徽，同輩有龐統，後輩有姜維。

龐德公是誰？

他是個隱士，和妻子一同過著耕田的隱居生活，很受諸葛亮和龐統的尊敬。諸葛亮每次拜訪他，都恭敬的拜見於床下，漸漸得到了龐德公的重視，甚至讓自己的兒子龐季娶了諸葛亮的二姐。而諸葛亮的外號臥龍、司馬徽的外號水鏡、龐統的外號鳳雛，皆出自龐德公之口。

這樣的大智慧之人，早已料到亂世局勢，後來龐德公以採藥為由，帶著家人隱居鹿門山，再也沒有留下文字記載，能揭祕的著實不多。

我們再來看看「水鏡」司馬徽的經歷。

姓名：司馬徽
職位：隱士
愛好：奇門兵法、當好好先生
技能：【好人卡】我方人物叛投時，可挽回一次。
【推薦臥龍】司馬徽在場，提升諸葛亮、龐統出陣的機率。
提示：佛系隱士，不信你跟他吵架試試？
他人印象——「清雅有知人鑒。」
個性簽名——「這輩子都不可能吵架的，我超喜歡待在隱士圈這個小團體裡。」

西元二〇七年，劉備神色尊敬，與一名布衣男子對坐，共論世事。

「儒生俗士，怎能識時務？識時務者方為俊傑。」

「那……依您之見，誰才是世間俊傑？」

男子輕描淡寫間，拋下兩個即將掀起狂瀾的名字：「諸葛亮、龐統。」究竟是何方神聖，才能讓這個有才幹之人如此舉薦？若被自己所得，一定能重整旗鼓！劉備心中猝然升起一股希望，他大喜間起身：「多謝！」然後恭恭敬敬的行了禮，轉身走向茫茫的天地。男子安靜目送他離去，心知今日拋出的兩個名字，肯定會把東漢末年攪個天翻地覆。

這位男子就是隱士之一司馬徽，字德操，世稱「水鏡先生」，和龐德公親如兄弟。

司馬徽精通道學、兵法，以鑑別人才出名，一眼就能看出誰不同於凡人。他隱居在荊州，劉表是當時的荊州牧，從別人口中聽說了他的厲害，連忙跑過來求教。

劉表侃侃而談：「唉呀，這當今天下啊……。」

司馬徽攤手：「這個好呀。」

劉表又侃侃而談：「唉呀，我覺得如今局勢……。」

司馬徽再攤手：「這也好呀。」

劉表最後怏怏離去，別人一問怎麼了，便鬱悶的回答：「你們都唬我，那傢伙根本就是個小書生而已嘛，見識跟普通人沒啥區別。」原來司馬徽知道劉表這小子心術不正，才故意不談論世事，一路緘口到底，簡單應付過去。

因為這個回答，司馬徽後世還得了個「好好先生」的外號，說明他從來不跟別人爭論，也不談別人的好壞，凡事只說好。

同鄉人甲：「水鏡我跟你說，有件好事……。」

司馬徽：「好，好。」

同鄉人乙：「嗚嗚嗚，我兒子死了……。」

司馬徽：「好，好。」

司馬徽妻子責罵道：「人家覺得你品德高尚才跟你說這件事，你怎麼還說好啊？」

司馬徽回答：「妳說的話也很好。」[65]

某次，劉表的兒子劉琮要見司馬徽，看他家只有一個老農夫在耕作，就派隨從過去打聽他是否在家。隨從向老農夫問道：「請問司馬徽在哪？」

老農夫：「喔，我就是。」

隨從怒：「你以為我會相信嗎？一個農夫也敢自稱司馬徽？」

老農夫：「喔，好吧，你等一下。」過了一會兒，一個打扮得乾淨整潔的人過來了，隨從一看還是剛才的老農夫，頓時大驚失色。

司馬徽：「現在你信了嗎？」

隨從：「信、信了……。」

劉琮趕緊賠罪，司馬徽不但不生氣，反而道：「您不必如此，我才該感到十分羞愧。只有您願意認我這個老農夫啊。」[66]

關於司馬徽，史書上記載不多。他一心過著隱居的生活，所謂的「好好先生」其實是在亂世中生存的方法，且為人低調而大度、不輕易參與世事，可謂「無心」，難以猜透其想法。

西元二〇八年，劉琮投降曹操，司馬徽也為曹操所得，可惜他還來不及展現自己的能力就病逝了，就像美玉還未出世便被打碎，從此匆匆掩埋在歷史的塵埃中，只能在史書中尋到關於他的隻言片語。

姓名：龐統
職位：蜀漢軍師中郎將
愛好：品評人物、出謀劃策
技能：【征蜀三計】龐統隨機觸發上、中、下策攻擊方案之一。
提示：沒什麼防禦力，要注意。
他人印象——諸葛亮：「龐統、廖立，楚之良才，當贊興世業者也。」
個性簽名——「我也是個王佐之才啊！」

在孔明的回憶錄中，龐德公和司馬徽是長輩，龐統則是平輩。

65 徐子光集註：（司馬徽）口不談人之短。與人語，莫問好惡，皆言好。有鄉人問徽安否，答曰好。有人自陳子死，答曰大好。妻責之曰：人以君有德，故相告，何忽聞人子死，便言好！徽曰：卿言亦大好。

66 《司馬懿別傳》：劉表子琮往候徽，遣問在不？會徽自鋤園，琮左右問：「司馬君在邪？」徽曰：「我是也。」琮左右見其醜陋，罵曰：「死傭，將軍諸郎欲求見司馬君，汝何等田奴，而自稱是邪！」徽歸，刈頭著幘出見。琮左右見徽故是向老翁，恐，向琮道之。琮起，叩頭辭謝。徽乃謂曰：「卿真不可，然吾甚羞之。此自鋤園，唯卿知之耳。」

進入蜀漢之前，龐統其實是東吳的員工，後來才跳槽到劉備的麾下。

龐統，字士元，龐德公的從子（按：侄兒）。他「少時樸鈍」，長得不聰明，直白的說就是有點憨，不受人待見，但龐德公很重視他，將他和諸葛亮作為重點培養對象。

二十歲時，龐統去拜會司馬徽。司馬徽起初沒當回事，卻漸漸的覺得這年輕人不簡單，兩人從天亮談到天黑，最後司馬徽驚呼：「真是厲害，南州士子沒一個能比得上你！」有了司馬徽這句話，龐統的人氣突然暴漲，求職市場瞬間打開。

他本來在本郡擔任功曹，但這職業完全不能實現心中抱負，他便跳槽到劉備集團。當時劉備成了荊州牧，龐統因為各方面不占優勢，又是跳槽來的，居然只做了個小小縣令。這怎麼忍得下去？龐統決定任性一下，事情做到一半就不幹了，下場自然是被老闆炒魷魚。為此，江東的魯肅特意寫了封信給劉備，說此人絕非百里之才（能治理一個縣邑的人）。

劉備拿著信猶豫了起來，轉身去問諸葛亮：「孔明啊，你怎麼看？」

待孔明也表示龐統是個人才，劉備立刻去見龐統，隨即再次任用他。龐統從此事業蒸蒸日上，和諸葛亮一同擔任軍師中郎將。《三國志》裡記載他「親侍亞於諸葛亮」，也就是他跟劉備的關係，僅次於諸葛亮。

龐統的貢獻，主要表現在劉備奪取益州時，他獻了上、中、下三條計策任君挑選，輔佐劉備入蜀。當時劉備要奪劉璋地盤，把諸葛亮和關羽留在荊州，自己領著龐統等人搶地盤。駐軍一年後，龐統獻上了三條計策，內容簡要來說分別是：上計，直接偷襲成都；中計，先假裝要回荊州，引出將領楊懷和高沛，殺了他們再進軍成都；下計，先退回到白帝城，再慢慢進軍益州——無論哪條都比現在猶豫不前還要好。

最後劉備選了中計，果然一路順利，直接攻入涪城。慶功宴上，劉備喝得有點茫，對龐統笑道：「我今天可真高興啊。」

但是龐統潑了盆冷水：「把自己的快樂建立在別人的痛苦之上，占領別人的地盤還飲酒作樂，根本不是仁義之兵。」

劉備正在興頭上，即怒道：「武王伐紂也是前歌後舞，難道不是仁義嗎？你給我出去！」

龐統二話沒說，轉身就走。劉備稍微清醒後有些後悔，又連忙請他回來。

龐統一點也不客氣，直接回原位坐下，既不道歉也不說話，自顧自的吃吃喝喝。

劉備：「咳，那個……剛剛是誰的錯呢？」

龐統：「你我都有錯。」語畢劉備大笑，氣氛如常。

其實從這裡可以看出，劉備是個善於承認過失的好老闆，正因為如此，才能聚集起像諸葛亮、龐統之類的人物，將前期東奔西跑的黑歷史慢慢翻轉過來。我們都知道，一旦跳槽到劉備底下，就要有跟著東奔西跑的覺悟；龐統的覺悟有了，可命運給了他重重一擊。

西元二一四年是劉備心中的痛，在這一年裡，龐統率兵圍攻雒城，卻不幸中箭而死，享年三十六歲，死後葬於落鳳坡。演義中他未理諸葛亮的來信，執意作戰而死，這段故事是作者虛構的。龐統的死，令所有人猝不及防，卻又是殘酷戰場裡的常態。

臥龍、鳳雛，得一個可安天下，得兩個呢？歷史終究沒有給我們答案。幸而臥龍還在，並且一直伴隨劉備走到了最後。

姓名：諸葛亮
職位：蜀漢丞相
愛好：詩書琴畫、手工自製
技能：【治國安邦】諸葛亮在場，每回合固定增加兵力數目，我方陣容防禦力加三〇％。
【隆中對】一回合內，使敵方孫吳人員倒戈。
【託孤之臣】主公死亡時，可代替主公上陣，戰局不結束。
提示：起初較難攻略，增加好感的事至少要做三遍。
他人印象——劉備：「孤之有孔明，猶魚之有水也。」
個性簽名——「去吧主公，這裡有臣守著。」

現在要講的，是個在歷史、電影、小說、演義裡，都被賦予濃墨重彩的名字——諸葛亮。許多人對他的印象都停留在演義裡，不但用兵如神、通曉天文地理、三氣周瑜，也不乏空城計時的冷靜，魯迅先生曾評價過「諸葛亮多智而近妖」。事實上，比起妖，諸葛亮更像是被神化的人物之一。神化到什麼程度呢？且從一個問題入手。

「三國裡，你喜歡諸葛亮哪點？」

「喜歡他料事如神啊！諸葛亮多帥氣啊，把周瑜氣到不行。」

來來來，和曹操一樣，我們要把演義和歷史分開看，冷靜追星。《三國演義》的作者偏向「正統」的劉備，在諸葛亮身上憑空安排了許多計謀，但實際上許多計謀如借東風、草船借箭（其實是孫權）並沒有發生過，甚至有些是從別人身上「借」過來的，例如**空城計來自孫堅和趙雲，三氣周瑜更是完全不存在**。

「《三國演義》裡，你喜歡諸葛亮哪點？」若改成這樣問，剛剛的回答就沒問題了。

或許有人會因為知道諸葛亮被「誇張化」了，從此覺得歷史上的諸葛亮根本沒有演義裡那麼厲害，甚至小看他，這種認知也很偏激。其實諸葛亮還是非常厲害的，無論事業還是做人方面，都值得敬佩，否則老狐狸司馬懿也不會由衷感慨：「真乃天下奇才也。」我們要評價一個名氣很大的人物時，不妨先試著褪下他在演義裡的形象，再細細琢磨歷史上的他。

若將諸葛亮的一生細細數來，可分成三個階段：一、隱居，二、投奔劉備東奔西跑，三、在劉備死後鞠躬盡瘁。

說起來，諸葛亮的童年並不那麼幸福，雖出生在官吏家庭，但三歲時母親便去世，八歲時父親又去世，他只好領著弟弟諸葛均投奔叔父諸葛玄。諸葛玄起初在豫章當太守，後來官職被人頂替，便投奔到劉表這邊。

諸葛玄去世以後，諸葛亮隱居隆中，根據《三國志》記載，諸葛亮「好為梁父吟，身長八尺，每自比於管仲、樂毅，時人莫之許也」。他當時的主要娛樂活動是唱歌，最喜歡唱《梁父吟》（又稱《梁甫吟》），傳說是他自己所作——這是一首感慨戰亂的歌，證明諸葛亮不是單純愛唱歌，他是有心事的。

「我可以和管仲、樂毅相比。」當時諸葛亮的知名度不高，每每說出這句話，旁人幾乎都嗤之以鼻，但他周圍也不乏慧眼識珠者，例如作為好友的徐庶等人，就堅信諸葛亮的才能。

當時有一群聰明絕頂的隱士，從容不迫、自由自在的生活在劉表的地盤裡，無奈劉表去招聘他們的時候，都被拒絕了。諸葛亮也是隱士之一，但他真的想當一個隱士嗎？當然不是。為了實現自己的抱負，諸葛亮讀書「觀其大略」，從來不死記硬背，仔細研究了諸子百家著作中的思想，也認真結合當今天下局勢，總結其發展規律。

萬事已俱備，現在就差一個老闆了。幸好司馬徽和徐庶都助了他一臂之力，把他推薦給劉備。劉備大喜之下，希望諸葛亮趕緊來見自己，不過徐庶說：「此人可就見，不可屈致也。將軍宜枉駕顧之。」什麼意思呢？就是**「對於他這種人物，就別端著架子要人家過來了，人家不會來的，你不如直接去吧」**。

劉備採納了建議，接下來發生著名的「三顧茅廬」事件。這個故事有一定的可信度，不僅諸葛亮的《出師表》中記載「三顧臣於草廬之中」，《三國志》裡也有同樣的紀錄。不過《魏略》中記載，早在樊城之戰，諸葛亮便親自拜會過劉備，劉備起初無視他，後來一經交談才驚覺這個年輕人不簡單，從此重用；還有另一種推測，說是樊城的事過去之後，諸葛亮直接回了茅廬，故意讓劉備「三顧茅廬」才肯相見。

總之兩人促膝長談間，諸葛亮分析益州、荊州可奪，更可與孫吳聯合，替劉備確立了未來的前進方向，而這篇分析被後世稱為《隆中對》，流傳於各大課本之間，簡要可以總結成一句話：將荊州和益州等地作為實力發展的基地，與孫權一方聯合抗曹，積攢力量，兵力足夠後及時北伐消滅曹操。

從此劉備與孔明的親密度一天天上升，到了睡一張床、坐一輛車的程度，關羽、張飛看在眼裡，很不是滋味。不過劉備直說：「孤之有孔明，猶魚之有水也。願諸君勿復言。」表明自己如魚得水，希望他們別再多說。

諸葛亮的職業定位其實不是謀士，而是相國（宰相），但他跟著劉備東奔西跑的日子裡，也有過謀略方面的精彩表現，例如教劉琦脫身、促成孫劉聯盟。

劉表有兩個兒子，一個是陳氏生的劉琦，一個是蔡氏生的劉琮，因為蔡氏希望劉琮取代劉琦，所以不斷向劉表說劉琦的壞話，讓劉表對劉琦漸漸不滿起來。劉琦因此嚇得找諸葛亮商量對策，每次都被諸葛亮拒絕。有一天兩人在高樓喝酒，劉琦又說起這事，諸葛亮再次拒絕，並轉身離去。

劉琦：「您、您……您敢走您試試看啊。」

諸葛亮轉身一看，發現下樓的梯子已經被劉琦派人抽走了，只好留一句話：「你不見申生在內有危險，重耳（晉文公）在外卻安全嗎？」劉琦恍然大悟，趕緊自薦當了江夏太守，俐落的跑了。

後來劉表病逝，劉琮繼位後投降曹操，劉備便趕緊拉著諸葛亮他們跑路。魯肅被孫權派來看看情況，趁機勸他們向自家老闆孫權求助，想法與諸葛亮不謀而合，兩人很快成為朋友，諸葛亮還去江東當了說客。

諸葛亮見到孫權後，先用了個激將法：「如果您的兵力夠強盛，不如早早和曹操斷交。」

孫權：「什麼？」

「相反的，如果您的兵力不夠強，幹麼不乾脆向曹操俯首稱臣？」

孫權：「那你家老闆怎麼不投降？」

「劉豫州英才蓋世，重士仰慕，他的出現是天意，何需投降？」

孫權：「江東虎絕不可能向曹操投降！」見其擔心劉備的兵力數量，諸葛亮這才說出自己的想法。他先認真分析了劉備剩下的兵力，又分析曹兵遠道而來，早已是強弩之末，民心亦不齊，況且曹軍並不擅長水戰，必然可以打敗。

孫權聞言轉怒為喜，再加上魯肅等人也有同樣的想法，便決定和劉備聯合抗曹，率水軍於赤壁開戰。此次諸葛亮出使東吳，促成雙方結盟，是個歷史性的大貢獻，讓劉備顛沛流離的苦日子漸漸落幕，終於有了自己的大本營。

諸葛亮對蜀漢集團的貢獻遠遠超越普通員工，在許多方面都有建樹，但他並不像其他人一樣，總跟著劉備四處討生活，實際上，**他最擅長處理的是內政**。劉備忙著領兵四處跑的時候，諸葛亮就負責留在內部治理地區、補充軍資等，有了諸葛亮的完美輔助，劉備更是如虎添翼，打下益州，又攻下了漢中。

西元二二三年，眼看自己的身體漸漸虛弱，劉備便將諸葛亮招來，託付後事。病榻上的劉備慢慢開口：「君才十倍曹丕，必能安國，終定大事，若嗣子可輔，輔之，如其不才，君可自取。」整句話的意思是，您的才能比曹丕勝十倍，必定能管理好國家，若我的兒子劉禪值得輔佐，您便輔佐他，若劉禪不值得輔佐……您，便自己作主吧。

「君可自取」如一聲沉沉的雷，道盡君臣之情。諸葛亮哀慟：「臣敢竭股肱之力，效忠貞之節，繼之以死！」

四月，劉備與世長辭，劉禪繼位，封諸葛亮為武鄉侯，國內大小事皆由諸葛亮輔佐處理。諸葛亮人生的最後一個階段於焉開始，這期間的主要作為有治理蜀漢、主張北伐。

劉備死後，諸葛亮派鄧芝出使吳國，恢復破裂的關係，並於西元二二五年親征討伐孟獲，《漢晉春秋》中記載他「七縱七擒」，將孟獲收入麾下，很快就平定了國內叛亂。諸葛亮接著將目光投向中原，在寫下許多人都很熟悉的《出師表》後，開始北伐。

西元二二八年春天，街亭之戰爆發，諸葛亮揚言要從斜谷道進軍，又派趙雲和鄧芝布下疑兵吸引敵人，自己再率真正的大軍攻往祁山，使隴右三郡歸順蜀國——魏官姜維就是在此時歸降諸葛亮的。魏國則派張郃（演義裡頭說成司馬懿）大破馬謖（按：音同素），後者大意失街亭，趙雲那邊亦傳來失利的消息。第一次北伐失敗，諸葛亮揮淚斬了馬謖，向劉禪自貶三級。

同年秋天，諸葛亮再次北伐，因糧草問題不得不退回，兩年後出兵奪來武都、陰平兩郡，劉禪於是恢復了他的官職。

西元二三〇年，魏軍分成三路，由司馬懿、張郃、曹真帶頭進攻漢中，後因大雨撤退。

西元二三一年，諸葛亮用木牛流馬運送軍資，大軍再次出動；魏國曹真病逝，換成了司馬懿與之對峙。兩個厲害人物開始正面交鋒，不失為一段精彩的較量，可惜**這段歷史在各個史書記載均不相同，導致真相撲朔迷離**。

轉眼到了六月，由李嚴負責北伐運糧的工作。李嚴乃蜀國高官，曾一同受詔輔佐劉禪，但這傢伙沒幹好自己的運糧工作就算了，居然還假傳聖旨召諸葛亮退兵，等諸葛亮無奈退兵之後，又推卸責任道：「唉唷喂，丞相，糧食還挺充足呢，你怎麼就回來了？」之後諸葛亮使他認罪，上奏將李嚴貶為庶民。

西元二三四年二月，諸葛亮再次出兵，採用分兵屯田的作戰策略，準備打一場持久戰，應對司馬懿的拒不出戰。這是第五次也是最後一次北伐，這一年諸葛亮已五十四歲，老了。

回顧諸葛亮這一生，大小事親力親為，就連軍中二十杖以上的責罰都親自批閱，長久的勞累大大損耗他的身體，他終於撐到了極限。

察覺到諸葛亮的身體情況，劉禪旋即派李福來詢問國事，李福起初並未提及。過了幾日，李福去了又返，諸葛亮才說道：「前些日的一些事，我知道還沒有交代清楚……您要問的事，蔣琬合適。」

原來李福是要來詢問諸葛亮的身後事，他抱歉的問道：「那……您之後是蔣琬繼承，蔣琬之後誰能勝任呢？」

「費禕。」

「費禕之後？」諸葛亮默然未答。

同年八月，一顆星從五丈原墜下——諸葛亮病逝於五丈原。諸葛亮死後，姜維按照其臨終前的囑咐，不發喪、慢慢的撤退，司馬懿於是疑心有詐，未敢追擊。

按照諸葛亮的叮囑，他的身後事務一切從簡：喪服尋常，不需物品陪葬，死後家中並無多餘的財產。在他宣導的這種風氣下，其他蜀臣也是如此。《襄陽記》記載：「亮初亡，所在各求為立廟，朝議以禮秩不聽，百姓遂因時節私祭之於道陌上。」直到西元二六三年，劉禪才為諸葛亮立廟。

從作風見人品，從治國見性情，諸葛亮集謙遜有禮、心胸寬廣為一體。他在任期間，蜀國風氣清肅，路不拾遺，而法律《蜀科》就是由他和法正、李嚴等人制定的，堅持賞罰分明。

他胸襟寬廣，就算是仇人，只要有才能都加以重用；犯過錯的人，就算是親信也嚴懲不貸。犯錯只要虛心認錯，便有可能被原諒；但凡油嘴滑舌、推脫責任，必定嚴厲懲罰，李嚴就是一個例子。當然，諸葛亮也有犯錯的時候，像在用人方面就略有欠缺。早在北伐之前，陳震便向他建議過，李嚴此人品德不行，但諸葛亮沒聽進去，後來李嚴果然犯下大錯，為此諸葛亮深深的檢討了自己，還寫信向陳震表示自責。

諸葛亮病逝後，被發配的李嚴也憂憤而死。因為諸葛亮法制嚴明，只要表現得好，還是有可能重拾官位；可如今諸葛亮一死，再也沒有人能做到這一點，他的希望也被斷個一乾二淨。

選取人才方面，與曹操「唯才是舉」不同，諸葛亮除了重視才能，還堅持「用人唯賢」，無論出身貴賤，德與才兼備才是最重要的，例如蔣琬就被諸葛亮從小吏一步步提拔成了高官；經濟方面，諸葛亮致力於興修水利、開拓農地等，使百姓安居樂業，他的山河堰至今還是漢中地區灌溉面積最大的水利工程。

再來講講他本人的文學成就。諸葛亮留下了許多軍事著作，唐朝人將他與張良、韓信等人放在同等地位，在書畫和音樂方面，他也保持不輸人的紀錄，甚至有一本音樂著作《琴經》，可惜所知者較少。另外，諸葛亮還是個手工自製達人，相傳木牛流馬、八陣圖、諸葛連弩等，都是經他之手發明改良來的。

扳手指數一數，諸葛亮是傑出的文學家、書法家、發明家、政治家、軍事家、外交家……儘管史書已經覆上厚重的煙塵，但其形象依然鮮活偉岸。他是蜀漢的丞相，亦是劉備的開國功臣、一生知音，君臣相知，互不猜疑，劉備能放心出征，想必是因為背後始終有個叫諸葛亮的摯友。

演義中的諸葛亮、小說中的諸葛亮、傳記中的諸葛亮、電視劇中的諸葛亮……這世上有太多他的形象，將簡簡單單「諸葛亮」三個字，賦予了另一重意義，成為每個人心中正在堅守、或曾經堅守的信念。

臥龍、鳳雛，得一個可安天下，為何？歷史已然給了我們答案。

姓名：姜維
職位：蜀漢大將軍
愛好：跟隨丞相、復國
技能：【幽而復明】我方全體陣亡時，姜維有機率保留三〇％血量復活，打出絕命一擊。
提示：後期過得比較慘。
他人印象——諸葛亮：「姜伯約甚敏於軍事，既有膽義，深解兵意。」
個性簽名——「丞相，國……亡了……。」

回憶錄裡最後一個名字，帶點悲涼的味道。他不算是跟著劉備奔波過的員工，甚至一開始屬於曹魏，卻在蜀漢亡國之際，唱響了最後一曲悲歌。

蜀國末期，先帝魂歸九天，諸葛亮也在五丈原隕落；數年之後，有一位人物以殉國的慘烈方式退出舞臺——他是姜維。

姜維，字伯約，從小和母親一起生活，後因父親戰死沙場，沾了父親的光，在魏國當官。諸葛亮北伐之際，他正跟著天水太守馬遵在巡查，馬遵聽說蜀軍攻過來，懷疑姜維等人也有反叛之心，就自己先跑了路。姜維莫名其妙被扔下，追之不及，就算想回去，城門也已然關閉；他只好改去冀縣，沒想到冀縣居然也把他拒於門外，姜維索性真的當了叛徒——投降蜀軍。

後來諸葛亮率軍撤退，姜維也與母親分離。他母親曾寫信要他回魏國，姜維回信道：「良田百頃，不在一畝；但有遠志，不在當歸也。」這幾句話看似輕鬆，但誰也說不清姜維的心裡，是否有深切的不捨。

投降蜀軍後的姜維深受諸葛亮器重，然而好景不常，諸葛亮於西元二三四年病逝。作為降將，在受到打壓的日子裡，姜維的主要作為是先聯結羌胡，後主張北伐。

他多次鎮壓蠻夷，打算拉攏羌、胡，但每每準備展開行動，就被費禕限制，手中的兵甚至不超過萬人。好不容易熬到費禕過世，姜維堅持北伐，這期間有勝有敗，但他未考慮蜀國當時的國力，單方面進攻，引起了廣大民怨。

姜維的失敗和成功都是有目共睹的，《三國志》中對姜維的評價甚至帶著負面色彩。姜維真的是個平庸之人嗎？不一定，我們聯想一下姜維當時的處境：前幾年費禕一直打壓他，好不容易等到費禕死了，卻換宦官黃皓上臺。

這時朝廷內部已經逐漸被黃皓掌權。知道黃皓意圖廢掉自己，姜維曾希望劉禪斬殺黃皓，不料被劉禪拒絕了。這可怎麼辦呢？跑吧！姜維沒有回成都，而是嚇得種田去了。

他最傳奇的那一戰，也是亡國之前的那一戰。

西元二六三年，司馬昭打算伐蜀，派鍾會鎮守關中，隨時南下。姜維聽說這消息，連忙上表劉禪，請劉禪防守陽平關和陰平橋頭，但劉禪聽了黃皓的鬼話，以為敵人不會打過來，便不怎麼理會。後來司馬昭果然派三路大軍攻來，鄧艾率三萬人往逕中去，進攻姜維；諸葛緒也率三萬人至陰平橋頭附近斷姜維的歸路；最重要的一路由鍾會統領十萬大軍，直取漢中。

反應超慢的劉禪這才知道敵人真的來了，趕緊派廖化來逕中支援姜維，但此時鍾會已經打到了漢中，蜀將傅僉戰死，陽安關失陷。眼看著鍾會即將打入大本營，姜維和廖化只好退到劍閣防守。

讓我們把鏡頭放大：魏軍即將攻入大本營，唯有退到劍閣才能防守，當姜維匆匆忙忙領兵撤退，諸葛緒卻已帶兵來截擊，情況可謂十萬火急。這時候姜維佯裝要攻打諸葛緒後方，諸葛緒怕自己斷了退路，連忙往後撤退三十里。姜維趁他沒反應過來，加快速度往回撤，和廖化等人會合，一起退回劍閣，防住了魏軍。

這次戰役甚至可以用奇蹟來形容，充分展現了姜維的軍事才能，不僅千里救援，甚至扭轉局勢，硬生生把打到門口的敵軍給攔截下來。鍾會沒辦法，寫信勸降，姜維當然不從，無奈之下鍾會準備撤兵。整個蜀國的危機看似馬上要解除了，這時卻猝生驚變——鄧艾從陰平小道偷偷繞過來，攻陷綿竹，直接朝著成都打過來。

從這裡也可以看出姜維的軍事才能，倘若劉禪先前聽了他的話，加強對陰平的防守，鄧艾的奇襲就不會那麼成功。可惜劉禪當初並沒有將姜維的話放在心上，可以說是豬隊友無誤。

一收到劉禪投降的消息，姜維只好要士兵們不要繼續防守了，投降吧。姜維的士兵們鬱悶得吐血，提著刀砍石頭出氣；姜維則長嘆一聲，投降了。

但他的故事結束了嗎？並沒有，在亡國的情況下，他心中的火焰依然沒有熄滅。姜維知道鍾會這人意圖謀反，便說動鍾會陷害鄧艾，起兵造反，想借鍾會的手幹掉魏軍，復興蜀國。

「願陛下忍數日之辱，臣欲使社稷危而復安，日月幽而復明。」這是姜維給劉禪的密奏。被費禕限制、被黃皓壓迫，自己身為降將，在水深火熱的夾縫中生存。這是一條孤獨而漫長的路，姜維咬牙撐了下來，甚至在亡國之後，還等待著復興的機會，等待日月幽而復明……多麼美好的想像。但後來此計敗露，姜維與鍾會等人一同被殺死，燃盡了蜀國最後一點魂火，從此以後，再無蜀國。[67]

伯約啊伯約，看不清蜀漢已經亡了嗎？

……蜀漢是亡了，但在他的心中，蜀漢的魂從未滅亡，而蜀漢最後的魂，叫做姜維。

---

67 《三國志．姜維傳》：會（鍾會）既構鄧艾，艾檻車徵，因將維（姜維）等詣成都，自稱益州牧以叛。欲授維兵五萬人，使為前驅。魏將士憤怒，殺會及維，維妻子皆伏誅。

3 跳槽的智慧（與不智）

跳槽是一件風險與利益並存的事，在現代職場中，成敗都屢見不鮮。在古代，跳槽也成了常態，各路豪傑為了找個好老闆而操碎了心，郭嘉從袁紹集團成功跳槽到曹操集團，得到重用；姜維從曹魏集團跳槽到蜀漢集團，得到上司諸葛亮器重，同樣挖掘出了自身的潛力。

那麼跳槽是不是註定會成功呢？不一定。讓我們來看看以下跳槽者的心路歷程。

姓名：徐庶
職位：名士
愛好：洗白
技能：【推薦臥龍】徐庶在場，遇到諸葛亮機率增加。
提示：後期出場戲分比較少。

他人印象——諸葛亮：「昔初交州平，屢聞得失，後交元直，勤見啟誨。」
個性簽名——「別了，蜀漢集團……。」

徐庶，字元直，出身寒門，早年名叫徐福。為何要改名？這得從年少無知的歲月說起……西元一八九年某一天，官吏把一個臉上抹白灰、披頭散髮的傢伙綁在柱子上，揚言要現場直播肢解。圍觀的群眾一看，發現原來是徐福要替別人報仇，因此犯了罪。

官吏問他：「你叫啥名啊？」見徐福只是沉默，官吏索性敲著鼓問在場的民眾：「哎，有沒有認識這傢伙的啊？站出來！」不過沒人敢承認自己認識他。

後來徐福的餘黨把他救了出來，死裡逃生的徐福決定洗心革面、重新做人，於是改了個名叫徐庶，求學去了。雖然同學們都知道這傢伙以前是個不良少年，對他敬而遠之，不過徐庶還是每天早到晚退，連打掃教室都一手包辦，經過悉心學習，終於成為一個有學問的知識青年，不但成功洗白，還順利得到一個好朋友石韜。

轉眼天下大亂，徐庶為躲避戰亂來到荊州，認識了諸葛亮。此時的諸葛亮還在躬耕，徐庶就已經拿著求職信四處找工作了。徐庶把目光放在劉備的小集團上——劉備這個人重義氣，很對他的胃口。果然，劉老闆也對他的到來激動萬分，二話不說就簽下他：「組織需要你啊！」

徐庶有什麼貢獻呢？這個……還真不好說，因為不久之後他就跳槽了，真要說貢獻的話，就是為劉備推薦了諸葛亮。

《三國志》並沒有對徐庶的單獨記載，其身影大都出現在《諸葛亮傳》與《魏略》中，演義則記載他臨走前推薦了老朋友諸葛亮，但其實作者稍微挪動了一下時間軸，實際上推薦諸葛亮的時候，徐庶尚未跳槽。

後來故事和演義大致相同，兩個老朋友在同一個老闆手下做事。好景不常，一年後劉琮投降曹操，劉備便趕緊領著他們跑路，跑到一半，徐庶聽到這麼一個消息：「元直你娘的……」

「你幹麼罵我？」

「不是，元直你娘的人身安全不保啊！你娘被曹操抓住了！」

徐庶聞言大驚失色，為了母親的安全，揮淚告別劉備，萬般無奈的走向曹操大營：「本欲與將軍共圖王霸之業者，以此方寸之地也。今已失老母，方寸亂矣，無益於事，請從此別！」

後來的事，在史書中幾乎不見記載。演義中的徐庶發誓不為曹操獻計，徐庶老母也自殺而死，為這一幕無奈的跳槽添加了幾分悲劇氣氛，更衍生出「身在曹營心在漢」這句話。

史書並沒有對徐庶母親的正面記載，自殺顯然是作者為了烘托氣氛加入的，但徐庶的才華的確埋沒在了龐大的曹氏集團裡。徐庶最後只在曹操手下做了右中郎將、御史中丞，如果要比喻，劉備集團就像湖河，曹操集團則是江海，高手如雲，很容易埋沒一個人的才華。

諸葛亮北伐時，聽說老友徐庶和石韜的消息，得知他們倆居然只做了小官，不禁感慨：

「魏殊多士邪！何彼二人不見用乎？」難道是魏國那邊人才太多了嗎？為何不重用這兩人呢？「不見用」這寥寥三個字，足以讓我們窺見徐庶的餘生多麼寂寞，幾年後他便因病而亡。徐庶的跳槽實屬無奈，自然也不能算是成功，反而給這卷歷史多添了一筆悲涼氣氛，至於徐庶真正的才華如何，我們終究無從知曉。

姓名：法正
職位：蜀漢尚書令
愛好：打擊報復、出謀劃策
技能：【擋箭】承受一次對主公的攻擊。
【記仇】受到敵方攻擊，可反擊三次。
提示：此人睚眥必報，千萬不要惹火他啊！
他人印象——曹操：「吾收奸雄略盡，獨不得法正邪？」
個性簽名——「走吧主公，臣隨你出征。」

除了被迫跳槽，還有主動跳槽的人。例如劉璋手下有個跳槽二人組——法正和張松，他們都想當劉備的員工，下場卻截然不同。

法正，字孝直，出身名士，早期因為饑荒投奔劉璋，不過職場環境不好、老闆不會用人，讓法正十分苦惱，覺得在這裡施展不出自己的才華：劉璋手下有個人叫張松，其貌不揚，但才華橫溢，也常常「爆怨」劉璋不是個好老闆，覺得非跳槽不可。兩人自然而然站在同一陣線，經常共同感慨時運不濟，但此時也沒有辦法，只能繼續熬下去，等待時機。

他們是如何決定跳槽到劉備那邊的呢？這得從張松出使曹操講起。曹操嫌棄張松的長相，張松為此很不開心，回來勸劉璋和曹操斷絕往來，轉而和劉備打好關係。劉璋起初有點猶豫，但見赤壁之戰後劉備實力擴大，終於做了決定：「你們誰能去劉備那邊做個牽線的使者？」

張松指法正：「他去。」

法正一開始推辭：「不不不，我哪會當牽線的。」

張松推法正：「唉呀，你就去嘛，我知道你最厲害了。」

沒辦法，法正只好跑到劉備這邊來，受到了劉備熱情的招待，拉著他的手享用好酒好菜。法正頓時恍然大悟，劉備才是個懂得用人才的人啊！他和劉備看對了眼，至於幫劉璋牽線的事呢？管他的。

法正回去之後拉來張松：「哎，咱們跳槽去劉備那吧！」

「好哇好哇！」

西元二一一年，劉璋得知曹操要討伐張魯，生怕曹操得了漢中之後跑來吞併益州。張松趁機勸他迎劉備入蜀，讓劉備去討伐張魯。

劉璋也沒多想的答應了，拍拍法正的肩膀：「這次還是你去出使吧！」

法正立刻跑去投靠新老闆，表明劉璋是個無能之輩，不值得自己輔佐，張松已經準備好做內應，奪益州可謂易如反掌。劉備一聽，好事啊，便假裝答應打張魯，領兵往蜀中而來。

劉璋遲遲沒反應過來，還將劉備當作貴客。後來劉備假意從益州撤離，張松誤以為真，寫了封信過去：「今大事垂可立，如何釋此去乎！」這封信被他哥哥張肅發現了，怕連累自己，於是告發給劉璋。劉璋恍然大悟，趕緊殺了張松，斷絕和劉備的友好往來，可這時候已經沒有用了，劉備已經進入他的地盤，直往成都過來。

中間發生過一段插曲，除了能看出法正的智慧，還能看出法正的思想性格：現實主義者，且趨於無情。當時有個叫鄭度的人向劉璋建議，採用「堅壁清野」的方法來對抗劉備。什麼意思呢？就是加強防禦，把郊野的居民和糧食全都轉移，讓敵人攻不下地盤，又奪不走東西，活活困死。

這個辦法確實可以發揮一定作用，劉備很擔憂，了解原老闆的法正卻站出來：「安啦，劉璋他雖然沒什麼大才能，但唯一的優點就是愛民，肯定不會用這個損民的方法來對付咱們。」法正的話沒錯，劉璋果然因為考慮到百姓，沒採用這個辦法，還免了出主意的鄭度之官職。後來，劉備順利獲得益州，法正也轉移陣營成功！

在性格方面，法正其實和毒士賈詡有點相似。《三國志》記載：「一餐之德，睚眥之怨，無不報復，擅殺毀傷己者數人。」別人請他吃頓飯的恩惠，他銘記於心，別人跟他起小爭執，都被他打擊報復。法正的這個性格引起了許多人的不滿，甚至有人跑去向諸葛亮告狀，但諸葛亮最後以法正功高為由，輕描淡寫的處理這件事，實際上是知道法正為劉備的寵臣，所以不多加過問。

在軍事謀略方面，法正的貢獻是獻計奪漢中、用奇謀斬了夏侯淵。

西元二一七年，在法正的建議下，劉備進軍漢中。當時駐守漢中的是夏侯淵和張郃，兩年後，劉備與南邊夏侯淵大軍對峙，張郃則在東邊。此時法正獻上一條計策，要劉備猛攻張郃，張郃抵擋得很勉強，連忙向夏侯淵請求支援。

夏侯淵分撥出一半的兵去支援張郃，沒想到正中法正下懷，劉備立刻派兵偷襲，燒了作為防禦的武器鹿角，引夏侯淵出來親自救火。法正看準最佳時機，讓劉備趁機發動奇襲，於是劉備派老將黃忠率兵而去，斬了夏侯淵。漢中局勢被逆轉後，曹操雖兵多，卻耐不住劉備耗著不出戰，只好撤出漢中，從此劉備占領了漢中，不久後自立為漢中王。

法正和諸葛亮，是劉備的左右手，諸葛亮善鎮守內部、治理內政，法正則善隨軍出征、出謀劃策，作為經常跟自己奔波作戰的好員工，劉備十分信賴法正。

作為謀士，法正有種恐怖的決斷力，每一個行動都十分精準。有次和曹軍打仗，局勢很不利，隨時要失敗，大家都勸劉備趕緊撤兵。

劉備大怒：「我就是不撤！」眾人皆不敢出聲。

法正當時也在前線，他二話不說，直接冒著箭雨擋在劉備身前。

劉備大驚失色：「孝直你做什麼！快閃開啊！」

法正神色鎮定：「您都敢冒著箭雨飛石，何況我？」

劉備：「行行行，孝直，我跟你一起撤軍行了吧！」

眾人：「哇……。」

打倒原老闆、跳槽新老闆，法正的跳槽行動，讓後世許多人不齒，但劉璋對他來說，是一個窄窄的魚缸，無法讓鯤（按：古代傳說中的大魚）這麼大的魚舒展暢游；劉備這裡對他而言，恰恰就是能讓他一展風姿的天地。

法正去世得很早，西元二二〇年便與世長辭，享年四十五歲。劉備一連哭了很多天。

法正死後兩年，劉備不聽諫言，大舉伐吳慘敗，諸葛亮對此嘆息：「法孝直若在，則能制主上，令不東行；就復東行，必不傾危矣。」如果法正還在，一定能勸住主上；就算沒勸住，但只要法正隨軍同去，必定不會如此慘敗啊。法正就是這樣的地位。

鯤鵬豈能困於缸中？幸好，鯤鵬終被天地擁入懷抱之中。

姓名：馬超

職位：蜀漢五虎將[68]之一

愛好：造反

技能：【神武】每回合武力疊加三%。

【震懾】馬超在場，有機率瞬殺敵方一員。

提示：萬萬不要給他拜年啊！

他人印象——宋代大儒程公許：「智勇絕倫，足以當一面。」

個性簽名——「曹賊殺我全家，此仇不共戴天！」

跳槽到劉備手下的員工還有一個，他沒有在早期跟劉備奔波，僅僅四十多歲便與世長辭，但臨辭世之際，他是以孤獨、寄人籬下、不被完全信任的形象退出舞臺，結束了曾經高高在上的一生。信中落寞上疏，全族上下兩百口，只剩一個弟弟可託付給劉備，至此，別無他願。

他是馬超，東漢末年軍閥之一馬騰的兒子，先講講他爹馬騰。

馬騰早年和韓遂等人在涼州造反起家，幾經輾轉，數年後和韓遂鬧翻，過程中韓遂殺了馬

68《三國演義》中，五虎將分別是：關羽、張飛、馬超、黃忠和趙雲，但《三國志》中並沒有此稱號，僅是將這五人合為一傳（《三國志・蜀書・關張馬黃趙傳》）。

騰的妻子。和兄弟反目的馬騰很不爽，直到西元二〇八年曹操派張既來勸和：「唉……你還不如放棄這些兵，入朝當官。」馬騰才放下這件事，舉家搬到鄴城，以為總算能過上安穩日子，沒想到……。

「不好了！你兒子馬超起兵抗曹啦！」

馬騰沒能過上老婆、孩子暖床的安逸生活，因為馬超繼承了他爹的優良造反血統，起兵叛亂，最後馬騰被曹操誅殺，夷三族。

最初，馬超不是任何人的員工，全憑自己單幹，一直為獨立勢力，主要經歷是留在涼州、起兵反曹，被曹操打敗後投靠張魯，後來才跳槽到蜀漢。

馬超，字孟起，從小就跟著老爹到處跑，早在他爹和韓遂反目的時候便跟著了。韓遂有個部將叫閻行，韓遂與馬騰發生衝突時，他也拿著矛要攻擊馬超，雖然過程中矛折斷了，閻行卻拎著斷矛險些刺穿馬超的脖子，幸好主角光環庇護，否則史書上就不會有馬超這個名字。

這麼個厲害人物，曹操當然得想辦法穩住，於是發給他邀請函：「馬超啊，我讓你入朝廷當大官，如何啊？」

馬超：「不去。」

曹操又祭上漢獻帝的名義：「皇上讓你當徐州刺史，如何啊？」

馬超：「說了不去。」

馬騰：「你這孩子！你不去，可不代表你爹也不去！」然後入朝廷當官去了，馬超的兩個弟弟（馬休、馬鐵）也當了都尉，只有馬超還領著他爹的兵留在涼州。

對於連續拒絕自己的馬超，曹操自然不能坐視不管。在西元二一一年，曹操派鍾繇和夏侯淵放話要打漢中的張魯，中途必會路過馬超和韓遂等軍閥的所在地。這麼做的目的是什麼呢？原來馬超這時還歸屬於朝廷名下，曹操想打馬超，也不能直接見人就揍，他故意這麼做，就是要讓馬超等人起疑心，繼而舉起反旗，這樣才能名正言順的開打。

不出所料，馬超和韓遂果然覺得不對勁：「這老傢伙是要用假途滅虢（按：音同國）之計啊！」假途滅虢：假如有甲、乙、丙三個國家，甲國要打乙國，怎麼名正言順的進入乙國呢？甲國只要假裝要打丙國，借乙國的道過去，等乙國天真無知的讓他們經過後，就能順利攻打乙國了。

馬超隨即聯合了當地軍閥共同反曹，足足聯合了十萬人；他還拉攏了韓遂，從此成為曹操的心腹大患。曹老闆當然也不是吃素的，同樣聚集了數量龐大的軍隊，於同年七月西征。當時兩軍對峙，曹老闆想要往西渡河，馬超聽說之後告訴韓遂：「宜於渭北拒之，不過二十日，河東穀盡，彼必走矣。」

韓遂：「……你個乳臭未乾的小子還敢來指手畫腳？」自行採用了「半渡擊之」的作戰方針。後來曹老闆聽說了馬超的這個計謀，驚出一身冷汗，感慨：「馬兒不死，吾無葬地也！」

曹操的直覺並沒有錯，馬超這小子的確是個心腹大患。八月，曹操親自領兵渡河，當前隊趕過去，遠方卻響起殺聲，大家定睛一看，發現竟然是馬超殺過來了！全軍頓時亂成一團。

許褚和張郃等人闖進曹操房裡：「曹老闆快逃啊！」卻見曹操一動也不動的坐在胡床（按：一種可折疊的輕便繩椅）上。十萬火急之下，他們一把架起曹操急忙渡河。不過馬超仍在後面放箭，差點把曹操終結在此，幸好被許褚拚死救下。隨後機智的丁斐在河邊大喝一聲：「放牛馬！」馬超的士兵立即兩眼放光，忙著抓牛馬，連馬超都控制不住場面，曹操這才得以逃出。

安全之後，曹操大笑：「今日幾為小賊所困乎！」今天差點被小賊困住啊！

同年九月，曹老闆展開反擊，他聽從謀士賈詡的離間計，挑撥馬超和韓遂，引得他倆互不信任，終至戰敗。後來曹老闆因戰事緊迫撤回許都，留下夏侯淵和張郃鎮守，潼關之戰結束。

後來，馬超在張魯等人的幫助下進軍涼州，圍攻涼州刺史韋康；韋康熬到八月，夏侯淵依然沒來救援，他只好開城門投降，被馬超的部下楊昂殺死。後來，馬超繼續擊退來支援的夏侯淵，迫於壓力，夏侯淵暫時撤兵，馬超趁機占領涼州。

遠方的曹操暫時不能動馬超半毫，但他可以動馬超在鄴城的族人啊——事實上，早在同年五月，曹操就動手了。

「報！馬將軍，您父親、您弟弟、您二弟（此處省略兩百口人）……全都被曹操殺啦！」

馬超全族上下兩百餘人，整整三族，全部被曹操殺死，只有一直隨他出征的堂弟馬岱還活著。且不提馬超的心境有多悲涼，這段占領涼州的日子，可謂其人生巔峰，可惜好運來得快，去得也快。

西元二一三年，韋康的老部下姜敘和楊阜等人意圖謀反，姜敘和楊阜先在鹵城反叛，同為叛徒的尹奉勸馬超去打，馬超於是去了，但他前腳剛走，尹奉等人就占領了冀城，還殺了馬超的妻兒。憤怒的馬超無法攻進冀城，怎麼辦呢？行，你殺我全家，我也殺你們全家！他攻破歷城，殺了楊阜、姜敘在歷城的族人，雙方遂開戰，之後夏侯淵到場，馬超不得不逃往張魯處。

張魯很中意馬超，還打算把自家女兒許配給他，這時張魯的部下站出來：「主上啊，你難道忘了馬超這小子剋死多少人嗎？他剋的不是別人，是家人啊！」張魯當即反悔。

這期間馬超欲借兵反攻涼州，以失敗告終，加上張魯的部下想害自己，馬超只好跑路。此時劉備正巧過來，發揮了爆表的人格魅力打算拉攏馬超，馬超一尋思，決定找個時機過去。

中間有個插曲。正月初一，馬超妾室的弟弟董種（他先入了漢中，所以沒被殺）拎著禮物過來拜年：「恭喜恭喜，賀喜新年！」

馬超吐血捶胸：「闔門百口，一旦同命，今二人相賀邪？」我全家上下兩百口都被殺，你我兩人有什麼好賀喜的？

投奔劉備後，其貢獻不多，比較突出的只有把劉璋嚇到開城門。當時劉備暗中給他一隊兵馬，讓他大搖大擺的去圍攻成都，成都人民皆大驚失色：「那個差點幹掉曹操的馬超來了！」不到十天，劉璋開城門投降。

馬超的前半生意氣風發，但投奔劉備之後，他在歷史上的戲分就慢慢減少，小心翼翼甚至如履薄冰的活著。對於一個曾經自己當過老闆、有著「不忠不孝」評價的員工，劉備總得多加考慮。

西元二二二年，馬超在寂寞與愁緒中一病不起，自知命不久矣，便上疏劉備：「臣門宗二百餘口，為孟德所誅略盡，惟有從弟岱，當為微宗血食之繼，深託陛下，余無復言。」我全家兩百多口人，都被曹操所殺，只剩下一個弟弟馬岱，託付給陛下，其他沒什麼好說的了。

身在病榻上的馬超，此時此刻，忽然想起自己破城時，姜敘老母指著他大罵出口的話語：「汝背父之逆子，殺君之桀賊，天地豈久容汝，而不早死，敢以面目視人乎！」

再之後……怎麼了？馬超努力的回想，終於想起來，在那之後他殺了很多人，包括那個破口大罵的老婦。

這些人，會在黃泉下與自己相遇嗎？馬超緩緩閉上眼睛……餘生投於劉備麾下，七年輔佐，就此落幕。

4 蜀漢五虎將？誰建這群組的？

在古代，其實也有偶像存在的，他們同樣受人崇拜；不同的是，他們不是用外貌來征服粉絲，而是用實力。身為東漢末年至三國時期的追星族，該怎麼正確追星呢？

喜歡文藝偶像的你，可以選擇曹魏五謀臣[69]、蜀漢四相[70]、東吳五君[71]等；喜歡戰力型偶像的你，可以選擇東吳十二虎臣[72]、曹魏五子良將、蜀漢的五虎大將……。

不過，這次的福利要給蜀漢武將的小粉絲們，因為今天登場的是三位蜀漢武將，讓我們歡

69 荀彧、荀攸、賈詡、程昱、郭嘉。對曹魏的建立和鞏固貢獻良多。

70 諸葛亮、蔣琬、董允、費禕。蜀漢四位有名的治國能臣，都懷相國之才。

71 諸葛瑾、顧邵、步騭、嚴畯、張承。皆得到孫權的器重，時人也對他們評價頗高。

72 孫吳十二位將領的合稱，這十二人以驍勇善戰而為人稱道。《三國志》為其列傳的順序依次是：程普、黃蓋、韓當、蔣欽、周泰、陳武、董襲、甘寧、凌統、徐盛、潘璋、丁奉，盛讚他們是「江表之虎臣」。

迎——關羽、張飛、趙雲！

姓名：關羽
職位：蜀漢五虎將之一
愛好：跟隨大哥、保護大哥、保養鬍鬚
技能：【武聖】關羽在場，全體武將武力值增加二〇％。
【不留】若關羽被敵方強制叛投，解除效果一回合，後回歸我方陣營。
提示：嘿，關羽可喜歡人家誇他了。
他人印象——程昱：「劉備有英名，關羽、張飛皆萬人之敵也。」
個性簽名——「關某生是大哥的武人，死是大哥的武魂！」

蜀漢集團的元老武將之一，是關羽。蜀漢集團千百年來最受歡迎的元老武將，也是關羽。為什麼說他高傲呢？我們來看看這段小八卦。

關羽自尊心很強，馬超跳槽過來時他不服氣，暗中寫信給諸葛亮：「那個，馬超的能力可以和誰相比啊？」

諸葛亮回信：「馬孟起可以和張益德（張飛的字，明朝毛宗崗改成「翼」德）並駕齊驅，但不及美髯公您。」

由於關羽引以為傲的是他那一把長鬍鬚，諸葛亮便稱他為美髯公。關羽收到回信之後當然十分高興，興高采烈的拎著諸葛亮的信，四處給別人看。

關羽：「嘿嘿嘿，被孔明誇了，馬超那小子果然不如我！」

……咳咳，回歸正題。關羽，本字長生，後來改成雲長，早年因為犯罪跑路，西元一八四年和張飛一起遇見劉備，從此投靠劉備麾下，開啟了四處跑路的辛苦歷程，期間一次次捨命護劉備，最終助劉備創立蜀漢集團。三人桃園結義的事雖只出現在《三國演義》，他們依然情同兄弟，每次劉備出行，另外兩人就一左一右站在他身後，讓劉備看上去頗有大哥風範。

創業之路總是艱苦的，在跟著劉備東奔西跑的日子裡，關羽毫無怨言。西元一九六年，他跟著劉備投奔曹操，有次跟曹操一起出獵，關羽暗中拉來劉備：「哥，咱們殺了曹操吧？」

「不行，曹操他是要匡扶漢室的，幹麼殺他？」劉備天真的拒絕，等他真的想殺曹操，已經來不及了。

作為蜀漢集團大元老，關羽最風骨凜然的戰績，莫過於斬顏良一戰。西元二〇〇年，曹操和劉備彼此翻臉，劉備被追得一路逃到袁紹那邊去；關羽慢了一步，被活捉到曹營，曹老闆可高興了，盼著他有一天能徹底歸順自己。當時袁紹派顏良在白馬進攻東郡太守，曹操就讓張遼和關羽打頭陣支援，結果關羽直接衝入敵陣殺了顏良，令曹操為之振奮。

當然，曹操單方面喜歡關羽沒有用，他還得看關羽是不是想留在曹營。在老闆的指派下，張遼跑來探口風，關羽一聲長嘆：「吾極知曹公待我厚，然吾受劉將軍厚恩，誓以共死，不可背之。吾終不留，吾要當立效以報曹公乃去。」

後來關羽得知大哥劉備的消息，果然二話不說就要離開，左右的人想殺了關羽，卻被曹操攔下：「各為其主吧，別追了。」

什麼是義？大丈夫光明磊落，曹操你對我有恩，我便為你斬殺顏良當作回報；報完恩，我還是要回去找大哥劉備，我的心始終不會在你這裡。於是關羽一拱手，走了，毫不留戀，讓曹操心中的感慨油然而生，攔住手下不讓他們追。

此外，關羽最悲壯的一戰，可說是西元二二〇年結束的樊城之戰。

湘水劃界之後，關羽率軍從荊州出發，大獲全勝，嚇得曹操認真的考慮要不要遷都，被司馬懿和蔣濟及時阻攔。正巧孫權曾派人為兒子向關羽家的女兒求婚，被關羽毫不留情的拒絕。當孫權一聽聞消息，趕緊派呂蒙偷襲荊州，作為荊州守將的麋芳、士仁立刻舉手投降。

原來這兩人之前不認真做事，關羽出發前說過：「你倆等著，等我回來就收拾你們。」兩人為此日夜不安，於是孫權派人勸降的時候，二話不說就投降了。

呂蒙又在城中拉攏人心，使關羽的將士們漸漸無心再戰，關羽不得不退回麥城。同年十二月，關羽遇到埋伏，與長子關平一同被殺害，孫權將他的頭顱送到曹操處，被曹操安葬。

世代更替，在日後的漫長歲月裡，關羽漸漸變成了人們所熟知的「武聖」。除了亂軍中斬敵首、報恩後瀟灑離去的諸類事蹟以外，在做人方面，關羽也的確是個忠義雙全的人，連死都死得如此壯烈，頭顱在魏，身軀在吳，衣冠塚在蜀。

讓無數人感到傳奇的是，關羽死後不久，呂蒙和曹操居然也跟著離世，疑似關二爺顯靈。那一年迴蕩在山河長夜下的哀風，應是關羽的靈魂深沉唱起的英雄悲歌吧。

姓名：張飛
職位：蜀漢五虎將之一
愛好：跟隨大哥、保護大哥、喝酒
技能：【喝退】使敵方一次攻擊無效，接下來三回合內削弱攻擊力。
【魯莽】被刺殺機率增加四〇%。
提示：增加好感的第一步——在張飛面前建立「有骨氣」的人物設定。
他人印象——郭嘉：「備有雄才而甚得眾心。張飛、關羽者，皆萬人之敵也。」
個性簽名——「俺也一樣！」

和關羽一樣，張飛也是早年就跟著大哥劉備四處奔波的元老級人物，因為比關羽小幾歲，便把對方當作自己的哥哥看待。他性格暴躁粗野，做事雷厲風行，是個真性情的漢子。

張飛最出名的事蹟就是喝退曹操的那一嗓子。當時劉備在長坂坡被曹操追上，全軍潰散，只能帶著諸葛亮等人先跑路，張飛則負責斷後。他領著二十餘騎立於橋上，眼看曹老闆的大軍就要領兵攻來，張飛旋即氣運丹田，大喝一聲：「我就是張益德，有種過來跟我打啊！」不料，曹兵居然真的不敢過來，劉備這才得以逃走。

張飛的一大戰績，還表現在和張郃的對戰。西元二一五年，曹操派張郃入侵巴西郡，張飛遂去進攻張郃。兩軍對峙幾十日，張飛終於將張郃大軍引到瓦口關並擊退。

此外，張飛也有君子之道。西元二一二年，劉備和劉璋翻臉，張飛與趙雲、諸葛亮領兵支援，後路過江州時，江州守將嚴顏死不投降，最後被張飛生擒。

張飛怒喝：「我都領著大軍過來了，你怎麼不投降，還敢跟我打仗？」

嚴顏怒回：「我們這裡只有斷頭的將軍，沒有投降的將軍！」

張飛怒喝：「好哇，給我拉下去砍了！」

嚴顏怒回：「砍頭就砍頭，你生什麼氣嘛！」

這份勇氣令張飛十分敬佩，他不但放了嚴顏，還把他當作座上賓對待。

張飛對君子十分有禮，但他對士兵就沒這麼尊敬，而是十分嚴格了，劉備就曾勸說過：「卿刑殺既過差，又日鞭撾健兒，而令在左右，此取禍之道也。」一提醒他刑罰太過度，又常鞭打健壯的男兒，卻把他們置於左右，分明是取禍之道。但張飛沒把這件事放在心上，後來果然出事了。

西元二二一年，劉備大舉伐吳，即將出兵前，張飛被麾下的張達、范強所殺，兩個叛徒割下他的頭顱獻給了孫權。劉備聽聞，一聲長嘆痛徹心扉：「噫！飛死矣……。」

姓名：趙雲
職位：蜀漢五虎將之一
愛好：救阿斗、諫忠言
技能：【空營計】敵我差距過大時，觸發空營計，使敵人攻擊無效。
提示：保持善良，就能增加好感唷！
他人印象——范光宙：「然則雲之本末，自有大臣局量也，豈名將云乎哉？」
個性簽名——「亂世未嘗沒有清流啊。」

顏值、武力、智慧、風骨並存的偶像派武將，趙雲算一個。據《三國志》記載，他「身長八尺，姿顏雄偉」，活脫脫一個意氣風發的將軍形象。

其實趙雲很早就見過劉備，只不過沒有正式入其麾下。西元一九一年，趙雲因年輕有為，被常山父老鄉親們推舉，率人投靠公孫瓚。公孫瓚覺得挺奇怪：「唉唷？聽說你們那裡的人都投靠袁紹，怎麼就你迷途知返了？」

趙雲回答：「如今天下大亂，不知誰才是明主，鄙縣經過討論，決定要追隨仁政，疏遠袁紹而投奔您。」正好劉備也在公孫瓚處，兩人就此相識。公孫瓚派劉備去幫助田楷打袁紹時，趙雲也在隊伍中。後來趙雲因兄長去世，便向公孫瓚辭職回鄉服喪，劉備知道趙雲此行就不會再回來，一直拉著他的手捨不得放開。

趙雲辭別：「我終究不能違背德啊。」（不能違背道德，另一說法是不背棄玄德。）

兩人這一分別就是數年，轉眼到了西元二〇〇年，劉備前去投靠袁紹，意外在鄴城和趙雲相遇。當夜兩人同床而眠，趙雲正式成為蜀漢員工，從此忠於劉備，跟著四處奔波，半路上還救過阿斗兩次。

第一次於西元二〇八年，時值長坂坡之戰，曹操大軍南下，劉備身後還跟著荊州十萬鄉親父老，一大堆人以龜速前行。眼看曹軍就要追上來，劉備急得拋下妻兒，領著趙雲一行人轉身就跑。待大家一回頭：「有誰看見子龍（趙雲的字）嗎？」

「沒有啊，我沒看見。」

「我看見了！主上，不好啦！趙雲往曹營那裡跑啦！」

劉備：「別亂說話，子龍是不會背叛我的！」趙雲果然沒叛變，他是回頭去救甘夫人和劉禪了，並且成功帶人回到劉備身邊，被升為牙門將軍。

他第二次救阿斗，是劉備與孫權的妹妹孫夫人聯姻後，孫夫人回東吳之際想把劉禪一起抱走，被趙雲和張飛領兵所截，順利奪回年幼的劉禪。

戰績方面，劉備奪益州時，趙雲曾與諸葛亮、張飛作為第二批入蜀支援的人員，奪下江陽等郡，此外，他在漢中之戰也拿下了不俗的戰績。

漢中爭奪戰時，曹操將糧草運往北山，黃忠前去奪取，並許諾在約定時間內回來。趙雲等啊等，見黃忠沒回來，便領著數十騎出去看看情況，沒想到正好遇上曹操大軍。大家嚇得魂飛魄散，幸好趙雲從容的且戰且退，撤回大營，再採用「空營計」大開營門。曹軍懷疑有埋伏，不敢追擊，接著趙雲一聲令下萬箭齊發，殺得曹軍驚慌失措、死傷慘重。

第二天，劉備親自跑過來看戰場，感慨：「子龍一身都是膽啊！」

當時劉備攻下益州，想要把田宅房產平分給各位將領，趙雲直言進諫，寫了篇《駁成都屋舍園田分賜諸將議》，劉備因而打消了這個念頭，將財產歸還給百姓。

歲月向來不留情，意氣風發的日子漸漸結束，趙雲歲數也大了起來。西元二二八年，諸葛亮北伐失敗，自貶三級，趙雲也被貶為鎮軍將軍。當日街亭退兵時，蜀軍大都亂成一團，唯獨箕谷整齊如初，諸葛亮問鄧芝何故，鄧芝回答：「因為是趙將軍斷後。」

諸葛亮想把軍中絹布分給趙雲的將士，被趙雲拒絕：「軍事無利，何為有賜？其物請悉入赤岸府庫，須十月為冬賜。」諸葛亮因此對趙雲的品德十分欣賞。

一年後，趙雲去世。他跟隨劉備南征北戰近三十年，參與過無數大小戰役，在他的努力進諫下，益州百姓才得以安居樂業，後來趙雲又勸劉備不可伐吳，但劉備未聽，遭遇慘敗。

在亂世中，趙雲不僅有這些優點，可貴的是，還一心追求「仁」字。當初他與劉備交好，也是看中了劉備的仁慈，這讓他在同批善戰的將領中脫穎而出。明代人王士騏曾評價：「光明洞達，可為濫賞之戒。觀雲本末，自是大臣局量，不但名將而已。」

如果用物來喻人的話，趙雲就像是一陣風。什麼樣的風？吹過東漢末年亂世的清風……。

蜀國八卦之一
演義，哪裡虛構？

1樓　**于吉** 樓主

我推演未來，發現有個羅姓作者在演義裡胡說八道！

2樓　**張飛**

是百歲道士于吉啊！我先卡個位。

3樓　**劉備**

哎，你起初不是在孫策那邊嗎？怎麼不去東吳論壇？

4樓　**于吉** 樓主

他們論壇最近打擊邪魔歪道，差點封殺我，我只好過來了……。

好了，廢話不多說，如題，未來有個羅姓作者拿咱們寫了一本書，雖然十分精彩，但我仔細一看發現不對勁，裡面有太多東西都是虛構的，我才決定傳上來給你們瞧瞧。

5樓　**張飛**

俺就喜歡你這種不囉唆的樓主，快發！

6樓　**于吉** 樓主

別急啊，才這麼點人在看，再等等。

7樓　**張飛**

……俺收回剛才的話。

@諸葛亮 @關羽 @趙雲 @馬超 @黃忠 給丞相看看咱們新排練的隊形啊！

（下接210頁）

8樓 **關羽**

五！（其實我不想玩，不過既然老弟堅持，那我只好照做了。怎麼辦？會不會損害我的形象？）

9樓 **趙雲**

虎！（我覺得關羽前輩肯定是個戲精。）

10樓 **黃忠**

大醬！

11樓 **黃忠**

大將！

12樓 **馬超**

哈哈哈，黃老前輩又眼花了嗎？

13樓 **張飛**

……神經病啊你們！

14樓 **諸葛亮**

（保持微笑）嗯……。

15樓 **劉備**

@諸葛亮 孔明啊，別被他們帶壞了。

16樓 **龐統**

來晚了，樓主呢？@于吉

17 樓　**于吉** 樓主

來了來了。

@關羽 @張飛 @劉備 首先，小說裡寫你們三位最初認識的時候，在一處桃花林裡結拜過，這件事是真的嗎？

18 樓　**張飛**

桃花林？哈哈哈，有桃子吃嗎？

19 樓　**關羽**

沒有，解答完畢。

20 樓　**劉備**

你們兩個，能不能有點浪漫情懷？

21 樓　**關羽**

就算沒在桃園結拜過，我們也跟大哥情同兄弟！

22 樓　**張飛**

俺也一樣！

23 樓　**于吉** 樓主

好了好了，第 2 個。

@呂布 @董卓 你們真的因為一個人而反目過嗎？那個人是否叫做貂蟬？

24 樓　**張飛**

什麼什麼？

25 樓　**趙雲**

卡位。

26 樓 **法正**

我只不過來晚了幾分鐘，已經這麼多樓了？

貂蟬不是達官貴臣帽子上的裝飾嗎？他倆就因為這點小東西互看不順眼？

27 樓 **張松**

樓上沒資格質疑人家！我們當同事的時候，你不也一樣小心眼，總是看人家不順眼！

28 樓 **法正**

@劉備 前任同事罵我！

——用戶【張松】被禁言 1 小時——

29 樓 **劉備**

沒事啦。

30 樓 **董卓**（異地用戶）

你們幹麼打擾我？我不認識什麼貂蟬不貂蟬的！

31 樓 **【匿名】**

我來爆料！我以前當過董大人的守衛，親眼看見他倆因為侍女吵起來！

32 樓 **張飛**

侍女？漂亮嗎？

33 樓 **黃忠**

漂亮嗎？

34 樓 **劉備**

漂亮嗎？

35 樓　**孫夫人**（異地用戶）
……。

——用戶【劉備】刪除回覆——

36 樓　**【匿名】**
好像挺漂亮的，但我不記得名字。

37 樓　**張飛**
大哥！嫂子都回東吳了，你幹麼還怕她！

38 樓　**劉備**
唉……。

39 樓　**于吉** 樓主
哈哈哈哈，家暴現場！
@趙雲 請如實回答，當年長坂坡之戰救劉禪的時候，你是否曾七進七出？

40 樓　**趙雲**
什麼七進七出？我只是普普通通的救回阿斗而已。

41 樓　**馬超**
感覺也沒什麼厲害的嘛。

42 樓　**關羽**
馬超？既然你來了，你看著啊，你們都看著！
@諸葛亮 丞相，我和馬超比起來，誰比較厲害？

43 樓　**諸葛亮**
你。

44樓 **關羽**

看見沒？都看見沒？丞相認證過的！

45樓 **馬超**

炫耀，呸！

46樓 **黃忠**

炫耀！

47樓 **費禕**

好好的別吵架嘛。都別吵了啊，乖。

48樓 **于吉** 樓主

你們回覆的速度可真快……。

@諸葛亮 丞相，當年你是不是因為荊州，氣過公瑾（按：周瑜的字）三次？

49樓 **孫策**（異地用戶）

于吉你這神棍，原來跑到這裡來散布謠言了，居然還扯到我家公瑾，你給我等著！

50樓 **于吉** 樓主

饒命啊！

51樓 **周瑜**（異地用戶）

伯符（按：孫策的字），他只是在講故事，咱們就不要動粗了。

52樓 **孫策**（異地用戶）

好的，公瑾。

53樓　**諸葛亮**

沒有，我只是去當說客而已，況且我和公瑾沒有仇。

54樓　**魯肅**（異地用戶）

我可以作證！當初孔明是我拉去東吳見我們家老闆的！

55樓　**于吉** 樓主

啊……不知不覺樓都蓋這麼高了。

@諸葛亮 赤壁之戰時，你是否披髮仗劍、踏罡步斗，在七星臺借過東風？

56樓　**張飛**

唉唷，這裝扮好像很潮喔！

57樓　**劉備**

這個打扮是……？

58樓　**諸葛亮**

沒有，況且風向只能計算，不能借。

59樓　**趙雲**

丞相好像妖怪啊。

60樓　**劉備**

不知為何忽然有點想看現場……。

61樓　**諸葛亮**

啊？

62樓　**劉備**

唉呀，我剛才被盜帳號了！

63樓 **孟獲**

誰敢改鞭媬家丞相的光灰形象！

64樓 **諸葛亮**

莫激動，先去好好學習中原文字。

——用戶【法正】上傳了檔案：＜羅某某的文＞——

65樓 **于吉** 樓主

法正你這混蛋，我悄悄私訊給你，你怎麼公開了！這下我還要講什麼！

66樓 **張飛**

哈哈哈哈哈哈哈哈！

67樓 **劉備**

誰准你辱罵孝直的！

68樓 **于吉** 樓主

我錯了。

69樓 **法正**

如果道歉有用，還要法律做什麼？我已經記下來了。

70樓 **馬超**

出現了……孝直的死亡筆記……。

71樓 **張松**

@諸葛亮 你看看他，怎麼這麼任性呢？

72樓　**諸葛亮**
孝直勞苦功高，任性就任性吧。

73樓　**于吉** 樓主
好了好了，最後一個問題，這不是小說裡的，是我聽說的八卦，那就是——你們真的怕袁術嗎？

74樓　**袁術**（異地用戶）
呃……你們在說什麼啊？你們誰能給我一口蜂蜜吃？嘴饞很久了。

75樓　**周瑜**（異地用戶）
內容不適，已檢舉。

76樓　**孫策**（異地用戶）
內容不適，已檢舉。

77樓　**張飛**
內容不適，已檢舉（俺這就去打死樓主）。

78樓　**劉備**
呵呵。

——用戶【于吉】、【袁術】被踢出論壇——

79樓　**法正**
我終於看完文章了！@諸葛亮，你覺得寫得怎麼樣？我覺得挺好的。

80樓　**諸葛亮**
嗯。文字源於現實，有時更高於現實，認真你們就輸了。

蜀國八卦之二
作為魏延和楊儀的和事佬，我的心很累

1樓　**費禕** 樓主

第一次發帖，有點緊張。

我今天來說一說魏延和楊儀，因為他倆的破事，我已經煩心很久了。

2樓　**費禕** 樓主

唉……這麼久了怎麼還沒人留言？

3樓　**費禕** 樓主

……算了。

4樓　**諸葛亮**

我來了。

5樓　**費禕**

嗚嗚嗚，孔明你人真好……。

6樓　**孫權**（異地用戶）

怎麼這麼冷門？來捧個場。

7樓　**司馬懿**（異地用戶）

我來湊個熱鬧。

8樓　**孫策**（異地用戶）

我也來湊熱鬧。@周瑜

（下接220頁）

9樓 **程普**（異地用戶）

前前老闆，你幹麼總標記公瑾不標記我！

10樓 **周瑜**（異地用戶）

伯符，不要這樣。

11樓 **孫策**（異地用戶）

好的，公瑾。

12樓 **關羽**

周瑜你是來賣人氣的嗎？@諸葛亮

13樓 **馬超**

關羽你跟什麼風啊！

14樓 **費禕** 樓主

哇這麼多人了，別吵架、別吵架嘛，我最討厭吵架了。

魏延和楊儀這兩個人啊，一個脾氣壞，一個心眼小，明顯八字不合，時不時就打架。打架就算了，每次都是我勸架，我也會累啊！這孔明也知道。

15樓 **諸葛亮**

嗯。

16樓 **馬超**

他倆為什麼打架啊？

17樓 **姜維**

你想想，楊儀心胸狹窄，魏延又脾氣壞，其中一個人抬一槓，另一個也抬一槓，這不就對上了？

18 樓　**司馬懿**（異地用戶）

原來。

19 樓　**黃忠**

啥……啥是抬槓啊？你們年輕人說話我聽不懂。

20 樓　**關羽**

我說樓上，你這麼老了，就別學年輕人玩論壇了好嗎？

21 樓　**黃忠**

臭小子你幹麼針對我！

22 樓　**關羽**

這就是抬槓。

23 樓　**黃忠**

……。

24 樓　**張飛**

啊哈哈哈哈哈哈哈哈！

25 樓　**孫權**（異地用戶）

論抬槓誰能比得上我家張老頭（按：指張昭，其故事可詳見第四章第三節。孫權對群臣大都直接稱呼其字，唯獨稱呼張昭為張公，可見十分器重）？

26 樓　**陸遜**（異地用戶）

陛下。

27 樓　**孫權**（異地用戶）

嗯？愛卿何事？上次朕送你的腰帶可還合身？

28樓 **張飛**

哇……。

29樓 **趙雲**

你們在說什麼啊？

30樓 **陸遜**（異地用戶）

謝謝陛下。
陛下，你回頭看一眼，張公他就在……。

31樓 **孫權**（異地用戶）

不、不可能吧……這麼晚了，張老頭應該早就睡了吧……。
老年人熬夜滑手機，很容易打字打到一半就猝死，你們信不？

32樓 **張飛**

完了，猝死了。

33樓 **費禕** 樓主

我回來了……我可能是蜀漢論壇裡存在感最低的樓主吧。
剛剛魏延和楊儀又吵了起來，這次不得了，魏延拿著刀就想砍楊儀，嘴裡還嚷嚷著：「老子削死你！」

34樓 **司馬懿**（異地用戶）

蜀漢要完蛋了。

——用戶【司馬懿】被踢出論壇——

35樓 **劉備**

我看是曹魏要完蛋了，繼續。

36 樓　**費禕** 樓主

老闆好。

講到哪了？喔對，說是魏延拿著刀要砍楊儀，楊儀當時就「哇」的一聲哭了，痛哭流涕的說：「有本事你來啊，正面削我啊！」我這樣是要攔還是不攔呢？

37 樓　**張飛**

哇靠！

38 樓　**馬超**

我覺得還是別攔了。

39 樓　**趙雲**

不攔著的話，真的會出事吧……。

40 樓　**諸葛亮**

攔吧。

41 樓　**費禕** 樓主

好的，剛才已經把他倆攔下了。

下一次可怎麼辦呢？唉，我剛才抽空滑手機好像被魏延看見了……。

42 樓　**魏延**

我這麼信任你，你居然私底下講我！

43 樓　**黃忠**

你們年輕人真有活力啊！

44 樓　**楊儀**

@魏延 不講你講誰？屁能力沒有，就知道天天跟人抬槓！

45樓 **費禕** 樓主

喂，我發這個帖是要讓你們和好的啊……。

46樓 **魏延**

你個油嘴滑舌、心術不正的弱雞！

47樓 **楊儀**

你整天拎著刀砍這砍那，我就是瞧不起你，怎麼樣？

48樓 **魏延**

你罵誰！

49樓 **楊儀**

誰對號入座我就罵誰！

50樓 **費禕** 樓主

好了，我私訊跟你們說吧。

51樓 **諸葛亮**

別吵了。

52樓 **魏延**

……哼！

53樓 **楊儀**

今天是有丞相在，你給我等著，我跟你沒完！

——用戶【費禕】私訊【魏延】——

「唉呀，你幹麼和他一介書生計較？走走，改天咱喝酒去。」

魏延：「唉，也就老哥你是我的朋友了吧。」

——用戶【費禕】私訊【楊儀】——

「唉呀，你幹麼和他一介武夫計較？走走，改天咱喝酒去。」

楊儀：「行，老哥你才是真朋友啊。」

54 樓　**張飛**

唉唷喂？真不吵了？神奇。

55 樓　**費禕** 樓主

都說了，作為和事佬我可是專業的。

56 樓　**諸葛亮**

嗯……唉……。

57 樓　**姜維**

丞相，你怎麼了？

58 樓　**諸葛亮**

我走了之後，這兩人會怎樣呢……？

——用戶【諸葛亮】退出論壇——

——用戶【魏延】對【楊儀】使用技能【陷害謀反】——

——用戶【楊儀】對【魏延】使用技能【陷害謀反】——

——用戶【魏延】遭封鎖帳號——

59 樓　**楊儀**

呸，庸奴！復能作惡不？

蜀國八卦之三
孔明什麼時候能與我和好呢？

1樓　**李嚴** 樓主

大家好，我叫李嚴，先簡單介紹一下，我在蜀漢當官，先帝離開之前特意把我和孔明都叫去託孤。對了，在此提一句，我以前跟丞相關係很好的！雖然現在不怎麼樣……。

2樓　**關羽**

卡位。

3樓　**張飛**

卡。

4樓　**諸葛恪**（異地用戶）

卡，你是怎麼把我二叔惹毛的？真厲害！

5樓　**姜維**

知道內幕的我也來圍觀。

6樓　**李嚴** 樓主

你們別湊熱鬧啊！看在我也是託孤大臣的分上，給我出出主意啊！事情是這樣的，我年輕時偶像就是孔明，每次他出場，我都第一時間為他應援；後來，孔明就在千萬人中看了我一眼……。

7樓　**張飛**

從此再也忘不了你那「酉鬼」容顏？

（下接228頁）

8樓 **李嚴** 樓主

滾！孔明當然是一眼就看中我了，於是向前任老闆推薦了我，把我從一個地方官直接提拔到中央來，孔明還拉著我一起制定了《蜀科》……當時法正也在。
哎，想想真是一段美好的時光……。

9樓 **關羽**

樓主醒醒啊。

10樓 **法正**

他沒騙人，我能作證。

11樓 **李嚴** 樓主

謝謝法正的作證。
一切的轉折都是從前任老闆退出開始的，唉……。

12樓 **劉備**

你以為我想退出嗎？

13樓 **李嚴** 樓主

不不不，不是針對老闆你，我只是鋪陳一下而已。

14樓 **曹叡**（異地用戶）

安安靜靜的偷看。

——用戶【曹叡】被踢出論壇——

15樓 **馬超**

來晚了。
這是一個從路人到腦殘粉，再從腦殘粉轉黑的心路歷程？

16樓　**李嚴** 樓主

不是！我不是腦殘粉好嗎？我頂多買了件「孔明最棒」的衣服，偶爾拿著「孔明我愛你」的小旗，連孔明的周邊我都只有 3 套！

17樓　**劉備**

一股惡寒。

18樓　**陸遜**（異地用戶）

瑟瑟發抖。

19樓　**張飛**

大哥你惡寒啥？剛把孔明拉到蜀漢的時候，你不也樂得 3 天沒睡好覺？

20樓　**劉備**

哈，我老弟被人盜帳號了，別信，別信。

21樓　**李嚴** 樓主

不對不對，歪樓了。

事情還得從前老闆離開說起。老闆離開之後，身為跟孔明平起平坐的託孤大臣，我當然也得考慮做點啥事，不然我這存在感太低了。於是我想到一個好辦法：要是我偶像孔明能加九錫、晉爵稱王，豈不是太好了？

反過來再想想，如果孔明他能這麼做，平起平坐的我不也能這麼做？我就去勸了孔明。

22樓　**張飛**

兄弟你不是傻子吧？

23樓　**劉備**

呃。

24樓 **姜維**
……。

25樓 **荀彧**（異地用戶）
被關鍵字吸引過來了。
唉，魏公、大漢……。

26樓 **司馬懿**（異地用戶）
我比較在意孔明的反應。

27樓 **李嚴** 樓主
我到現在還是不敢相信，我偶像他……居然嚇了一跳，然後語重心長的把我教育了一頓，我倆友誼的小船就這麼翻了，嗚嗚嗚。

28樓 **張飛**
哇，孔明的脾氣還是這麼好，居然沒打你。

29樓 **龐統**
能直接跳到你惹毛孔明的時候嗎？我最好奇這個。

30樓 **李嚴** 樓主
急什麼嘛……你們都知道北伐吧？後來孔明又帶隊要北伐，我不太高興，自然不能拉下臉聽他的，畢竟我已經不是粉絲了。
其實我還把名字改成李平來表達不滿，可惜這論壇改不了 ID，不如他們曹魏論壇功能高級。你看看人家程立，說改成程昱，就改成程昱。

31樓 **程昱**（異地用戶）
……並不是這樣。

——————用戶【程昱】的聊天紀錄——————

XX 樓 程立

@荀彧 你說，我從很久以前就常夢到自己雙手捧著太陽，這是什麼徵兆？

XX 樓 荀彧

我也不知道，我幫你問問老闆吧！@曹老闆

XX 樓 曹老闆

哈哈哈哈，捧日好啊，立＋日＝昱，你就改名叫程昱吧！

XX 樓 程立

不是……我不是……。

——用戶【程立】被管理員改 ID【程昱】——

XX 樓 程昱

……。

——————聊天紀錄分割線——————

32 樓　**荀彧**（異地用戶）

我怕你知道內幕會崩潰。

33 樓　**李嚴** 樓主

咳……轉眼間到了第四次北伐，我是負責運糧的，誰知道半路稀里嘩啦的下起大雨，別說糧食，人都栽進泥坑裡去了，你說說，這糧怎麼運？運不了嘛！但現在看來這是我的失職，我總得想個辦法應付過去。

機智如我想了個好辦法——我先傳個假消息，讓孔明退兵啦，嘿嘿嘿。

等孔明回來，我就跟他演戲，臺詞我都想好了：「啊？孔明，你怎麼回來啦？糧食還那麼充足，怎麼又退軍啦？」

34 樓　**張飛**
我的天，還有這種辦法？

35 樓　**龐統**
不，我看你要完蛋了。

36 樓　**諸葛亮**
嗯，我正在回來的路上。
順帶一提，已經走 1/2 了。

37 樓　**張飛**
哈哈哈哈哈哈哈哈！

38 樓　**趙雲**
這一定要卡位的。

39 樓　**姜維**
現場慘案直播。

40 樓　**李嚴** 樓主
孔……孔明沒看帖吧？

41 樓　**諸葛亮**
放心，看著呢。
只剩 1/4 了。

42 樓　**李嚴** 樓主
啊啊啊啊！

43 樓　**張飛**

哈哈哈哈哈，要死了、要死了！

44 樓　**諸葛恪**（異地用戶）

完了，我爹跟我說，我二叔生氣時就這樣。

45 樓　**諸葛亮**

1/8。很快了。

46 樓　**劉禪**

未免太可怕了……。

47 樓　**李嚴** 樓主

你、你……你在哪？

48 樓　**諸葛亮**

你打開門來看看呀？

49 樓　**張飛**

哇，丞相真會玩！

50 樓　**諸葛恪**（異地用戶）

好快！

51 樓　**姜維**

真快！

52 樓　**龐統**

超級快！

53 樓 **張飛**

樓主已死，有事燒紙吧。

——用戶【李嚴】被轉移到【流放版】——

54 樓 **李嚴** 樓主

我居然沒死？好！那我就在流放版活躍發言！以孔明的作風，沒準能重新把我轉移回來（揮拳）！

55 樓 **司馬懿**（異地用戶）

哈哈哈哈，你們蜀國人真是笑死我了！

——帖子沉下去 3 年後——

56 樓 **張飛**

@司馬懿 你跟丞相對峙的時候，丞相送了你一套衣服嗎？

57 樓 **司馬懿**（異地用戶）

對。

58 樓 **劉備**

孔明！你都沒送過我衣服！

59 樓 **張飛**

大哥，是女裝啊。

60 樓 **劉備**

啊，抱歉，剛才又被盜帳號了。

61樓　**司馬懿**（異地用戶）

……。

62樓　**【匿名】**

我作證，我就是那個使者！司馬懿還問我們家丞相一天吃幾頓飯、幾點睡覺、幾點起床！

63樓　**曹丕**（異地用戶）

@張春華 妳看妳丈夫都做了什麼好事！

64樓　**張春華**（異地用戶）

老東西！

——用戶【張春華】、【司馬懿】被踢出論壇——

65樓　**劉備**

好啦，讓他們夫妻自己去吵吧。

——全版通知：用戶【諸葛亮】已刪除帳號——

66樓　**李嚴**

嗚嗚嗚……。

——用戶【李嚴】刪除帳號——

第四章

東吳猛獸園，江東多才俊

1 《三國演義》沒演的孫堅、孫權

江東盛產什麼？猛虎。
猛虎姓什麼？姓孫。

姓名：孫堅
職位：東漢軍閥
愛好：討董、行俠仗義
技能：【遊俠】跨地圖作戰，可無視防禦，直接攻擊敵方主公。
【遇刺】遇刺機率增加五〇％。
提示：ＥＱ可能不太高。
他人印象——陳壽：「勇摯剛毅，孤微發跡，導溫戮卓，山陵杜塞，有忠壯之烈。」
個性簽名——「天下有我！」

當時還沒有名為東吳的獸園，只有一隻叫孫堅的老虎行走在亂世之中，這頭猛虎最不缺的就是男主角設定，而一切得從孫堅他老婆懷孕的時候說起。吳夫人先後生了兩個兒子（孫策、孫權），據說懷孫策時，吳夫人看見月亮飛入自己懷裡；懷孫權時，又夢見了太陽飛入自己懷裡。孫堅可高興了：「日月乃陰陽精華，看來我們家族要富貴了[73]！我娘生我的時候，也夢見腸子飛出來，環繞閶門！」

「嘔。」

孫堅又是什麼人呢？

孫堅，字文臺，出身草根，比劉備強一點。《三國志》中記載的「蓋孫武之後也」是什麼意思呢？孫武是春秋軍事家，這句話的意思就是「他大概是孫武的後人」，其中「蓋」字讓這個出身顯得不那麼真實。

孫堅年輕時做過小縣吏，十七歲那年發生過一件事，才讓他有了知名度。某天，孫堅跟著他爹坐船去錢塘，半路正好看見強盜搶劫，場面十分血腥暴力，嚇得大家都不敢往前走。這時年少的孫堅站了出來：「讓我去趕走他們！」

73 《搜神記》：孫堅夫人吳氏，孕而夢月入懷。已而生策。及權在孕，又夢日入懷。以告堅曰：「妾昔懷策，夢月入懷；今又夢日，何也？」堅曰：「日月者，陰陽之精，極貴之象，吾子孫其興乎。」

孫堅他爹大驚：「回來！這不是你能對付的！」不料孫堅拎著刀就衝上岸，簡直比兔子還快。只見他一邊走，一邊裝出指揮的模樣，乍看好像正吩咐人包圍這群海盜，海盜們被他的氣勢唬住了，居然扔下財寶就跑。孫堅沒罷休，拎著刀追上去，殺了一個人才回來。

孫堅的知名度就此打開，還因此得了飯碗——代理校尉。後來因為鎮壓叛亂有功，又歷任三縣縣丞，所到之處極受歡迎，來往者百人，孫堅也盡心盡力的對待他們。如果把孫堅的事蹟寫個目錄，可以分成：少年事蹟、進入朝廷、領兵討董。那麼進入朝廷的孫堅有多恐怖呢？無視郡界教訓人，你說恐不恐怖？

西元一八七年，孫堅出任長沙太守，不出一個月就鎮壓了當地以區星為首的叛亂，就連郡外的周朝等人相繼起事，都被孫堅順手解決。當時宜春縣令被圍困，連忙向孫堅求助。孫堅打算收拾收拾就去救援，主簿（按：掌文書及印鑑的官）勸他：「大人，跨界討伐，恐怕會惹來麻煩啊！」

孫堅搖了搖頭：「太守無文德，以征伐為功，越界攻討，以全異國。以此獲罪，何愧海內乎？」於是進軍前往。敵人一聽孫堅來了紛紛跑路。幸好朝廷沒有治罪，還封他為烏程侯。74

但大家都知道，官場的路線一向是「有關係就沒關係」，孫堅一沒背景、二沒文化，全靠自己打上來，自然有人對他十分輕蔑，荊州刺史王叡和南陽太守張咨就是兩個例子。

王叡平時經常挖苦孫堅，孫堅忍下來了，直到各地開始討伐董卓。當時天下一片混亂，王叡卻想先幹掉和自己不和的武陵太守曹寅，嚇得曹寅偽造檄文，要孫堅殺掉王叡。

孫堅領兵即往，到了王叡城下。這下輪到王叡疑惑了：「你們要幹麼？」士兵們回答：「我們的賞賜太少，連做衣服都不夠，求打賞！」

王叡看著一群等待受賞的士兵，沒有疑慮的打開庫房，任他們挑東西。等到這些士兵一擁而上，王叡忽然發現孫堅這小子也在裡面，頓時大驚失色：「不對啊！士兵們跑過來求打賞，你怎麼也來了？」

孫堅：「奉檄文來取你命。」

王叡：「我犯什麼罪了？」

孫堅：「你的罪就是什麼都不知道。」王叡，卒。

殺掉王叡後，孫堅領兵到南陽，請求張咨供應軍糧，但張咨彷彿沒自己的事一樣，始終無視孫堅的請求。孫堅無奈之下，又送牛、酒給張咨。第二天，張咨來到孫堅處答謝，兩人正喝酒，長沙主簿忽然進來稟報：「我軍進駐南陽，但道路還未修整，軍糧也未充足，請將此人逮捕，問個清楚。」張咨大驚失色，但已經來不及逃脫，被直接推出去砍了，把南陽官員嚇個半

---

74 《三國志．吳書．孫破虜傳》：時長沙賊區星自稱將軍，眾萬餘人，攻圍城邑，乃以堅為長沙太守。到郡親率將士，施設方略，旬月之間，克破星等。周朝、郭石亦帥徒眾起於零、桂，與星相應。遂越境尋討，三郡肅然。漢朝錄前後功，封堅烏程侯。

死，從此孫堅軍隊要什麼有什麼。

對於真老虎來說，這兩個豬隊友只是來累積經驗值的。孫堅的熱血大冒險還在進行中，同時正式拉開了討董的序幕，其中也發生過類似「空城計」的事。

他來魯陽見到袁術，兩方聯手討董，出兵前，孫堅派長史（官名）公仇稱回去催促糧草，並於東門外設宴踐行。萬萬沒想到，董卓居然派了上萬人過來迎擊孫堅，幾十個先鋒眼看著就要到了。大家慌張的望向孫堅，卻見孫堅端著酒杯從容自若，吩咐部隊不得妄動，待後方騎兵越來越多，他才慢慢起身離席，領著士兵們走進城裡。敵軍看到孫堅的部隊從容不迫，竟不敢攻進來，撤回了。

原來孫堅不馬上起身，是怕士兵們驚惶下互相踐踏，反而不能入城。

攻打洛陽時，董卓派出徐榮包圍孫堅，在親信祖茂的拚死保護下，孫堅才保住性命，不久後絕地反擊，斬了華雄。至此孫堅鋒芒大盛，所以難免有人挑撥。後來討董之路又出了差錯，竟是贊助方袁術改變心意。當時董卓尚在洛陽，眾人討董的熱情卻已漸漸退卻，只有孫堅等少數幾人依舊熱血。雪上加霜的是，袁術聽從小人讒言，開始懷疑孫堅，甚至不提供軍糧給他。

接到消息時，孫堅離袁術足足一百多里，居然連夜騎馬趕回，激動萬分的踏入袁術帳中，在地上畫出戰略地圖，分析了當今局勢，又表明自己的志向：「我來這裡，是為了國家，不為私人恩怨！」一言辭錚錚、擲地有聲，袁術頓時愧疚得無地自容，連忙撥軍糧給他。[75]

面對這樣風骨凜然的敵人，董卓其實也心有忌憚，派李傕前往孫堅大營相勸：「文臺啊，咱們何苦這麼鬧下去呢？不如你與董卓結個親家，你們家族人，但凡想當官的，我們都用。」

孫堅毫不猶豫的拒絕誘惑：「卓逆天無道，蕩覆王室，今不夷汝三族，懸示四海，則吾死不瞑目，豈將與乃和親邪？」後來董卓火燒洛陽，西遷都城，孫堅來到洛陽時，只見滿目的戰亂悲慘景象，不禁惆悵落淚。他下令修復被火燒的建築，又填平被董卓挖開的墳墓，做完這些事，便回到魯陽。

根據《吳書》記載，孫堅在一處井裡發現了缺一角的傳國玉璽，刻著「受命於王，既壽永昌」幾個字，聽說是當年張讓作亂時被宮人扔到井裡的，真實度仍待考證。

在討董聯軍中，孫堅是唯一與董卓軍多次正面交鋒勝利的軍隊，在其他諸侯忙著搶地盤的時候，孫堅置若罔聞，繼續為了天下而戰。後來孫堅聽說袁家兄弟內部爭鬥，頓時感到無限惆悵：「同舉義兵，將救社稷。逆賊垂破而各若此，吾當誰與戮力乎！」英雄灑熱淚是為家國，無奈人人為己，世態炎涼。

西元一九一年，在袁術的派遣下，孫堅攻打劉表，在追擊黃祖時不幸中箭而死，結束了壯烈的一生。作為英雄，他的確有野心，但孫堅的野心所向，不是將江山擁入手中，而是要看著

---

75 《三國志》：是時，或間堅於術，術懷疑，不運軍糧。陽人去魯陽百餘里，堅夜馳見術，畫地計校，……術踧踖，即調發軍糧。堅還屯。

東漢平亂，山河太平……。

姓名：孫權
職位：吳國CEO
愛好：戲弄群臣、鬧彆扭
技能：【勸學】孫權觸發技能，使三名人員技能效果翻倍。
【監督】若張昭在場，技能效果有機率加倍。
提示：要輔佐他，得做好被他時刻戲弄的準備。
他人印象——曹操：「生子當如孫仲謀。」
個性簽名——「一家子打打鬧鬧的是什麼意思？」

孫堅死後，長子孫策渡過長江，移居江都，割據江東一帶，後因遇刺而亡，將舊部與重任託付給弟弟孫權。當時孫權才十九歲，許多部下皆對此抱持疑慮，覺得江東猛獸園恐怕不保。

關於孫權這個人，我們分成三階段來介紹——少年、中年、晚年。

孫權，字仲謀，根據史書記載，他自小就相貌不凡，《先帝春秋》中記載他為「紫髯」，這個詞並不是指紫色，而是指男子相貌威武。朝廷來使劉琬善於看面相，有次為孫堅家的幾個兒子相面，他指著孫權，十分確定的說：「這小子必定是你們孫家最長壽的！」

孫堅犧牲後，孫權便跟著哥哥孫策混。少年孫權好行俠義，經常跟著哥哥處理事務，有時連孫策都自嘆不如。孫策將希望寄託在孫權身上，每次拉著他參加宴會，都會回頭看他：「弟啊，你看看，這些人以後都是你的手下！」

後來孫策被刺身亡，孫權這任性少年當得好好的，猝不及防的就被推上了高位。失去親人的悲痛還沒過去，江東民心也還未定，各地又起了反叛，幸好老臣張昭等人在，協助這個少年迅速成長起來，首先撫平叛亂，接著平定山越，再招募了諸葛瑾、魯肅、陸遜等人才，終於穩定住江東群眾。

接下來，還得守好老爹和哥哥打下的基業。這個少年到中年的飛速過渡，自然經歷了幾場大事件，首先便是赤壁之戰。西元二〇八年（孫權才二十七歲），由於魯肅的建議，孫劉聯盟正式建立，隨即在周瑜的計謀下，曹操於赤壁慘敗，退回北方。然後，東吳與曹操的對峙就這樣開始了。

西元二一二年，孫權修建石頭城，又修築濡須塢抵禦曹操；西元二一三年，曹老闆率兵攻來，孫權趕緊領著七萬大軍至濡須口迎戰，擊破曹軍。曹操決定躲在壁壘裡不出來，等待下一次機會，和孫權打起了消耗戰。

期間，還發生過一起誤打誤撞的借箭事件——有一次，孫權親自坐船觀察曹操大營，被曹軍發現了，當即萬箭齊發，不一會兒孫權的船頭就落滿了箭；箭很沉，眼看著船身傾斜，場面一度十分緊張，幸好孫權大軍機智的把船調過身來，讓另一面也受箭，待兩面持平之後，孫權再慢悠悠的乘船回去，輕鬆得到了整船的箭。

「曹老闆，謝謝你的箭，嘿嘿。」

對峙一個月，誰也沒撿到便宜，曹操因為要奪漢中，不得不撤軍。臨行前他預料孫權對合肥執念已深，必定會跑來奪合肥，便留下密信「賊至乃發」，叮囑張遼和樂進等人如何應對。

劉備也要奪漢中，於是和孫權談和。在這之後，孫權果然打算進攻合肥，也果然被張遼殺得一路撤退，幸虧有呂蒙和凌統的保護才安全回去。張遼此次給孫權留下不少心理陰影，直到後來，孫權一看見張遼，竟忘了自己是江東虎，彷彿變成小貓咪，還要部下別放鬆戒心：「看見沒？對面那傢伙可厲害了，你們小心點。」

說起來，合肥之戰是孫權心中的痛，還痛了不只一次，具體始末就讓筆者娓娓道來。

荊州是戰略要地，要奪荊州就要對付劉備。孫權在樊城之戰害死關羽，與魏國重新建交，惹得劉備大軍跑來伐吳，但在夷陵之戰大敗而歸。戰後，孫權得了劉備手下三郡，有意向曹魏集團示好，曹操便上表讓他任荊州牧，封南昌侯。曹操死後，曹丕稱帝，孫權還送于禁回國，請求成為曹魏的藩屬，受封吳王。

但孫權是真心投靠曹魏嗎？當然不是，曹丕不傻，看出了孫權的小心思，於是出兵至濡須口，分成三路伐吳，最終以不理想的結局撤退。孫權此時又跟蜀國重新交好，但到次年，都一直和魏國保持來往。畢竟國與國之間沒有永遠的朋友，也沒有永遠的敵人。

西元二二五年，曹丕再一次率軍過來，沒占到便宜便撤退了，臨走前倒是沒像老爹一樣感慨「生子當如孫仲謀」，他感慨的是：「嗟乎！固天所以隔南北也！」曹丕病逝後，孫權決定自己也領兵去打他們一次，不過歷史總是驚人的相似——孫權也沒占到便宜就撤回了。

西元二二九年，孫權於武昌稱帝，國號吳。這時候的孫權已經步入晚年，從大家印象中因痛失哥哥而嚎啕大哭的孩子，長成了一個深沉的王者。早期的孫權是個值得讚賞的英雄，不但命運待他不錯，給了他英雄般的父親和哥哥，他自己也身懷才華，想成為一個平庸者都難。但命運偏偏轉了個大彎，讓他面對父親犧牲、哥哥遇刺，本來正在成長的孫權就這麼加速成熟，不得已的提早登上高位。

有一位作家評價：「孫權是中國歷史上最可愛、最有人情味的皇帝之一。」為什麼呢？當權早期，孫權和臣子之間的關係其實十分和睦，他經常以表字（按：別名）來稱呼自己的臣子，凌統就是個例子。當年凌統的隨從不幸戰死，凌統十分傷心，孫權便用自己的袖子幫他擦眼淚，還耐心安慰他：「死者固然已死，有你在，還怕無人嗎？」後來凌統受傷，孫權甚至親自幫他更衣。再後來，凌統不幸死去，留下年幼的凌烈、凌封，孫權義不容辭收養這兩個孩子，只要別人問起，就疼愛的回答：「他們是我的虎子啊。」

身為江東虎，起名當然也不能馬虎。步夫人為孫權生了兩個女兒，小名要叫什麼呢？孫權想了想：「一個叫大虎（孫魯班），一個叫小虎（孫魯育）吧！」

步夫人：「……。」

身為東吳臣子，大家已經習慣了孫權不按牌理出牌的日常。例如他有天問侍中鄭泉：「你這傢伙就喜歡當面勸我，讓我多沒面子，難道你不怕我生氣？」

鄭泉耿直回答：「明君必有正直的大臣，我知道您是明君，所以不怕。」

孫權思索道：「好吧。」不知怎麼，鄭泉總覺得他笑得怪怪的，好似有陰謀。

後來某次宴會上，鄭泉依然耿直的勸孫權，孫權隨即不開心的說：「我要治你的罪！」

鄭泉心裡不安，快步走出門的時候，不斷回頭看孫權，從頭到尾顧盼了好幾次，卻見孫權笑吟吟的喊他：「鄭泉，你不是不怕我生氣嗎？怎麼還回頭看我呢？」

鄭泉回答：「因為臣……臨出門前被主上的英姿打動，忍不住想多看幾眼。」[76]

再例如大將朱桓即將出征的時候，忽然提了個奇怪的要求——摸一摸陛下的鬍鬚，這樣就死而無憾了。孫權：「行啊。」接著探出腦袋讓朱桓摸自己的鬍子。

朱桓感慨：「我今天總算是摸著虎鬚了！」孫權聽得大笑。[77]

又例如當初孫權攻下荊州，各地投降，只有一個叫潘濬的人，聲稱自己有病，堅持不見孫權，這可怎麼辦呢？孫權下令：「來人啊，把潘濬連同他的病床一起抬過來！」

和床一起移動過來後，潘濬還是在床上不肯起來，用手掩面而泣：「嚶嚶嚶，我絕不向你投降……。」

這時，孫權開啟慈母模式，一邊用手帕幫他擦眼淚，一邊勸說，終於打動了潘濬，之後潘濬也果然成了吳國重臣——直到孫權迎來晚年。稱帝後的孫權越來越不信任自己的臣子，而且剛愎自用，百姓們生活在沉重的暴政之下，連朝廷內部也十分混亂。

晚年殘暴的孫權，在悉心栽培的長子孫登英年早逝後，立三子孫和為太子，又冊封四子孫霸為魯王，這兩件事乍看都沒什麼問題，問題就出在孫權的態度：對於這兩個兒子，他採取了一視同仁的態度，引來了大臣們的不滿。好吧，既然不滿，把他們兩個分開就行了吧？所以孫權又採用了分宮別僚，誰知道這一分，出事了。

孫霸覺得：「我地位下降，肯定是你們太子黨害的！」然後開啟了一系列的明爭暗鬥，史稱二宮之爭，後以廢掉孫和、賜死孫霸、重新立七子孫亮落幕，其中有許多臣子被牽連，例如最後憂憤而死的陸遜，吳國後期也因為這些事而元氣大傷。

西元二五一年，孫權身染疾病，與世長辭，享年七十一歲。孫權死後，讓他煩心的後代相爭也沒能停下，不久孫亮因謀殺輕視自己的孫綝（按：音同嗔）失敗被廢，另立的六子孫休又

---

76 《三國志》：權以為郎中。嘗與之言：「卿好於眾中面諫，或失禮敬，寧畏龍鱗乎？」對曰：「臣聞君明臣直，今值朝廷上下無諱，實恃洪恩，不畏龍鱗。」後侍宴，權乃怖之，使提出付有司促治罪。泉臨出屢顧，權呼還，笑曰：「卿言不畏龍鱗，何以臨出而顧乎？」對曰：「實恃恩覆，知無死憂，至當出閤，感惟威靈，不能不顧耳。」

77 《吳錄》：桓奉觴曰：「臣當遠去，願一捋陛下鬚，無所復恨。」權馮几前席，桓進前捋鬚曰：「臣今日真可謂捋虎鬚也。」權大笑。

聯合幹掉了孫綝。孫休病死之後，孫權的孫子（孫和之子）孫皓是最後一代皇帝。

孫吳早早耗光了自己的元氣，後期漸漸轉向衰敗，顯然氣數已盡，終於在西元二八〇年三月歸降晉朝。三國歸晉，英雄化作飛沙。

回顧當初，江東少年如虎，生來就帶著俠義氣息，仗劍從塵世脫穎而出，也終究淹沒在茫茫塵世之中。

2 孫策、周瑜、魯肅是君臣，如至親

在周瑜心中，始終有兩個名字不能忘卻：孫策、魯肅。

「周郎啊，伯符（孫策的字）和子敬（魯肅的字）都是你的知己嗎？」

「子敬是我平生知己。」

「莫非……伯符不是？」

「伯符他……是我沒有血緣的至親。」

姓名：周瑜

職位：吳國都督

愛好：音律、孫策

技能：【火燒赤壁】周瑜大範圍攻擊，同時對敵方三名英雄造成傷害。

【總角之交】若孫策在場，周瑜攻擊力增加三〇%。
提示：想要博得周郎顧，不如撥亂弦音試試？
他人印象——孫策：「吾得卿，諧也。」
個性簽名——「你呀、你呀，這麼想讓我回頭看你嗎？」

姓名：孫策
職位：東漢軍閥
愛好：周瑜、打獵
技能：【總角之交】若周瑜在場，孫策攻擊力增加三〇%。
【遇刺】遇刺機率增加五〇%。
提示：如果他說要打獵，千萬要攔下來啊，否則結果就糟了。
他人印象——曹操：「猘兒，謂難與爭鋒。」
個性簽名——「猘兒？曹老頭你什麼意思？」（猘：瘋狗。）

唐詩《聽箏》化用了「周郎顧」的典故：「鳴箏金粟柱，素手玉房前。欲得周郎顧，時時誤拂弦。」熱鬧的宴會上，各路豪傑舉杯飲酒，一個彈琴的女子不小心彈錯了弦，當時周郎已酒過三巡，卻依然回過頭，看一看那個彈錯的樂女。周郎本就是個姿貌清雅的男子，醉酒之後更是俊美，引得不少樂女故意彈錯弦音，只求周郎一顧。

曲有誤，周郎顧。這個周郎指的是誰呢？就是江東的周瑜，在家鄉素有「美周郎」之稱，據《三國志》記載：「瑜少精意於音樂，雖三爵之後，其有闕誤，瑜必知之，知之必顧。」足以看出周瑜在音律方面的造詣。

周瑜，出生於西元一七五年，字公瑾，廬江人，出身大族，在軍事、音樂、政治等方面均有造詣，且外貌佳、有氣度，是東漢末年為數不多的高富帥之一。這樣一個多才的美男子，誰才是他的總角（按：比喻童年）之好呢？那就是與他同歲的另一名美男子——孫策。孫策曾發自肺腑的說過：「周公瑾英雋異才，與孤有總角之好，骨肉之分。」

孫策是孫堅之子，也是西元一七五年出生，字伯符，容貌同樣俊美，喜歡談笑風生，大家都很喜歡這個開朗的少年，紛紛來與他結交。

當時孫堅出去打仗，留孫策和家人在壽春，孫策的名氣漸漸傳開，廬江的周瑜慕名拜訪，兩人一見如故。周瑜勸孫策把家搬到廬江來，孫策同意了，於是周瑜將一間大宅院讓出給孫家居住，還經常去後堂拜見孫策的母親，兩家吃穿用度皆共用，形同一家。

美好的少年時期結束了，接下來說一說江東虎孫策的起兵經歷，他是如何拉著「美洲狼」

開創江東猛獸園的呢？從脫離袁術勢力到自己單打獨鬥，這是一段不長不短的路。

孫堅死後，孫策家從盧江搬去江都。等守孝一結束，孫策找到袁術，打算要回父親的舊部屬：「叔，我來要回我爹手裡的這批人。」

袁術發覺這小子不會是小人物，這麼還他，豈不是很沒面子？於是打了個哈哈：「我要是能有你這樣的兒子，真是死而無憾啊！你先去投奔你舅父吳景吧！」

吳景以前經常跟著孫堅南征北戰，孫堅死後，袁術便上表薦他當丹陽太守。孫策沒辦法，領著族人呂範和孫河一起去了，招募到百人，又回來找袁術：「叔，你該把舊部給我了吧？」

孫堅的舊部有幾千人，袁術取了個整數：「小策啊，你看，足足一千人呢，全給你啦！哎對了，我都給你這麼多兵了，你爹的玉璽給我吧。」這麼厚臉皮的人也沒幾個了。不僅如此，袁術這人還言而無信，一開始答應讓孫策當九江太守，過沒幾天就反悔改用自己的親信上任。

後來，袁術要打徐州，打算向盧江太守陸康借軍糧，因被拒絕而大怒：「小策啊，去給我滅了陸康，回來我讓你當盧江太守！」正好孫策也和陸康見過面，被陸康蔑視，就順勢接下這項任務。他輕輕鬆鬆拿下盧江之後，沒想到袁術再次改變主意，讓別人當了盧江太守。

此前劉繇任揚州刺史，揚州以前的治所在壽春，但這時壽春已經是袁術的地盤了，劉繇就渡過長江到曲阿，把孫策的舅父吳景和堂兄孫賁全趕跑，兩人只好退到歷陽。袁術接著派人前去對峙，卻久攻不下。

孫堅有個老部下叫朱治，他拉來孫策，勸孫策趁機收服江東。孫策覺得這是個好機會，便去見袁術：「我家以前對江東有恩，可以領兵去幫舅父，事成之後，我大約能在當地招募三萬人，到時候領著三萬人回來，幫助您平定天下，怎麼樣？」

袁術分明從他的眼神裡讀出不滿，但並沒有把他當回事，只覺得這臭小子不可能有什麼作為，就點了點頭：「去吧、去吧，我可以給你一千多人。」

當時願意跟著出征的門客有幾百人，孫策一路吸收部下，到歷陽的時候，已經有五、六千人跟隨。東渡長江之前，孫策聽聞周瑜的消息，連忙提筆寫信給周瑜：「小瑜啊，別來無恙？我這些年過得還不錯，然後啊……你猜猜我在哪？我也領兵來歷陽啦！」

原來周瑜正巧來歷陽看望從父（按：伯叔的通稱）周尚，收到孫策的信，他二話不說，當即領兵出來迎接。孫策十分高興：「吾得卿，諧也！」我有了你，這件事就成啦！

江東虎和美洲狼成功組隊，孫策開始舒展羽翼，領兵渡江。當時薛禮和笮（按：音同則）融皆依附劉繇，孫策把笮融打得躲在大營裡不敢出來，又轉而將薛禮打到落荒而逃；第二次進攻笮融的時候，孫策的腿被箭射中，部下們連忙把他抬回去療傷。見勢，有人跑去稟報笮融：「孫郎那小子被射死啦！」

笮融高興極了，於是派兵對戰。孫策這邊也很精明，先是不動聲色的裝作潰敗，引敵軍進包圍圈裡，再一舉將其拿下。於孫策吩咐下，士兵們乘勝攻入笮融大營，齊喊：「孫郎如何！」嚇得不少笮融的士兵趁夜出逃。

笮融一看對方還活著，繼續防守不出，孫策便先幹掉劉繇的別部，最後與劉繇決戰，將劉的手戟，太史慈也揪下孫策的頭盔，待雙方援軍各自趕到，兩人這才甘休。

曲阿之戰中，孫策與太史慈曾單打獨鬥，期間孫策奪了太史慈的手戟，太史慈也揪下孫策的頭盔，待雙方援軍各自趕到，兩人這才甘休。

「你們聽說沒有？孫郎領著兵來啦！」聽聞孫策領兵過來，曲阿的百姓和官員起初都嚇得魂飛魄散，心驚膽戰的等死；不過大家慢慢發現，這個開朗少年領兵所到之處，士兵與百姓秋毫無犯，十分和平，好感度因此瞬間飆升，紛紛送來好酒、好肉招待，不久之後，孫策就招募到兩萬兵馬[78]。後來他拍拍周瑜的肩膀：「小瑜，這些兵已經夠我用啦，你回丹陽鎮守吧！」

袁術跟周瑜還有個小插曲。袁術表奏孫策為殄寇將軍後，又把吳景、周尚等人召回來為己用，並派親信取代周尚的丹陽太守之職，周瑜便跟著周尚回了壽春。袁術一眼看見這個和孫家小子同歲的年輕人，心裡盤算了起來：「公瑾啊，我看你是個人物，不如跟著我吧！」

「……噫。」周瑜表面上答應，請求當個居巢縣長，實際上是在等待機會回到孫策那邊，魯肅就是他在居巢縣認識的。

回歸正題。再次和周瑜分別的孫策，此時在做什麼呢？他渡過浙江，擊敗了太守王朗，將功曹虞翻收入麾下。虞翻這個人能言善辯、性子耿直，孫策把他當朋友看待；後來孫策平定豫章回吳，半路跟他閒聊：「我本來想送卿去許都，但卿不願意去，我只好改派張紘，不過我擔心張紘很難折服那群中原人。」

虞翻：「我可是明府（指孫策）家中的寶貝，要是拿出來給別人看，別人不還給你了怎麼辦？所以我不去。」孫策大笑稱是。[79]

沒想到西元一九七年，袁術仗著自己手裡有傳國玉璽，居然打算坐地為王，孫策還寫信勸過他，結果袁術一點也不聽勸：「我不聽、我不聽！我要跟你絕交！」

孫策：「行行行，絕交就絕交。」

袁家兄弟似乎對玉都很執著，袁術的從兄袁紹就曾得到一枚玉印，還暗中叫曹操過來：「我給你看看我的寶貝……看！玉！」

曹操：「……。」

後來曹操派人將漢獻帝的詔書給孫策，讓他和陳瑀、呂布一起去討伐袁術，不料陳瑀居心不良，半路要奪孫策的地盤。孫策一怒之下出兵俘虜了四千多人，其中包括陳瑀的妻兒，陳瑀本人則跑去了袁紹那邊，接著孫策又繼續打敗了嚴白虎等人，平定吳郡。同年，周瑜帶著魯肅一同來到吳郡，孫策高高興興的親自迎接，並大方賞賜周瑜一番，更在命令中明文公布：「這些賞賜算什麼？跟公瑾給我的支援相比，簡直遠遠比不上！」

---

78 《三國志》：百姓聞孫郎至，皆失魂魄；長吏委城郭，竄伏山草。及至，軍士奉令，不敢虜略，雞犬菜茹，一無所犯，民乃大悅，競以牛酒詣軍。……旬日之間，四面雲集，得見兵二萬餘人，馬千餘匹，威震江東，形勢轉盛。

79 《江表傳》：策既定豫章，引軍還吳，饗賜將士，計功行賞，謂翻曰：「……卿博學洽聞，故前欲令卿一詣許，交見朝士，以折中國妄語兒。卿不願行，便使子綱（張紘），恐子綱不能結兒輩舌也。」翻曰：「翻是明府家寶，而以示人，人倘留之，則去明府良佐，故前不行耳。」策笑曰：「然。」

在短短幾年間，孫策就平定江東，連曹操都發出「猘（按：音同至）兒難與爭鋒也」的嘆息，與孫策聯姻拉攏關係。猘兒一詞，乍聽挺霸氣的，但「猘」其實有猛犬、狂徒的意思，所以曹老闆這句話可以翻譯成：「難以和瘋狗爭鋒啊！」

西元二〇〇年，孫策、周瑜皆二十六歲，意氣風發、前途無量，誰也不曾想到，並肩的歲月竟在這一年戛然而止。

孫策喜歡單獨出去打獵，這讓虞翻很擔心，還不只一次的勸過他，但孫策只覺得：「你說得好有道理。」然而並沒有聽進去。當時他打算趁官渡之戰偷襲許都，不過尚未出發，就遭遇了不幸——他曾殺掉吳郡太守許貢，許貢的門客因此懷恨在心，一直等待復仇的機會。這天，孫策單獨出獵，被刺客一箭射中面部。即使隨後趕來的親兵連忙殺死刺客，孫策依然傷勢過重，不久就在夜裡去世，將弟弟孫權託付給張昭和周瑜等人。

「舉江東之眾，決機於兩陣之間，與天下爭衡，卿不如我；舉賢任能，各盡其心以保江東，我不如卿。」這是他對孫權所說的話，其中的「保江東」，重在「守」字，意指孫家吞併江東的速度過快，孫權接下來該做的是消化，坐擁長江天險易守難攻的優勢，守住東吳。

對於孫策的優缺點，郭嘉分析得十分精闢：「策輕而無備，雖有百萬之眾，無異於獨行中原也。若刺客伏起，一人之敵耳。以吾觀之，必死於匹夫之手。」孫策雖有眾多手下，但他本身疏於防備，再加上仇家太多，肯定會被小人殺死。

作為領袖，他足夠得人心，也懂得如何得人心，一路所向披靡平定江東；但作為領袖，或許是輕狂未脫，使他太過輕率，故招來殺身之禍。據《吳歷》記載，郎中叮囑孫策靜養百日，不能動怒，但孫策看過鏡中的自己之後，火氣一下就冒了上來，大吼大叫：「面如此，尚可復建功立事乎！」導致傷口復發，當夜逝世。

孫郎、周郎，兩個並肩走過這些日子的少年郎，轉眼竟只剩下一人，遠在外地的周瑜聽聞孫策的死訊，會是怎樣的心情？然而周瑜沒有時間悲傷，他立刻領兵回來奔喪，和張昭一起輔佐孫權，又向孫權推薦了魯肅，孫權才漸漸從痛哭流涕中振作起來。

自輔佐孫權起，周瑜先後化解過兩次危機，都關係到東吳的存亡，其一在受曹操威脅時，其二就是知名的赤壁之戰。他的主要貢獻是助孫策平定江東、大勝赤壁。對於孫權來說，周瑜無疑是一頭英俊的狼，威風凜凜的代替兄長守護東吳。

第一次危機——曹操贏了官渡之戰後，寫信給孫權，要他把子弟送去當人質。張昭等人忌憚曹操的實力，猶豫不決；周瑜堅決反對這樣的事發生，孫權本人也不希望如此，便領著周瑜到母親身邊商量此事。

---

79 《江表傳》：策既定豫章，引軍還吳，饗賜將士，計功行賞，謂翻曰：「……卿博學洽聞，故前欲令卿一詣許，交見朝士，以折中國妄語兒。卿不願行，便使子綱（張紘），恐子綱不能結兒輩舌也。」翻曰：「翻是明府家寶，而以示人，人倘留之，則去明府良佐，故前不行耳。」策笑曰：「然。」

周瑜分析道：「如今您兼六郡之眾，兵精糧多，將士用命，鑄山為銅，煮海為鹽，境內富饒，人不思亂，怎能送人質過去？一旦送過去，您就要受制於人，最多不過是個封侯而已，不必著急，先觀察局勢再說。」

孫權覺得很有道理，孫權的母親也點頭稱是：「公瑾只比策兒小一個月，我一直把公瑾當成自己的兒子，權兒你也把公瑾當成親兄長吧。」

第二次危機很快就來了——西元二〇八年，聽說曹操親征過來，江東內部頓時分成兩派：投降與戰鬥。張昭等人被氣勢洶洶的幾十萬曹兵嚇破膽，朝中一片勸降聲。魯肅隨即將周瑜勸回來，周瑜一句廢話也沒說，認真分析了兩軍情況，胸有成竹的請兵三萬，說服孫權應戰。

赤壁之戰後，周瑜勸孫權軟禁劉備，但孫權以曹操還需要有人牽制，而劉備未必能輕易控制為由拒絕了。之後龐統投奔劉備，劉備還問過這件事，因此嚇出一身冷汗。

打完人生中最輝煌的一戰，周瑜的命數卻迎來了轉折……巴丘始終是他過不去的一道坎。時值周瑜攻打江陵曹仁，久攻不下，有一次他騎馬攻城時被箭射中，不得不回營。曹仁知道周瑜的情況之後，趕緊命令士兵們叫陣，周瑜於是忍著劇痛，裝作若無其事的騎馬巡視以鼓舞士氣，曹仁只好退回去，周瑜進而屯兵江陵。

西元二一〇年，周瑜打算出征益州，孫權同意了。在回江陵的途中，周瑜忽然得了重病，病逝於巴丘，享年三十六歲。孫權為此痛哭，並親迎周瑜靈柩回歸，甚至數年後稱帝，還向左右提起：「孤非周公瑾，不帝矣。」若沒有周公瑾，我是當不上皇帝的啊。

孫郎、周郎，兩個在史冊裡緊緊相連的名字，遙想當年總角之好、肝膽相照，在亂世裡彷彿動人的詩篇，後人翻開史冊，才有幸一瞥那驚鴻照影來。黃泉下之人，也或許會在那年看見周公瑾的身影，聽到他那一聲問話：「請問，你可曾見過伯符路過？」

姓名：魯肅
職位：吳國都督（第二任）
愛好：施捨、外交
技能：【聯合抗曹】魯肅在場時，聯合敵方一員人物反叛三回合。
【單刀赴會】魯肅初次受到敵方攻擊無效。
提示：如果你仔細觀察，會發現他是個外交達人。
他人印象——周瑜：「魯肅智略足任，乞以代瑜。」
個性簽名——「送你一倉庫糧食，這樣我們是不是朋友？不是？那兩倉庫呢？」

周瑜病重之際，曾提到一個名字，讓對方接替自己——這個人就是魯肅，也是周瑜的另一位至交好友。

相較江東虎、美洲狼，在猛獸園裡，魯肅似乎不是猛獸，沒什麼攻擊力，應該算是個老實人，且因為荊州的事裡外不是人，不過歷史真相真的是這樣嗎？**大家都聽說過諸葛亮的《隆中對》，但你相信這早在多年前，就被魯肅提出來了嗎？**

魯肅，字子敬，性格豪爽、出身富裕，天下大亂之際，他因經常大方接濟百姓，深受當地百姓愛戴。當時魯肅家有兩個糧倉，周瑜當居巢縣長時，曾因糧食不足帶人來借。

周瑜：「我想向您借一些糧食，不知可……」

話未說完，魯肅毫不猶豫的指著其中一個糧倉：「給你了。」從此他們成為了好朋友。

為了躲避戰亂，魯肅搬家到東城，當地官老爺袁術聽說魯肅來了，隨即產生拉攏的念頭：「魯肅啊，我讓你當東城長，如何？」

魯肅：「……噫。」待他發現袁術之治毫無綱紀，不足以成大事，就毫不猶豫的從東城搬出去，投奔周瑜，途中把袁術派去的追兵統統勸退。不久之後，魯肅跟著周瑜一同投奔孫策，很得孫策喜歡；再後來魯肅的祖母去世，他便回東城奔喪，遇見朋友劉子揚勸他投奔私聚部曲的鄭寶，魯肅想了想，同意了。

臨走前，周瑜正好送魯肅的母親來吳郡，魯肅便把這個打算告訴周瑜。周瑜一聽不得了，趕緊勸他留下來，將他推薦給孫權；兩人相見，分外投緣，孫權甚至在賓客離去之後，又暗地裡把魯肅牽了回來，聊起肺腑之言。

當時是西元二〇〇年，面對孫權對前路的困惑，魯肅提出了自己的建議：「肅竊料之，漢室不可復興，曹操不可卒除。為將軍計，惟有鼎足江東，以觀天下之釁……。」清楚分析了漢室不可復興、曹操還不可除的現實，與七年後諸葛亮的《隆中對》——先鼎足江東，再占據荊、益兩州，然後往天下發展——有異曲同工之妙。不過思想腐朽的老臣張昭對此很不滿，認為這小子太狂妄。

魯肅的第一個大貢獻，莫過於聯合劉備一同抗曹，進一步促成三國鼎立的局面。

西元二〇八年，以弔喪劉表為名，魯肅出發前往荊州。當時劉表兒子劉琮已經降曹，劉備打算向南渡江逃跑，在長坂被魯肅攔住：「您這是準備去哪兒啊？」

劉備：「我要去投奔蒼梧太守吳巨。」

魯肅：「唉呀，吳巨都自身不保，您怎麼能投奔他呢？正好，我們家老闆足足占有六郡，能成大事，依我看，您不如與我們江東結盟，如何？」

劉備立刻答應：「好呀，可以啊！」

見劉備和諸葛亮的想法與自己不謀而合，魯肅親密的向諸葛亮示好：「孔明啊，我是你哥哥諸葛瑾的朋友。」並奉劉備之命，高興的帶著諸葛亮回東吳見孫權，孫劉聯盟就此成立。

魯肅的第二個大貢獻，就是荊州的借與還。本著拉攏劉備的念頭，魯肅主張出借荊州；在劉備拒不奉還的時候，他還「單刀赴會」了一回。

事情是這樣的：赤壁之戰後，劉備派人來借荊州，經由魯肅勸說，並考慮到拉攏劉備共同抗曹的大局，孫權同意出借，從此聯盟更加穩固。遠方的曹操本來正在寫信，忽然聽見這個消息，驚得手一鬆，筆都掉到了地上。[80]

但劉備奪取益州之後，拒不交還地盤，在孫權的派遣下，魯肅領一萬人屯守益陽，和關羽對峙，接著單刀赴會——不是關公赴會，真實情況是魯肅邀關羽相見，雙方各帶兵馬，置於百步開外，兩位將軍各自帶著單刀赴會。

魯肅：「國家區區本以土地借卿家者，卿家軍敗遠來，無以為資故也。今已得益州，既無奉還之意，但求三郡，又不從命！」看你們兵敗跑來、沒有地盤，我們真心實意的出借土地，如今你們已經得到益州了，既然沒有奉還荊州的意思，那麼我們只求三郡，你們還不從命？

關羽方忽然一人開口：「有德之人才能得到土地，哪有你們長占著的道理！」

魯肅怒而起身厲喝，關羽也提刀起身：「這些都是國家大事，此人知道什麼！」同時使眼色讓那人離去。談判過程裡，曹操攻入漢中，劉備於是急著談和，最後以湘水為界分割地盤。

西元二一七年，魯肅因病去世，好友諸葛亮也趕來出席他的葬禮。他此生致力於維護孫劉聯盟，促進三國鼎立之勢，是個深謀遠慮、目光長遠的人，早早就提出了與諸葛亮異曲同工的看法，可謂英雄所見略同。在外交方面，他從容不迫、有膽有謀，敢與關羽正面對峙，跟演義中的老實人形象大相徑庭……這些行走於亂世中的一幕幕身影，才交織出了真實的魯子敬。

80 《三國志．魯肅傳》：曹公聞權以土地業備，方作書，落筆於地。

3 羅貫中沒寫的張昭、程普、諸葛恪、陸抗

江東猛獸園位處東南部，占地利，與魏蜀並稱三大集團。董事長經歷了孫堅、孫策、孫權等人，前兩位英年早逝，後一位幸運的存活下來，領著職員們固守在長江那頭。

獸園裡有老職員也有新職員，老年組是孫堅和孫策的老臣，例如張昭和程普；青年組則是後期力量，多是原職員的後代，例如諸葛恪和陸抗。

下面有請老年組出場。

姓名：張昭
職位：吳國重臣
愛好：嘮叨孫權、嘴砲
技能：【嘴砲】張昭在場，減弱對方增益效果三〇％。

【平叛】化解對方一次策反行動。
提示：與張昭爺爺做朋友，記得戴耳塞啊。
他人印象——孫權：「孤與張公言，不敢妄也。」
個性簽名——「主公，老臣都說過多少次了？不准打老虎！」

孫權最怕什麼？怕張老頭，若把他比喻成動物，那就是頭牛，倔得很。

提起「託孤」，大家都會想起劉備白帝城託孤，但在東吳，其實也發生過託孤的一幕，且兩方所言竟然驚人的相似。

劉備去世前，對諸葛亮說：「若嗣子可輔，輔之；如其不才，君可自取。」

孫策去世前，將弟弟孫權託付給信任的大臣：「若仲謀不任事者，君便自取之。」看看，簡直一模一樣！那麼這位託孤大臣是誰呢？張昭。他起初是孫策的老員工，後來孫策遇刺，就開始了辛酸的家長生涯。

張昭，字子布，從年輕倔到年老。他年輕時和王朗、趙昱等人都是學霸，成年後更被舉薦孝廉，沒想到遭張昭拒絕；後來陶謙挺喜歡他的才華，想舉他為茂才（按：秀才），又被張昭拒絕。

陶謙大怒：「好哇，你看不起我？關起來！」張昭就這麼被關了進去，幸好最後被趙昱救出來。按理說，這種行為只會把好感度扣成負分，但後來陶謙病逝，張昭也沒想那麼多，就為他寫了悼文。

但亂世裡總不能不找工作吧？工作機會很快就來了。張昭跟著難民東奔西跑的時候，宿命般的遇到孫策，成為被重用的員工，且因工作能力強，很受到大家尊重。孫策是個好老闆，大小事都交給張昭處理，還恭恭敬敬的拜見過張昭的母親。當時大家一寫信，張口閉口就是張昭的好話，孫策也沒半點猜疑，還用齊桓公和管仲來比喻自己和張昭。

張昭極具人格魅力，不僅學識廣博，還寫得一手好書法，連說不出什麼好話的禰衡都打從心底佩服他。有一次劉表寫了封信要給孫策，看了又看，覺得挺好的，就得意洋洋的拿去給禰衡看，被禰衡嘲笑了一頓：「哈哈哈哈，就你寫的這玩意，是想讓孫策帳下的三歲小孩看嗎？確定是要給張子布看的？」[81]

孫策遇刺身亡後，將自己年少的弟弟孫權託付給張昭。張昭找啊找，終於在角落裡找到了嚎啕大哭的孫權，一把將他拉起來，扶上馬：「你可是你哥的繼承人，最重要的是繼承家業，

81　《典略》：余曩聞劉荊州嘗自作書，欲與孫伯符，以示禰正平，正平蚩之，言：「如是為欲使孫策帳下兒讀之邪，將使張子布見乎？」

別哭了，上馬！」張昭一邊把眼淚未乾的孫權扶上馬，帶著他巡視一圈，穩定大家的心緒，一邊安撫百姓，穩定混亂的集團內部。對於孫權來說，張昭的歲數和他爹差不多，無疑是個具威嚴的長輩，所以孫權對張昭又敬又怕，還帶著點青春期的叛逆。

張昭不光是在初期幫孫權安撫民心、平定叛亂，他最重要的貢獻，其實是輔佐孫權，教導一個孩子怎麼當老闆，偶爾順便展現一流的嘴砲功夫。西元二二一年，曹丕派使者邢貞封孫權為吳王；邢貞架子很大，連車都不下，張昭一步衝過去，指著他怒道：「夫禮無不敬，故法無不行。而君敢自尊大，豈以江南寡弱，無方寸之刃故乎！」

邢貞嚇得連忙下車：「我、我這就下來……。」

對於張昭的嘴砲，孫權也無可奈何。孫權喜歡喝酒，有一次在武昌喝得大醉，舉辦了一場潑水節，讓人往大臣身上潑水：「來來來，今天只有醉到栽進水裡才能停！」之後看張昭黑著臉、一言不發的起身就走，連忙把他叫住：「哎，大家開開心心的，你生什麼氣？」

張昭回道：「當年紂王酒池肉林，大家不也挺高興？」一句話就把孫權的興頭全解了。

孫權抽了抽嘴角，慚愧的說：「散了吧，散了吧。」由此可見，張昭所說的話，就像古板老爹對自家孩子的嘮叨，讓孫權的心很累，恨不得每次都把耳朵捂起來。

但孫權還是有自己的小叛逆，他和他哥孫策一樣，都喜歡出去打獵，打什麼？大老虎！他哥就是這樣死的啊！由於張昭反覆嘮叨，孫權只好特地做了輛打獵車，在車裡向老虎射箭。

孫權立丞相時，大家推薦信上的第一個名字就是張昭，結果被孫權推辭了：「宰相這個工作又苦又累，還是讓孫邵來吧！」後來孫邵去世，大家又推薦張昭，孫權這才說實話：「我不是不用子布，而是子布性格太剛烈，要是別人沒聽他的話，肯定會產生矛盾，沒什麼益處。」

孫權和張昭就這麼一邊吵架、一邊扶持著走了過來，但有一句話，已經憋在孫權心裡很久了，他不甘心始終被老頭兒的嘴砲壓制，決心找個機會反擊一下。

當初赤壁之戰在即，曹老闆叼著菸寫了一封威脅信過來，把張昭等人都嚇壞了。張昭表示：「曹操這麼厲害，我們還是先投降吧！」幸虧周瑜和魯肅站出來請戰，孫劉聯盟才擊潰了曹操的幾十萬大軍。

西元二二九年，孫權稱帝，終於找到機會出牌：「要是沒有周瑜，我可當不上皇帝呀！」他偷瞄張昭一眼，發現對方果然正端著酒杯醞釀感情，要好好的讚美一下：「臣……」孫權搶先開口：「當時我如果聽了張公你的話，現在估計正討飯呢！」使張昭慚愧得直流汗，完美扳回一局。

不過小小的扳回一局沒什麼用，張昭的牛脾氣一樣改不掉，每次進諫依舊板著張臉，孫權一看見他，心臟就突突直跳。張昭還曾因為說話太直，被宦官拒絕進門過。不久之後，張昭告老辭職，在家沒事就給《論語》什麼的作作注，孫權終於能鬆口氣。

但沒逍遙多久，孫權就忽然意識到張昭的重要性……某日蜀漢派使者過來自誇功績，那使者嘴砲能力一流，滿朝文官居然沒一個吵得過，孫權鬱悶得快吐血，心想要是本國嘴砲王張老頭兒還在，你們哪能這麼囂張？

第二天，孫權就去請張昭回來，想不到這倔老頭兒頭一仰：「對不起，咱已經沒愛了。」

待孫權撲通跪下，張昭又把頭一仰，嘮叨一通：「當初太后還有你哥，不是把我託付給陛下，而是把陛下託付給我。我想盡力輔佐陛下，但屢次違逆陛下的聖旨，還以為自己就要這麼被扔在陰溝裡了……。」

孫權：「對不起。」

「唉，沒想到啊，我今天又得以效忠陛下了，但我這顆愚心始終不會改變。」

孫權：「對不起。」

「所以呢，如果想讓我故意討陛下歡心，我是做不到的！」

孫權：「對不起。」然後老頭兒就搖頭晃腦的回來了。

好笑的是，這兩人和好沒多久，友誼的小船又翻了。西元二三二年，遠在遼東的公孫淵反叛魏國，寫信向孫吳稱臣，孫權高興極了，決定派使者過去。張昭第一個站出來不同意：「公孫淵是害怕挨揍才跑來的，萬一他改變主意，害得使者回不來，豈不是讓天下恥笑咱們？」

兩人就這麼吵了起來，滿朝對這種場面也已經習以為常。但這次吵著吵著，孫權再也不甘心一直被管，瞬間爆發了！他信手抄起一把刀怒道：「吳國人入宮拜我，出宮拜你，我對你的敬意已經夠高了，你卻屢次當著大家的面羞辱我，別怪我一時失手傷害你！」

面對暴怒著朝自己嚷嚷的孫權，張老頭兒這次沒開砲，只是注視了他很久。

半晌，張昭慢慢的嘆了口氣：「臣知道您不會聽的，但臣每次直言進諫，是因為太后臨終前叮囑臣的話，至今還迴響在臣的耳旁啊！」說完，老頭兒痛哭流涕。殿裡鴉雀無聲。

孫權匡噹一聲扔了刀，和老頭兒相對痛哭。哭完之後，還是派使者往遼東去了。

張昭一怒之下跑回家，再也不上朝，任憑孫權怎麼勸都不出來。孫權不禁再次大怒：「來人啊，用土把這老頭兒的家門封上，他以後再也不用出門了！」

張昭在門後同樣大怒：「來人啊，用土把家門從裡面封上，我再也不出門了！」

事實證明，不聽老人言，吃虧在眼前，沒多久孫權就得到一個壞消息——和老頭兒當初說的一樣，兩名使者果真沒回來，公孫淵又叛逃吳國了。這可怎麼辦呢？孫權又愁得派人去請老頭兒上朝。

張昭：「不去！」

經過三番五次的嘗試，最後孫權用了一個最原始的方法——要賴之後，張家門終於被推開，張昭在兒子的攙扶下，顫顫巍巍的走了出來。

孫權：「老頭兒……。」

張昭：「蠢孩子……。」兩人再次和解。這時候的張昭已經很老了。

西元二三六年，張昭去世，享年八十一歲，下葬從簡，連衣物都未換，諡號文。

倔老頭兒張昭作為兩代重臣，一生為國家貢獻無數，根據《江表傳》記載，**孫權對大多臣子都直呼表字，唯獨對張昭恭恭敬敬的稱呼張公**，可見張昭的地位之高。他們的相處模式，更像是一對冤家父子，一言不合就打打鬧鬧，卻誰也少不了對方。

沒有老頭兒在耳畔嘮叨、碎念的日子，孫權想必會長嘆一聲……原來缺了張公的日常，會如此冷清。

姓名：程普
職位：東漢將軍
愛好：輔佐孫家
技能：【護主重臣】抵擋對方針對主公的三次普攻。
提示：程普老爺爺的死亡詛咒有點可怕……千萬別讓他中意你。
他人印象——孫權：「故將軍周瑜、程普，其有人客，皆不得問。」
個性簽名——「難道我真的瞪誰誰死？好，老臣這就去瞪曹操！」

第二位出場的老員工，是程普，論資歷比張昭還要老些，從孫堅這一代開始輔佐。在周瑜這些毛頭小子還沒出場的時候，他已經跟著孫堅四處征戰，就像一匹浴血長嘶的老馬。

程普，字德謀，早年當過官吏，長相不錯，才華也不錯，跟著孫堅南征北戰，打黃巾軍、討董卓……處處都有他的身影。據《三國志》記載：「從孫堅征伐，討黃巾於宛、鄧，破董卓於陽人，攻城野戰，身被創夷。」我們可以看到一個戰功赫赫、滿身傷痕的將軍形象。

待孫堅英年早逝，程普與孫堅的舊部一同跟隨孫策，平定江東，繼續實現大業。

「策嘗攻祖郎，大為所圍，普與一騎共蔽扞策，驅馬疾呼，以矛突賊，賊披，策因隨出。」孫策打祖郎的時候，被敵軍團團包圍，程普領著一名騎兵拚死相護，策馬以矛突出重圍，救下了孫策的一條命。孫策感動得稀里嘩啦，回去就讓程普當了蕩寇中郎將、零陵太守。

在程普眼裡，孫策無疑是新的希望，可不能像他爹一樣早死，他拚了這條老命也要讓孫策活下來。萬萬沒想到，這時一個毛頭小子出場了——他和孫策同歲，據說是從小就認識的好朋友，出場時孫策還親自前去迎接。

孫策：「嘿嘿，大家好，他叫周瑜，跟我是總角之交。」

程普不喜歡這小子，感覺對方看起來就沒什麼實力，能輔佐好孫策嗎？因此，他對別人都很好，唯獨對這小子不好，經常出言挖苦，周瑜卻絲毫不計較。後來程普發現周瑜還挺有才華的，好感度才慢慢提升。

然而，孫策也英年早逝了，第二次將程普燃起的希望熄滅。

兩次失去主上的痛苦讓程普懷疑人生，幸好還有孫權在，程普就這麼作為三代老臣繼續征戰，平定山賊，在赤壁之戰與周瑜一起大敗曹操，又於南郡大破曹仁。赤壁之戰時，他和周瑜分別擔任左右都督，在這一戰中，程普終於看見這個毛頭小子的真正才華，消除對他的偏見。

看著周瑜意氣風發的模樣，程普由衷的感到欽佩，經常對別人提起：「**與周公瑾交，若飲醇醪，不覺自醉。**」後來……周瑜英年早逝了。

這下子程普終於確定了，不是孫家命不好，而是他一旦看中誰，誰就容易先被天收回。無奈歲月不允許他再將希望押在下一個年輕人身上，不久之後，程普也與世長辭。

身為三代老臣，程普確實為了孫家奉獻一生，戰功赫赫，只是太多年輕人先後離他而去，令程普十分痛惜……究竟何時，江東才能變成自己希望中的模樣呢？

姓名：諸葛恪
職位：東吳丞相
愛好：拍馬屁、毒舌、立功
技能：【思維活躍】善於奉承，每回合恢復主公五％血量。
【黑化】諸葛恪受到攻擊後，人格黑化，有機率攻擊己方。
提示：他能用最動聽的語言哄得你開開心心，也能用最無情的毒舌損得你身心俱疲。
他人印象——孫權：「恪剛愎自用。」
個性簽名——「我是做大事的人！」

江東集團老年組登場結束，讓我們攙扶張公和程公下臺；現在有請青年組的傑出代表之一出場！

他姓諸葛，從小智商、情商極高，被譽為神童；他口才一流，才思敏捷，在主公病危之際被任命為託孤大臣。他，就是咱們鼎鼎大名的諸葛……恪！

諸葛恪是江東重臣諸葛瑾的兒子，諸葛瑾是諸葛亮的親哥哥。

諸葛瑾，字子瑜，受薦來到東吳集團任職，很受上司孫權的信賴。作為內部人員，他見證了一系列大小戰役，但他的表現並不是很突出，甚至業績平凡。這樣一名下屬，為什麼會屢屢得到孫權賞識？這和他的性格和做人方式有關。

諸葛瑾從不直接進諫，而是慢慢的、慢慢的透露出一點點，一旦看出孫權稍有不贊，便立刻轉移話題，繞了一圈再重新引入，所以孫權很容易接受他的意見，而這就是說話的技巧。另外，孫吳集團後期十分混亂，對孫權來說，諸葛瑾是讓他感到安心的一股清流。放眼這一生，諸葛瑾固然沒有做過太出色的事，但他的氣度仍值得後人欣賞。

諸葛恪自小就和他爹不一樣，嘴砲技能一流，講笑話技能也一流。

諸葛恪，字元遜，能被稱為神童，自然有他的故事……諸葛瑾的臉很長，某天，孫權牽來一頭驢，在驢臉上掛了個標籤「諸葛子瑜」，取笑諸葛瑾的臉像驢臉。突然，場中走出個小男孩，就是年幼的諸葛恪：「請讓我在上面添兩個字。」

孫權一聽，也挺好奇這小孩想幹麼，就同意了。只見年幼的諸葛恪在標籤上添了「之驢」

二字，成功化解孫權的嘲諷，後來孫權覺得諸葛恪挺機智，便把驢賞給了他。

到了弱冠，諸葛恪被任命騎都尉，成為太子孫登的賓友。孫登某日損他：「吃屎啦你。」

諸葛恪回：「那我希望太子你吃雞蛋。」

孫權：「為什麼人家損你，你反而希望人家吃雞蛋？」

諸葛恪：「因為都是從同一個地方出來的啊。」孫權大笑。

還有一次，孫權問他：「你爹和你叔父諸葛亮比起來，誰更厲害啊？」

諸葛恪：「當然是我爹。」

「為什麼？」

「因為我爹知道服侍誰，我叔父卻不知道啊。」孫權又大笑。

有次蜀國使者過來，孫權叮囑使者：「諸葛恪喜歡騎馬，你回去告訴你們家丞相，給他侄子選匹馬過來。」

馬還沒來，諸葛恪就拜謝孫權。孫權覺得挺奇怪：「你幹麼謝這麼早？」

諸葛恪：「蜀國就好像陛下的馬廄一樣，陛下這邊有令，那邊就能送馬過來，我怎麼敢不謝？」孫權又又大笑。

不過，光討好上司是不夠的，諸葛恪甚至展現了新一代嘴砲王（繼張昭之後）的才能，當眾跟張昭老頭兒鬥過嘴。宴會上，孫權要他為大家倒酒，張昭偏不喝：「這樣勸酒，可不符合尊敬老人之禮。」

孫權問諸葛恪：「你有沒有辦法讓張公喝下這杯酒？」

諸葛恪：「昔姜尚父（姜太公）年九十，秉旄仗鉞（按：音同月，武器名），未嘗言老。今臨陣之日，先生在後；飲酒之日，先生在前，何謂不養老也？」張昭抽抽嘴角，把酒乾了。

還有一次，孫權看見一隻白頭鳥落在殿前，隨口問道：「哎，誰知道這是什麼鳥？」

諸葛恪：「這個啊，是白頭翁。」

滿頭白髮的張昭覺得被暗諷，很不爽：「我怎麼從來沒聽說過有白頭翁，有的話，你能找出一隻白頭婆嗎？」

諸葛恪：「又不是所有的鳥都成雙成對，你聽過鸚母，可你聽說過鸚父嗎？」

張昭：「……。」經常被張昭嘴砲的孫權倒是看得很開心。

《諸葛恪別傳》裡還記載了這麼一件事——諸葛亮派費禕去跟東吳重新結盟，趁著費禕還沒來，孫權先囑咐宴會上的大臣們：「等等費禕來了，你們低頭吃飯就行了，別起來。」

過了一會兒，費禕來了，大臣們果然都低頭吃飯。

費禕賦詩一首：「唉呀……鳳皇來翔，騏驎吐哺，驢騾無知，伏食如故。」

大臣們：「噗。」

這時諸葛恪也賦詩一首罵了回去：「爰植梧桐，以待鳳皇，有何燕雀，自稱來翔？何不彈射，使還故鄉！」

費禕：「……噗。」

和老爹相比，諸葛恪的事業心更重，其於政治上的初次貢獻是平定山越。當時他自薦去平定山越，三年可以徵募四萬人。山越人人尚武，多年來誰也管不了，大家都覺得這小子瘋了，連他爹諸葛瑾都急得直跺腳：「恪不大興吾家，將大赤吾族也！」

孫權：「這……既然他一直吵著要去，就讓他去吧！來，給他三百人，敲鑼打鼓為他助陣！」三百人加上敲鑼打鼓，簡直就是哄孩子，但諸葛恪還是去了，命令士兵搶收當地糧食，讓山越人沒糧食吃，不得不下山歸降，之後又下令不得拘禁投降的山越人，才使得山越人卸下防備。

三年後，諸葛恪居然真的得了十萬人，四萬人編入軍隊，一萬人自己統領，其餘的平分給其他將領。他順勢向孫權提議：「接下來我要去打壽春，行不行？」

孫權：「時機不對，不行。」

在託孤大臣的人選上，孫權覺得諸葛恪剛愎自用，不太想召他來，但在孫峻的堅持下，諸葛恪還是成了託孤大臣。待孫權駕崩，跟諸葛恪不和的孫弘隱瞞消息，想趁機除掉諸葛恪，結果被諸葛恪反殺。

孫權去世後，諸葛恪隱藏了自己的毒舌性格，當了一陣子的好人，還贏了與魏軍對峙的東興之戰。後面一段時間裡，他罷視聽（取消監視官民情事）、息校官、原逋責（免掉拖欠的賦稅）、除關稅，深得民心，每次出行都引來不少百姓圍觀。

但諸葛恪從小到大太過順利，造就了他驕縱的性格，贏得東興之戰也讓他更加輕敵，果然於東吳第五次合肥之戰，迎來一大敗筆。

西元二五三年，他率領二十萬大軍伐魏，進攻合肥。合肥是個神奇的地方，也是讓孫權獲得外號「孫十萬」的地方。當時合肥城郊的軍事性城池新城，只有張特領著三千人固守，於強攻之下，他佯裝投降，一轉身又加強防禦，使得吳軍久攻不下，後來還爆發了瘟疫，無疑是雪上加霜，死傷越來越嚴重。

「報──士兵們死傷太嚴重，我營已死了幾十人！」

諸葛恪不信，覺得是詐報，隨即大怒：「你們這群傢伙唬我，拖出去砍了！」

經過數個月的戰鬥，即使吳軍死傷慘重，諸葛恪仍不撤退，直到朝廷多次下詔才回去。

生平第一次如此慘敗，讓諸葛恪更沉不住氣，漸漸走上黑化的道路，民怨亦越發嚴重；一直窺伺權力的孫峻趁著這次機會，以權重鎮主為由，和孫亮謀劃宴會殺局[82]。當天孫峻擔心敗露，特意試探一句：「倘若您身體不適，可以改日再見。」

諸葛恪渾然不覺：「無妨，我會去朝見陛下的。」

散騎常侍張約和朱恩覺得氣氛怪怪的，寫了字條塞給諸葛恪，要他回去。諸葛恪正想回去，半路遇見不知此計的路人甲滕胤，道：「唉呀，我忽然肚子疼，不能進去了。」

82 《三國志》：孫峻因民之多怨，眾之所嫌，構恪欲為變，與亮謀，置酒請恪。

滕胤：「您都已經到門口了，怎麼能回去呢？」

諸葛恪只好帶著劍折回宴會場，但心有提防，不敢喝陛下賜的酒。一旁的孫峻見狀連忙說：「您身子不適，可以喝自己帶的藥酒嘛。」諸葛恪這才安心了一點。

酒過三巡之後，孫亮找藉口回去，孫峻則藉著如廁的機會換了身短衣，提劍砍殺諸葛恪：「捉拿諸葛恪！」

殿內見血，旁人張約拔劍出鞘，傷了孫峻的左手，孫峻一劍還擊砍下張約右臂。此時士兵們已經衝入殿內，孫峻隨即吩咐打掃好屍體與血跡，自己繼續飲酒。殺局落幕，諸葛恪身死大殿，被誅三族，享年五十一歲。

回顧這一生，他出身於諸葛家族，從小便獲得來自各方的支持，讓他能盡情施展自己的才華，但也造成了他的輕敵，導致後期性格黑化，惹來了滅三族的悲劇。

當年童謠有云：「諸葛恪，蘆葦單衣篾鉤落，於何相求成子閣。」這裡的成子閣為石子岡的反語，而石子岡是埋葬死人的地方；整句話的意思是諸葛恪被葦席裹身、竹篾當束腰帶（鉤落帶）鉤在腰間，拋屍於石子岡——一語成讖。

姓名：陸抗

職位：吳國大將軍

愛好：與羊祜交朋友、守國

技能：【羊陸之交】啟動人格魅力，每回合削弱敵方武將攻擊力五％。

【守國之將】每回合增加自身防禦力五％。

提示：其人寡言、低調，得像羊祜那樣元氣滿滿的送禮，才能增加好感度。

他人印象——何充：「所謂陸抗存則吳存，抗亡則吳亡者。」

個性簽名——「你的熱情讓我手足無措。」

接著登場的是青年組最後一位：吳國最後一位名將——陸抗，他身上有股善於隱忍、堅毅果斷的狼性。

「不好啦，孫權握著您老爹的二十條罪狀來捉您啦！」

陸抗，字幼節，是陸遜的兒子。才剛葬父謝恩，孫權忽然一翻臉：「看，這是楊竺告發你老爹的二十條罪狀，你要怎麼辯解？」陸遜生前跟孫權不和，孫權因此經常批評陸遜，把陸遜氣死之後，還想繼續找陸抗的麻煩。

孫權萬萬沒想到的是，陸抗表現得非常淡定，從容不迫的逐條回答，順利將陸遜洗白，孫權對陸遜的憤怒也隨之漸消。當時為西元二四五年，陸抗僅二十歲，剛登上吳國後期的舞臺，難得的是，和身為新生代毒舌代表的諸葛恪不同，他個性清白坦蕩。

西元二四六年，孫權將他升為立節中郎將，與諸葛恪交換防守區域，換諸葛恪來武昌，陸抗去柴桑。諸葛恪將爛攤子甩給陸抗，到了武昌卻傻眼了，只見武昌軍營嶄新無損，顯然陸抗毫不計較恩怨，臨走之前還先打掃過，令諸葛恪十分慚愧。

身為一匹戰狼，陸抗最光輝的戰績，莫過於西元二七二年的西陵之戰，下面我們來詳細講講始末。

暴君孫皓上位之後，一言不合就砍頭，搞得眾臣人心惶惶。某日，一名叫步闡的西陵鎮將忽然收到召令，得知孫皓要他前往武昌。考慮到自己長期居於西陵，此命令太過突然，再加上孫皓暴虐不仁，步闡嚇得心臟一顫：「我的媽呀，肯定是我失職要被幹掉了！不行、不行，我得跑路……往晉那邊跑！」於是迅速投奔西晉。同年十月，陸抗臨危受命領人進攻西陵，晉武帝這邊則派兵支援步闡，同時派車騎將軍羊祜領五萬大軍進攻江陵。

是去救江陵，還是打西陵呢？陸抗做了令人費解的決定：「我們先不打架，先在西陵這邊修一堵新城牆，在江陵那邊修個湖。」

原來西陵的防禦設施都是陸抗當初安排的，他知道實力有多堅強，根本無法一下攻克。萬一晉軍來打自己，自己又沒什麼防禦，豈不是要提前結束了？但士兵們累得要死，紛紛表示不滿：「我們又不是工兵！我們要去打西陵！」

其中有個叫雷譚的太守鬧得最厲害，於是陸抗想了想，道：「好吧，你不是要去打西陵嗎？那你去吧。」

雷譚奉命去了，卻心情低落的回來，一問怎麼了，才知道果然打不下來。

當聽說羊祜領著五萬大軍來打江陵，大家紛紛要求將陣地轉移過去，又被陸抗拒絕了：

陸抗：「呵呵。」

「放心吧，江陵堅固的呢，這我心裡有數；不過西陵不一樣，西陵緊挨著少數民族，要是讓西陵的步闡和他們聯合進攻，那可就糟了。」既然羊祜是帶著幾萬步兵來的，那麼修水路不就能把步兵攔住嗎？當初被士兵們怨聲連天修好的湖泊，就是這個作用。

眾將士：「啊……他說得好有道理……。」

「報──不好啦，羊祜說要炸堰壩啦！」

眾將士：「……。」

陸抗：「行啊，那咱們幫他一把。來人啊！給我拆了堰壩！」眾將士滿頭問號。

下面我們來隨機訪問一位正在做事的士兵：「哎兄弟，請問你有什麼感想？」

不願透露姓名的士兵：「我是來打仗的，又不是來打工的，轉眼間來這裡都幾個月了，卻整天修城牆、挖湖泊；修完了，本以為好了，這下主帥又下令毀了堰壩，開什麼玩笑啊！」

我們繼續採訪陸將軍：「請問陸將軍，您這是有什麼打算呢？」

陸抗：「羊祜他說是，就是『不是』；不是，就是『是』，你懂嗎？」

「啊？」

後來，羊祜領著幾萬大軍，努力的運著船來了，沒想到一看傻眼了，湖呢？

原來羊祜也不是普通角色，他早聽說陸抗修水路，便故意放出毀堰壩的假消息，實際上是忙著準備船隻，把自己的陸軍變成水軍。這點盤算沒能躲過陸抗的推測，於是陸抗提前把堰壩毀掉，等羊祜一到，那麼大一個湖泊，已經全部變成泥塘，羊祜只好又改用車運糧，耽誤了不少時間。當羊祜終於趕到，陸抗已經打敗西晉援軍，局勢徹底逆轉，羊祜只好撤回。後來陸抗轉戰西陵，將叛變的步闡誅三族，剩下的上千跟隨者則統統赦免，保全了千條性命。

西陵之戰可謂東吳滅亡前最後一場漂亮的勝仗，延長了東吳的性命，讓晉不敢貿然進攻。根據《三國志》記載，陸抗在打勝仗之後依然「貌無矜色，謙沖如常，故得將士歡心」。

這場戰役還意外讓陸抗得到了一位好友——羊祜。

思及伐吳不是這麼簡單的事，吳國還有人才，羊祜遂採用懷柔政策，漸漸和敵對的陸抗建立起友誼。起初兩人都只是為了維持和平，表面上做做樣子，然而這層關係越來越深厚，最後變成了真正的君子之交，史稱「羊陸之交」。

陸抗心繫國家，見孫皓荒淫無度，遠在西陵的他多次上書勸告，均無用。西元二七四年，陸抗因病逝世，病逝前曾勸孫皓守西陵，孫皓再次無視，不過當時王濬已經開始訓練水軍，準備伐吳。五年後，和陸抗所擔憂的一模一樣，王濬果然直奔東吳而來。

晉人何充曾感嘆：「所謂陸抗存則吳存，抗亡則吳亡者。」陸抗可說是猛獸園裡，最後一匹有血性的狼。

4 寫弱呂蒙、漂白甘寧、陸遜滅戲分

姓名：呂蒙
職位：吳國都督（第三代）
愛好：讀書
技能：【絕地逆襲】我方不利狀態下，呂蒙戰鬥力增加。
【白衣渡江】呂蒙刺殺敵方一員大將。
提示：日常找他讀書可增加好感。
他人印象——魯肅：「呂子明，吾不知卿才略所及乃至於此也。」
個性簽名——「不讀完所有的書我就不改簽名！」

東吳表彰大會，現場十分熱鬧。

孫權激動的拿起話筒：「多年來，很多武將自稱學渣從不讀書！但沒有知識怎麼打仗？我無數次相勸，終於獲得成效——呂蒙同學發憤圖強，士別三日當刮目相待，接下來我們歡迎呂蒙上臺！」

呂蒙：「都是主公栽培得好啊，主公辛苦了。」其實他覺得自己是頭蠻熊，從沒想過能逆襲成功，不過東吳逆襲的人還真不少，比如混過黑道的壞脾氣甘寧，又比如一步步走上來的假新人陸遜。呂蒙以前走的是純武將路線，在老闆的建議下，才開始轉型智武雙全，從江東猛獸園裡一頭憨厚的熊，轉為一頭聰明的熊。

呂蒙，字子明，姐夫名為鄧當，在孫策底下做事，呂蒙從小就跟著姐夫鄧當生活。有天鄧當去打強盜，忽然發現隊列裡有個背影很像呂蒙，連忙出聲叫喚，待對方一回頭，果然是十五、六歲的呂蒙。

鄧當：「你這孩子給我回來！」

呂蒙：「我偏不！」

回來之後，鄧當氣沖沖的把這件事告訴呂蒙他娘，呂蒙他娘當然也很生氣：「去給我跪洗衣板！」

呂蒙回：「日子貧賤，難以過下去，說不定我可以獲得功勞、迎來富貴呢！更何況不入虎穴，焉得虎子呢？」這番話澆滅了大家的怒火，呂蒙他娘也不禁鼻子一酸，沒再攔著。

從此呂蒙經常跟姐夫一起出征打仗，不少官員嫌他太幼齒，有人甚至輕蔑的羞辱他：「你這小子有什麼能耐？你若出戰，不是擺明拿肉去餵老虎嗎？」
士可殺不可辱，呂蒙一怒之下殺了官吏，把刀丟掉後逃到同鄉人家裡去，後來經過校尉袁雄的勸說，主動出來自首。孫策覺得這小子有過人之處，沒追究什麼責任，還將呂蒙安排在自己身邊。幾年後鄧當去世，經由張昭推薦，呂蒙接替姐夫的工作，開始了狂立戰功的生涯。
討伐黃祖時，身為先鋒的呂蒙殺了同是先鋒的陳就，黃祖一聽說陳就死了，趕緊丟盔卸甲逃跑去，後來還是被士兵們捉住。這次戰績讓孫權十分滿意：「咱們能成功，完全是先殺了陳就的緣故啊！」
呂蒙還和周瑜、程普在赤壁之戰中打敗了曹操，其戰略天賦初露頭角。戰後，曹仁圍困甘寧，在呂蒙的提議下，周瑜擊潰了曹仁，東吳平定荊州。
孫權非常欣賞呂蒙的成績，但讓他發愁的是，這小子不愛看書，該怎麼辦呢？孫權就勸呂蒙：「阿蒙啊，你如今手握重權，怎麼能不學習呢？」
呂蒙一聽，頭疼：「我……我工作忙，沒空……。」
孫權：「臭小子，難道我是讓你去當學者？你就粗略的翻翻書行不行？你忙，我還比你更忙呢，連我都經常抽空讀書，你怎麼會沒辦法讀？」
「好、好吧。」呂蒙開始硬著頭皮啃書，沒想到看著看著，頭沒那麼痛了，反倒覺得讀書挺有意思的，就這麼慢慢的補上了自己缺少的文科，還讓魯肅刮目相看。
時值周瑜病逝，魯肅接任的途中路過呂蒙駐地。魯肅是學霸中的學霸，本來看不起大字不識一個的呂蒙，不過有人跟他說：「子敬啊，呂將軍戰功赫赫，你不能總拿有色眼鏡去看他，走吧，我們去拜訪拜訪他。」他還是聽從了建議。

兩人酒過三巡，呂蒙問魯肅：「您和關羽相鄰，要用什麼方法來預防意外發生呢？」魯肅正喝得醉醺醺：「這個……看情況吧。」呂蒙一聽，發覺自己的機會來了，便認認真真的向魯肅分析了一遍局勢，全程條理清晰、言語流暢。

魯肅聽得目瞪口呆，隨後激動的站起來，越過酒席拍拍呂蒙的肩膀：「行啊阿蒙，我還真沒想到，你已經這麼有才華了！以你的才能，已經不是當年那個吳下阿蒙了！」[83]

呂蒙嘿嘿一笑：「士別三日當刮目相待嘛，老哥你知道得太晚啦。」

呂蒙繼續更新戰績，在樊城之戰前幾年，達到了此生巔峰的業績之一——智取三郡。西元二一五年，在孫權派遣下，呂蒙率兩萬士兵去奪長沙、桂陽、零陵三郡，其餘兩郡相繼投降，唯獨零陵太守郝普死不投降。此時劉備也派關羽至益陽搶地盤，孫權便調魯肅前去抵禦關羽，又急召呂蒙放棄零陵，過來支援魯肅。

呂蒙見信，一點也沒聲張，反而布置戰略，指示軍隊天亮就攻城。原來呂蒙這時候剛攻陷長沙，正在趕往零陵的路上，半路找到郝普的朋友鄧玄之，要鄧玄之帶著假軍情去勸誘郝普，郝普一聽不得了，信以為真，趕緊收拾收拾東西投降了。

不久後，郝普出城，呂蒙親自迎接，兩人先是閒聊了一通，然後呂蒙忽然把孫權的信亮出來：「你看，哈哈哈哈！」郝普細看信中內容，才知道自己中計了。

呂蒙的第二個巔峰業績，是智擒關羽，兩次業績都說明了，呂蒙已然是個合格的智將。好友魯肅去世後，呂蒙繼任了都督的職位。和溫和派的魯肅不同，呂蒙一看關羽，就知道對方有野心，以後肯定會出事，便悄悄的備戰，表面上和關羽打好關係。西元二一九年，樊城之戰，呂蒙命數萬精兵埋伏於船，部分則假扮商人，如此騙過蜀軍，白衣渡江、兵不血刃，進據江陵；關羽得知消息後退走麥城，遭半路截殺。

此戰之後，呂蒙足足被賞錢一億、黃金五百，封孱陵侯，儘管呂蒙以身體虛弱請辭，但孫權不許，可惜呂蒙還來不及封侯便發病了。孫權很難過，每次看到郎中替病榻上的呂蒙針灸，他就更難過了，想多看看呂蒙，但又怕打擾病人休息，這該怎麼辦呢？

孫權：「來人啊，給我在牆壁上鑿個孔。」鑿完之後，孫權彎著腰，從小孔裡悄悄觀察呂蒙。每當看到呂蒙病情好轉，孫權就開心的不得了，甚至設宴慶祝；每當看到呂蒙病情惡化，孫權就愁得睡不著覺。

呂蒙在孫權的內殿與世長辭，享年四十二歲。孫權聽說他臨死前叮囑一切從簡，將生平得到的錢財都還給朝廷，不禁更加傷心。由於呂蒙和甘寧等人死於同一年，所以有後人猜測病因

---

83 《三國志・呂蒙傳》：魯肅代周瑜，當之陸口，過蒙屯下。肅意尚輕蒙，或說肅曰：「呂將軍功名日顯，不可以故意待也，君宜顧之。」遂往詣蒙。……肅於是越席就之，拊其背曰：「呂子明，吾不知卿才略所及乃至於此也。」

為瘟疫。

從少年起，呂蒙英勇果斷，之後虛心讀書，終於充實了自身見識，成為有勇有謀的名將，獨當一面。對於孫權而言，這名不可多得的人才，用孫元晏的詩恰能形容其一生：

幼小家貧實可哀，願征行去志難回。不探虎穴求身達，爭得人間富貴來。

姓名：甘寧

職位：吳國將軍

愛好：打架、殺人

技能：【殘暴】一擊必殺的機率增加二〇%。

【抗旨】偶爾不聽主公之命，擅自改變攻擊目標。

提示：簡單的說……別惹他。

他人印象——孫權：「甘興霸雖粗豪，有不如人意時，然其較略大丈夫也。」

個性簽名——「看什麼看？沒看過簽名檔啊？」

呂蒙是學渣逆襲，他的同事甘寧卻是黑社會洗白。

甘寧，字興霸，本人也十分霸氣。二十歲以前的他是混黑道的，經常集結一群不務正業的社會青年四處亂竄；由於幫派制服是用錦做的，連繫船的繩子也是錦繩，靠岸之後就割掉拋棄，所以大家都叫他們「錦帆賊」。

幫派大都有個信物，那錦帆幫把什麼當作信物呢？鈴鐺。正因如此，百姓們只要一聽見「叮噹」一聲，就知道這群錦帆賊來了，最好趕緊跑路。

這樣的時光持續到二十歲，甘寧覺得應該幹點正事了，就不再繼續橫行霸道，而是前去投奔劉表。但荊州刺史劉表並不是個好領導者，甘寧又打算去投奔孫權，沒想到半路過不去，只好投奔江夏太守黃祖，卻在黃祖這邊受了委屈，幸好同事蘇飛找到機會，讓他帶兵投奔東吳，成功轉入孫權麾下。

赤壁之戰時，甘寧隨周瑜打跑曹老闆之後，被曹仁圍住。當時曹仁有五、六千人，甘寧只有一千人，數量相差十分懸殊。

曹軍：「投降不殺，不然放箭！」箭雨嘩啦啦就飛了過來，把士兵們嚇個半死，只有甘寧淡定自若，向周瑜求援，周瑜遂在呂蒙的計策下擊退曹軍，解了圍困。而甘寧不懼箭雨的鎮定模樣，給眾人留下深刻的印象。

甘寧另一個震驚眾人的大業績，是領人夜襲曹營。西元二一三年，曹操帶了足足四十萬大軍，來到濡須口。孫權密令甘寧夜襲曹老闆大營，甘寧便挑了一百人喝酒吃肉，準備夜襲。他手下的都督跪在地上不敢接酒，甘寧一下就火了：「我都不怕死了，你還怕死？」那都督嚇了一跳，連忙蹦起來接酒，一口喝乾。

當夜二更，甘寧領著這一百人潛入曹營，殺了進去，等到曹營驚惶點燈，甘寧已經取了十多個首級回營了。孫權見狀挺開心的：「曹老頭這次嚇壞了吧，哈哈哈哈！」

曹操駐了一個月就回去了，事後孫權感慨：「孟德有張遼，孤有興霸，足相敵也！」

在此之後，甘寧還跟著孫權參與過合肥之戰，在孫權被打得抱頭往回跑時，甘寧與呂蒙一同拚死護主，又幸虧凌統拚殺，孫權才成功逃出。

甘寧和呂蒙是朋友，和凌統卻是敵人——早年投奔黃祖的時候，甘寧射死了凌統的父親。有一次宴會，凌統拎著刀起舞，對面甘寧也起來尬舞：「我能以雙戟為舞！」呂蒙一看不妙，唯恐兩人要打起來，連忙拎著刀和盾衝過去，把兩人隔開。後來孫權知道凌統的意圖，雖已命令凌統不得記恨甘寧，但還是讓甘寧和麾下士兵遷徙屯於半州。[84]

難得的是，這兩人雖然平日結仇，關鍵時刻卻能同仇敵愾。

幫派出身的甘寧，當年混黑道的一個精神沒拋棄，那就是重義氣。他跟著孫權擒獲了黃祖後，孫權笑呵呵的唸叨：「來來來，給你看看……我已經準備好兩個匣子啦，一個裝黃祖的腦袋，一個裝蘇飛的腦袋唷。」

蘇飛嚇個半死，趕緊向甘寧求情。甘寧拍拍胸脯：「就算你不說，難道我能忘了你當初的恩情？」隨即轉身去找孫權，在慶功宴上跪下開始磕頭。

孫權：「你、你、你幹什麼？有話好好說……。」

甘寧抬起冒血的頭：「蘇飛他對我有恩，請您放他一條生路！」

「那他要是跑了怎麼辦？」

「那您就把我的腦袋裝進匣子裡。」

「行行行，你快起來吧。」

不過，甘寧混黑道時的缺點一樣沒拋棄，一言不合就黑化，因為性格殘暴脾氣差，踹翻了不少友誼小船，他和呂蒙的小船就差點翻溝。當時甘寧手下一個廚房小童做錯事，躲在呂蒙這裡，呂蒙怕甘寧一氣之下殺人，就把小童藏起來。

甘寧果然找上門了，首先跟呂蒙的母親寒暄一番：「老太太最近過得不錯啊。」

看到甘寧還這麼和顏悅色的問候自己母親，呂蒙想了想，還是把小童還給了甘寧。甘寧也答應他：「你放心，我肯定不殺。」誰知道回去之後就把小童綁在樹上，親自用弓箭射殺。

呂蒙知道後大怒：「你信不信我揍死你！」

---

84 《吳書》：凌統怨寧殺其父操，寧常備統，不與相見。權亦命統不得讎之。嘗於呂蒙舍會，酒酣，統乃以刀舞。寧起曰：「寧能雙戟舞。」蒙曰：「寧雖能，未若蒙之巧也。」因操刀持楯，以身分之。後權知統意，因令寧將兵，遂徙屯於半州。

眼看他倆就要斷絕友誼，幸好老太太及時出面，勸解了呂蒙一頓；呂蒙是個孝順的人，覺得有道理，扔了武器就跑去找甘寧：「興霸，上來吧，老太太等著你吃飯呢！」一見對方這樣，甘寧也覺得挺不好意思，於是跟呂蒙和好，一起拜見老太太吃飯去了。[85]

西元二二〇年，甘寧去世。

甘寧一生屢立戰功，勇猛仗義，為人卻又殘暴易怒，一言不合便要殺人，有時甚至不太聽孫權的命令，對於主公而言，是張難駕馭的好牌。幸好他碰見了孫權，將所有光芒散發出來，畢生馳騁戰場，難怪陳壽曾稱讚他是「江表之虎臣」。這般火焰將熄之日，餘暉依然燦爛。

姓名：陸遜

職位：吳國丞相

愛好：種豆下棋、出謀劃策

技能：【偽裝新人】使敵方攻擊偏移，每回合增加我方防禦三％。

【一鳴驚人】若三回合內不被攻擊，陸遜打出雙倍暴擊傷害。

提示：想增加好感？學孫權狂送禮就對了。

他人印象——呂蒙：「陸遜意思深長，才堪負重，觀其規慮，終可大任。」

個性簽名——「謝謝，您給臣的已經夠多了。」

如果說甘寧是熱烈的火焰，那麼陸遜則是綿長落於東吳大地的細雨；和兒子陸抗比起來，陸遜更像是隻不鳴則已、一鳴驚人的鵬鳥。

陸孫兩家的關係很微妙，一開始竟是仇人。

陸遜，字伯言，本名陸議，生於江東大族，早年即喪父，由祖父廬江太守陸康帶大。後來袁術向陸康索取糧食，遭陸康拒絕，袁術一怒之下派孫策圍城，兩年後陸康病逝，提前將陸遜轉移至吳郡。當陸遜來到孫權手下做事，孫權有意拉攏陸家，便將孫策的女兒嫁給陸遜，從此仇家變親家，陸遜成為孫權幕僚，平定山越、討伐賊寇，嶄露頭角。

陸遜在樊城之戰中表現不俗，他自稱白衣書生，使關羽和劉備相繼大意，將佯裝新人的技能發揮到極致；夷陵之戰更是他此生最傳奇的一次戰績，讓蜀國無功而返。

後來劉備退回白帝城，聽說魏國進軍吳國，便寫了一封信給陸遜：「賊今已在江陵，吾將復東，將軍謂其能然不？」

陸遜回覆道：「但恐軍新破，創痍未復，始求通親，且當自補，未暇窮兵耳。若不惟算，欲復以傾覆之餘，遠送以來者，無所逃命。」蜀軍兵敗不久，與吳軍合作才是休養生息的最好辦法，否則恐怕會全軍覆沒，屆時吳軍肯定會再次和蜀軍對陣。

85《三國志》：寧廚下兒曾有過，走投呂蒙。蒙恐寧殺之，故不即還。……與蒙俱還見母，歡宴竟日。

劉備去世後，兩國恢復交好，孫權讓陸遜負責和諸葛亮通信，還命人刻了自己的玉璽，放在陸遜那裡，每次孫權寫信給蜀國，都會先給陸遜過目一遍，如果陸遜覺得哪裡不對，可以直接修改後發出。此外，作為君臣，陸遜所提出的意見，孫權大都贊同，可見兩人關係有多親密。也就是在陸遜的建議下，吳國眾將耕種農田，廣施恩澤，停收戶稅。

從上述的器重程度來看，孫權對陸遜的賞賜，自然也是其他臣子難以比肩的。例如石亭之戰過後，孫權特別滿意，便把自己的車蓋送給陸遜，然後開心的解下自己的金環腰帶，親自幫陸遜戴上，又送了綵縉（按：彩色的絲帛）、丹漆。

陸遜：「謝陛下。」

之後孫權召開宴會，要大家盡情喝酒，並於酒酣之際嚷嚷：「愛卿來……來給朕跳舞！」

陸遜：「好的，陛下。」

「愛卿來……來，朕給你跳舞！」看著屢立奇功的陸遜，孫權越看越喜歡，高高興興的解下白鼲子裘送他，還跟陸遜一起跳舞。

又例如當初公孫淵斬使者，孫權大怒：「我要帶兵砍死那小子！」

眾臣：「不行、不行……。」

孫權：「你們都別拉我！」

唯有陸遜上疏：「望陛下三思。」才打消了這個念頭。

西元二四四年，陸遜被任命為丞相，史冊記載「陸遜多沉慮，籌無不中」。他一生正直，厭惡諸葛恪的為人，曾與諸葛恪說過：「在我前者，吾必奉之同升；在我下者，則扶持之。今觀君氣陵其上，意蔑乎下，非安德之基也。」後來諸葛恪果然被刺殺於殿內。

陸遜的性格特點，恰如其名，十足謙遜。會稽太守淳于式曾上表告狀，說陸遜違法徵民；陸遜回來之後跟孫權談話，反而談及淳于式是個好官，孫權很疑惑：「他告你的狀，你怎麼還推舉他？」

陸遜淡淡回答：「淳于式的目的是為了百姓，如果我再反過來詆毀他，以亂聖聽，這類風氣不可增長。」

孫權被陸遜的風度折服：「這是長者才能做到的事，一般人做不到啊。」

陸遜跟隨孫權四十餘年，統領軍政，有「社稷之臣」之稱。從什麼時候起，這場綿綿細雨被孫權親手扼殺了呢？時值二宮之爭，太子孫和與魯王孫霸分派系爭奪皇位，陸遜認為不應拉幫結派，從而保持中立態度。有一次孫權偷偷召楊竺過來談話，孫和派人在床下偷聽，得知楊竺偏向魯王，連忙去找陸胤（陸遜族子）密議，欲請陸遜上諫，於是陸遜屢次進諫嫡庶之分。

孫權得知對話居然洩露，頓時震怒，將楊竺和陸胤都收押起來審問，後處死和陸遜多次書信來往的太子太傅吾粲，也重重責問了陸遜，不但不許他回都，還頻頻寫信指責他。東吳的細雨，在這腥風血雨的一年無聲乾涸。

陸遜在病榻上回憶當初群臣宴飲，顯得如今越發淒涼……東吳，已經不是當初那個東吳；陛下，也已然不是當初那個陛下了。功高震主的人，能有什麼好下場呢？看著一封來自孫權的責問信……一封、又一封……西元二四五年的三月，陸遜於憂憤中與世長辭，享年六十三歲。

他的一生要怎麼形容呢？陸抗也常常想到這個問題，有時他會回憶起父親陸遜，以及父親與孫權逐漸惡化的關係。父親的死，是孫權一封封書信逼死的，等到西元二五一年，孫權痛哭著為父親洗去罪名的時候，父親已經死去多年。

再後來，陸抗也病了，和他父親一樣臥在病榻。

年輕的陸抗神似父親，當他出現在孫權眼前，孫權忽然就想起了當年的事，亦想起了屢立奇功、寵辱不驚的陸遜。在陸抗於建業治病時，孫權召見他，潸然淚下說道：「我以前聽信讒言，與你父親不和，辜負了你們，如今我已經銷毀了當年相關的事物，永遠不會再讓別人看見了[86]……孤，對不起陸伯言啊……。」

陸抗一聲苦笑。他會代替父親化作細雨，繼續灑在這片物是人非的東吳大地嗎？

86 《三國志》：太元元年，就都治病。病差當還，權涕泣與別，謂曰：「吾前聽用讒言，與汝父大義不篤，以此負汝。前後所問，一焚滅之，莫令人見也。」

吳國八卦之一
求救！怎麼帶好一個死小孩？

1樓　**張昭** 樓主

@孫權 總算搞懂要怎麼發帖了，你們年輕人玩的東西真複雜。
老夫就是來問個問題的。老夫這邊有個叛逆期的死小孩，是孩子他哥託付給老夫的，請問要怎麼管教他？

2樓　**魯肅**

張、張公，這孩子是不是姓孫啊？

3樓　**陸遜**

張公大概是忘了匿名吧。

4樓　**張昭** 樓主

匿名？不用，有人告訴老夫，發帖、回帖時不想給誰看到，只要 @ 那個人，那個人就看不到了。

5樓　**程普**

啊？是嗎？好，我又學會了一招。
@周瑜 毛頭小子，憑什麼打仗時我要做你的副手？

6樓　**魯肅**

……。

7樓　**周瑜**

……。

（下接300頁）

8樓 **陸遜**
張公，這方法是誰告訴你的？

9樓 **張昭** 樓主
孫權。

10樓 **陸遜**
喔……。

11樓 **魯肅**
程公和張公歲數大了……我們要不要把 @ 的用處告訴他們？

12樓 **周瑜**
不用，程公會很尷尬的。

13樓 **張昭** 樓主
你們這群年輕人怎麼自己聊開了？沒人認真回答問題嗎？這就是吳國現在的浮誇風氣嗎？

14樓 **魯肅**
對不起張公，我們錯了，您先說說那個……死小孩做了什麼事吧 。

15樓 **陸遜**
＋１！

16樓 **張昭** 樓主
這還差不多，那我就先講講那孩子哪裡最讓老夫頭疼吧。
孩子他哥在出去打獵途中不幸去世，臨死前把他託付給老夫，沒想到啊，那個死小孩照樣出去打獵，打的還是老虎！你們說說這不是找死嗎？老夫為此愁到不行……。

17樓　**張昭** 樓主

你們誰能給老夫出出主意？

18樓　**呂蒙**

來晚了，怎麼了？咱老闆前幾天不是出去打老虎了嗎？我跟你們說，老闆赤手空拳就跟老虎打起來了，那架勢、那威風，看得我真是爽死了！

19樓　**魯肅**

呂蒙，去讀書。

20樓　**陸遜**

去讀書。

21樓　**諸葛瑾**

雖然不知道發生什麼事，但還是跟風一下。去讀書。

22樓　**張昭** 樓主

……阿蒙，看書去！

23樓　**呂蒙**

唉唷，那我先走一步了。

24樓　**周瑜**

我覺得教育方面要問問其他人。

@劉備　@諸葛亮　@曹老闆

25樓　**劉備**（異地用戶）

教育？

26樓 **甘寧**

ㄅㄋㄨ瘤背ㄚ！ㄊ連ㄦ子ㄉㄉㄌ兩ㄘ！

27樓 **張飛**（異地用戶）

哈哈哈哈，甘寧一看到我大哥就嚇得胡言亂語了！

28樓 **陸抗**

興霸不會打字，我幫你們翻譯一下。

「不能問劉備啊！他連兒子都丟了兩次！」

29樓 **甘寧**

對對！

30樓 **曹老闆**（異地用戶）

我能證明長坂坡那一次！

31樓 **劉備**（異地用戶）

你滾！阿斗現在還好好活著呢！丟了兩次又怎樣！

32樓 **諸葛亮**（異地用戶）

張公，我覺得應該先用道義說服他。

33樓 **張昭** 樓主

謝謝你啊孔明，老夫看以下就不用再討論了。

34樓 **張昭** 樓主

沒用啊！那孩子特別叫人做了個小車，自己藏在小車裡射老虎，氣死老夫了！罷了罷了，老夫再也不管他打獵了！他喝酒亂潑水的破事老夫也不管了！老夫要辭職，不幹了！

35 樓　**魯肅**

消消氣、消消氣……。

36 樓　**周瑜**

@曹老闆 再問問曹丞相呢？

37 樓　**曹老闆**（異地用戶）

謝邀。

我先卡個位，你們稍等，等我寫好一篇教育方面的驚世大作再看。

38 樓　**陸遜**

聽起來挺厲害的。

39 樓　**周瑜**

……。

40 樓　**魯肅**

……。

41 樓　**陸遜**

……。

——用戶【曹老闆】已被踢出論壇——

42 樓　**孫策**

我老弟又調皮了？

43 樓　**周瑜**

噓，配合張公，大家都不知道那個死小孩是誰，對不對？

44樓 **諸葛瑾**

對對對！

45樓 **孫策**

好的，公瑾。

46樓 **陸遜**

張公真的不幹了？

47樓 **諸葛瑾**

不知道啊……不過剛才我看見那孩子去了張公家，估計是要親自把張公請回來。

48樓 **諸葛瑾**

喔，他沒請回來……他命人把張公家門封起來，叫張公有能耐就別出來。

49樓 **陸遜**

唉……。

50樓 **程普**

@周瑜 我忽然發現你還挺有能力的，我不討厭你了，對不起啊！
（反正這句道歉你也看不見，嘿嘿。）

51樓 **周瑜**

……。

52樓 **張昭** 樓主

氣死老夫了！老夫已經把自家大門封上，這輩子都不出去了！這次他怎麼哭求都沒用！

53樓　**陸遜**

我賭 10 元，他們會和好。

54樓　**呂蒙**

＋1！

55樓　**諸葛瑾**

＋1……。

56樓　**諸葛瑾**

我回來直播了。

那孩子已經知道自己的錯誤，但好像哪裡不對……他開始放火燒張公家房子，說有能耐你就燒死在裡面啊。

57樓　**周瑜**

哎！

58樓　**魯肅**

快滅火啊！

59樓　**諸葛瑾**

死小孩自行滅火了，但張公還是沒出來。那孩子目前待在張公家門口徘徊不走。

60樓　**張昭** 樓主

這蠢孩子居然放火燒老夫的宅子！老夫精心打理的花草啊！

而且燒完之後還賴著不走？行行行，我看他能賴到什麼時候！

61樓　**程普**

老張啊，你這麼討厭這孩子，幹麼還要管他？

62 樓 **張昭** 樓主

老夫有什麼辦法？死小孩是他哥和他娘託付給老夫的，老夫好歹也是個長輩，要是再不管他，這東吳還有誰能教導他？

63 樓 **張昭** 樓主

這孩子其實命苦啊，本來和他哥一起過得好好的，才 19 歲哥哥就撒手人間，整個東吳都亂了，他還躲在角落裡哭呢。老夫要是不管他，他還能依靠誰？

64 樓 **張昭** 樓主

這孩子其實也就任性淘氣了點⋯⋯平時還挺尊重老夫的，唉。

65 樓 **張昭** 樓主

有一次老夫又被氣到辭職，沒想到他來到老夫家裡，直接跪下道歉。你說說，這麼個孩子，老夫怎麼能置之不理？

66 樓 **周瑜**

多謝張公。

67 樓 **呂蒙**

多謝張公。

68 樓 **魯肅**

多謝張公。

69 樓 **陸遜**

多謝張公。

70 樓 **諸葛瑾**

多謝張公。

71 樓　**張昭** 樓主

唉，焦炭味嗆得老夫真難受，眼淚都嗆下來了。算了，孩子還在外面站著呢，老夫也不擺架子了，出去跟他和好吧。
沒事了、沒事了，散會吧你們。

——帖子沉下去 4 年後——

——用戶【張昭】退出論壇——

72 樓　**孫權**

看個帖考古一下。

73 樓　**孫權**

你個傻老頭兒，我說 @ 能不讓那個人看到，你還真信啊，哈哈哈！

74 樓　**孫權**

唉，老頭兒……你已經不在了，但這帖子我其實一直在看。

75 樓　**孫權**

有時候我挺希望你還在的……。
@張昭 老頭兒，謝謝你。

吳國八卦之二
羊祜觀察日記：陸抗、羊祜，亦敵亦友

1樓　**陸抗** 樓主
這是一個觀察帖，觀察對象：羊祜。

2樓　**陸抗** 樓主
這是我跟羊祜對峙的第 1 天。
羊祜那邊並沒有什麼反應，看起來還很友善，主動跟我打招呼。
對付此人，不可掉以輕心。

3樓　**陸抗** 樓主
第 2 天。
沒有情況。

4樓　**陸抗** 樓主
第 3 天。
沒有情況。

5樓　**諸葛恪**
……你這樣發帖是不會有人氣的，誰想看平平淡淡的日記啊？

6樓　**陸抗** 樓主
好的。以後只記關鍵的事。

7樓　**陸抗** 樓主
我記不清是第幾天了。羊祜今天忽然派人送來一封信：「明日正午，我軍在兩軍交界處等著，你們一定要來喔。」這是什麼意思呢？

（下接310頁）

8樓 **孫策**
唉唷，抗兒也長大了呢。

9樓 **陸抗** 樓主
外公好！

10樓 **諸葛恪**
信上是不是還畫著串在一起的兩顆心？

11樓 **陸抗** 樓主
不是，是戰書，他約好了交戰的時間、地點。我該相信他嗎？

12樓 **諸葛恪**
你傻啊，他可是敵軍！

13樓 **魯肅**
唉呀，信了也無妨嘛！我覺得那小子不是狡詐的人。

14樓 **陸遜**
抗兒。

15樓 **陸抗** 樓主
爹爹好。

16樓 **陸遜**
出門在外都得留個心眼，很多無知少年都是這麼上當受騙的。

17樓 **陸抗**
好的！

18 樓　**諸葛恪**

唉，自從蜀漢論壇被查封之後，咱們這裡也越來越冷清了。

19 樓　**呂蒙**

不是還有陸抗在嗎？

20 樓　**陸抗** 樓主

我回來了。

羊祜果然按照約定好的時間現身，分毫不差，我們愉快的打了一場，然後各自收兵。

21 樓　**呂蒙**

唉唷？這羊祜好像不是奸詐之人。

22 樓　**魯肅**

無論如何，有抗兒，咱們東吳論壇應該能暫時和平一陣子。

23 樓　**陸抗** 樓主

今天羊祜派人送來不少絹布，還附贈一封信：「對不起，我們的士兵在你們地盤割了點軍糧，我已經換算成絹送還給你了。」我該回信說謝謝嗎？

24 樓　**諸葛恪**

回什麼回！他可是敵將呢！

25 樓　**陸抗** 樓主

我決定回一封：「謝謝。」

26 樓　**諸葛恪**

……。

27樓 **呂蒙**

哈哈，放心吧，陸抗之前打得羊祜抱頭鼠竄，他肯定不會輕易來犯啦！

西晉論壇

用戶【羊祜】收到【陸抗】的私訊：「謝謝。」

用戶【羊祜】的今日簽到心情：「：)」

28樓 **司馬炎**（異地用戶）

你們在玩什麼呢？

29樓 **甘寧**

是ㄙ馬加辣ㄍ小狼崽子！

30樓 **司馬炎**（異地用戶）

惡靈退散！話說你都退出論壇了，怎麼還不會打字？神奇！

——用戶【司馬炎】被禁言1小時——

31樓 **孫皓**

@陸抗 你在玩什麼呢？我是叫你打仗，你在邊境幹什麼！望氣者今天幫朕算了一下，說朕一定能一統天下！對了，朕今天還有宴會呢，在中央的愛卿們都來啊！

32樓 **陸抗** 樓主

……。

33樓 **陸抗** 樓主

今天羊祜又送了我幾隻野獸，附信一封：「這是我們士兵不小心在你們領地裡獵到的，還給你。」

34樓　**呂蒙**
無視了！

35樓　**諸葛恪**
哇，這厲害了！

36樓　**陸抗** 樓主
今天羊祜把戰死的吳兵屍體厚葬了，我該允許手下人去送葬嗎？

37樓　**諸葛恪**
怕是有去無回啊！

38樓　**陸抗** 樓主
好的，我決定讓他們去。

39樓　**諸葛恪**
……。

40樓　**諸葛恪**
是不是我回覆的文字在你眼裡都會自動變得不一樣？

41樓　**陸抗** 樓主
今天羊祜給我送來兩個小孩。

42樓　**呂蒙**
什麼！

43樓　**魯肅**
是誰的？

44樓 **孫策**
抗兒你⋯⋯？

45樓 **陸抗** 樓主
孩子不是我的。

46樓 **諸葛恪**
唉唷唷唷，不得了唷——

47樓 **呂蒙**
羊祜這個傢伙，把咱們東吳將領當成什麼！別攔我！我要出去揍死他！

48樓 **陸抗** 樓主
怎麼回事？

49樓 **陸抗** 樓主
是我這邊吳軍的孩子，羊祜把他們送回來了。

50樓 **呂蒙**
⋯⋯你說話倒是說快點啊！

51樓 **諸葛恪**
刻意營造什麼緊張氣氛啊你！

西晉論壇

用戶【羊祜】收到【陸抗】的私訊：「非常感謝。」
用戶【羊祜】的今日簽到心情：「：D」

52 樓　**陸抗** 樓主

抱歉。我最近生病了，在營裡養病。

羊祜聽說我生病，派人送了一碗藥給我，附信：「這是我自己配製的藥，我自己還沒喝呢，聽說陸將軍病了，我就先給你送來了。」聞起來很苦。

53 樓　**呂蒙**

啊啊啊，別喝別喝！

54 樓　**甘寧**

不能喝啊！

55 樓　**諸葛恪**

完了，樓主呢？

56 樓　**陸抗** 樓主

抱歉，我回來了。我已經喝掉了，藥很苦，卻很暖。

不知為何，我忽然想見見對面陣營的他，認真的當面跟他談一談，而不是以書信的形式。

西晉論壇

用戶【羊祜】收到【陸抗】的私訊：

「我的病已經好多了，希望有朝一日能與你見面。」

用戶【羊祜】的今日簽到心情：「^▽^」

---

57 樓　**陸抗** 樓主

鎮守荊州的日子很寂寞。

聽說遠在京城的陛下依然整日作樂，我寫了很多信給陛下，然而陛下似乎並沒有看。

58樓 **陸抗** 樓主

我又寫了一封信給羊祜，只是聊聊閒事。羊祜當天下午就回了。

59樓 **陸抗** 樓主

我覺得，如果沒有隔著這條分界線，我們一定會是無話不說的朋友吧。
不過，就算有這條分界線，也未必不會成為朋友。

60樓 **諸葛恪**

噫，你的文風什麼時候開始這麼有情懷了？

61樓 **陸抗** 樓主

我又忽然開始想起父親，想起很多事，忽然開始想念，那些叔叔伯伯們都在的東吳……我們的東吳。

62樓 **諸葛恪**

大家早就不在啦，先前還會回覆帖子，現在也沒幾個回帖的了（呵欠），你一個人撐起東吳論壇的人氣量，累不累？

63樓 **陸抗** 樓主

撐到我不在了也無妨。

64樓 **諸葛恪**

好吧，拜拜。

65樓 **陸抗** 樓主

再見。

66樓 **孫皓**

我逮到你了，混蛋！都說了叫你打仗，你跟敵人搞什麼筆友！

67 樓　**陸抗** 樓主

@孫皓 一邑一鄉，不可以無信義，況大國乎？臣不如此，正是彰其德，於祜無傷也。

68 樓　**孫皓**

……。

69 樓　**陸抗** 樓主

今年是鳳凰元年，7 月。我又病了，病得很重。
勸陛下的信，陛下依然沒有回覆我。看來我是東吳最後一位用戶了吧。

70 樓　**陸抗** 樓主

別了，東吳；別了，羊祜。

西晉論壇

用戶【羊祜】的今日簽到心情：「……。」
用戶【羊祜】更換簽名檔：「別了。」
晉武帝：「羊將軍怎麼了？跟誰別了？」
羊祜：「臣一個寡言少語的朋友。」

——5 年後，東吳論壇被銷毀——

第五章

三國頻大戰，智勇誰無雙

1 官渡之戰

「三國三大戰役」之一的官渡之戰，就像一首輝煌壯麗的戰歌，迴蕩在史書裡。對於曹操來說，這一戰他創造了以少勝多的奇蹟，為日後一統北方奠定了堅實的基礎。

東漢末年，黃巾起義被鎮壓，東漢權力四分五裂，處於群雄割據的狀態，長期戰爭不斷，荊州劉表、徐州呂布、河北袁紹、江東孫策……在這些雨後春筍般冒出來的勢力之中，袁紹與曹操的力量漸漸強大。

曹操挾天子以令諸侯以後，擊敗了呂布等勢力，占據徐州、兗州以及豫州一部分；袁紹則坐擁幽、青、并、冀州，將河北地區掌握在手中，勢力遠比曹操強大。

就在袁紹打算攻打曹操時，沮授曾勸阻袁紹緩一緩：「咱們應培養實力，同時派兵輪流騷擾曹操的邊境，使他們那兒的百姓不能安居樂業，不出幾年，必定能獲勝。」而審配、郭圖建議立刻攻下曹操。袁紹接受了後者的建議，於西元一九九年選兵十萬，南征曹操，正式拉開官渡之戰的序幕，同時派人去聯繫荊州劉表，讓劉表趁機從後方偷襲曹操。劉表表面上答應了，實際上打著旁觀的主意，並沒有做出實際行動。

對於這位以前跟自己一起搶新娘的老朋友，曹操十分了解。他知道袁紹剛愎自用，且不善於聽取意見，我行我素，便採用了集中兵力式策略，派臧霸率兵進入青州牽制袁紹，又任魏種為河內太守，防止西路進犯，還派于禁屯駐黃河南岸，阻擋袁軍南下，同時遣兵駐守官渡。

就在曹操忙著戰略部署的時候，劉備起兵反叛，打算和袁紹一起攻曹。於曹操出兵打徐州之際，袁紹的謀士田豐提議，這正是襲擊許都的大好時機。

反應超慢的袁紹：「我兒子病了，不去。」

田豐氣得以杖敲地面：「好不容易有個機會，居然因為嬰兒之病給錯失了！」[87]

等曹操擊潰劉備，從從容容的回到官渡，袁紹才忽然反應過來：「我要進攻許都！」

但此時情況有變，田豐趕緊勸他：「老闆，曹操已經打敗劉備回來，許都已經不空虛了，咱們應該加強自身實力，然後派兵輪流騷擾曹操的邊境，使他們那兒的百姓不能安居樂業，不出幾年，必定能獲勝啊。」這臺詞……好像在哪裡聽過。原來田豐這個建議和當初沮授的差不多，但袁紹捂著耳朵不聽，田豐幾次追著袁紹勸阻，最後終於激怒袁紹，被丟入大牢。

西元二〇〇年正月，袁紹命主簿陳琳寫了篇言詞激烈的檄文，罵他是宦官之後，發起人身

87 《三國志・袁紹傳》：田豐說紹襲太祖後，紹辭以子疾，不許，豐舉杖擊地曰：「夫遭難遇之機，而以嬰兒之病失其會，惜哉！」

攻擊。

曹操：「……你還有沒有一點道德感？」

二月，袁軍進軍黎陽，派顏良進攻白馬，將東郡太守劉延打得死傷慘重。四月，曹操在麾下謀士荀攸獻計下，採用聲東擊西之計，率兵往延津而去，佯裝要進攻袁紹後方，袁紹果然分散兵力支援延津。曹操立刻調頭回去，派張遼和關羽當先鋒；關羽衝入敵陣奪得首殺，斬殺了袁紹大將顏良，袁軍潰敗。[88]

惱火的袁紹下令立刻渡河追擊曹操，沮授站出來再次勸諫：「情況有變，應多加考慮，如今應駐守黃河，分兵進攻官渡，如果攻下，主力軍再渡河；如果攻不下，主力軍也不至於全軍覆沒。」自負的袁紹還是沒採納，沮授不禁仰天長嘆，以生病為由請求辭職。但袁紹不同意，還將他的軍隊交給郭圖。

袁紹繼續領兵追去，曹操則下令將馬匹等物品丟棄，隨後袁軍這條大魚果然毫不猶豫的上鉤，開始搶奪物品。曹操趁機進攻，袁紹的另一員大將文醜因此死在了亂軍中。即使曹操完美的贏得官渡初戰，但敵強我弱的局勢並沒有改變，於是他決定將袁軍誘入官渡防線。

沮授又站出來：「老闆，我們雖然兵多，但不如曹軍勇猛。不過曹操的資源不如我們，利於急戰，而我們應該打一場持久戰，慢慢消耗曹操的力量，不要一開始就想著大決戰。」然而袁紹還是領兵往官渡去了，並與曹軍對峙。

九月，曹操發起一次進攻，沒能成功，便守在營中長久不出。袁紹見狀，下令道：「來人啊！阿瞞他不是不出來嗎？行，咱們圍著曹營蓋一圈土山，用箭射他們！」這段時間，曹軍每天生活在箭雨裡，來往都得扛著盾牌，十分緊張刺激。

營中曹操也不甘示弱：「來人啊！他不是想射死咱們嗎？行，咱們趕造發石車，用石頭毀了他們的大土堆！」發石車也叫霹靂車，一舉擊潰了袁紹的高牆。

袁紹：「來人啊！給我挖地道進去！」

曹操：「來人啊！給我挖個長溝出來擋他們！」[89]

兩軍就這麼對峙了整整三個月，士兵們十分辛苦。有一天曹操看見勞累的士兵們，十分不忍：「你們再等等，十五天之內我必定打敗袁紹，不讓你們再這麼辛苦了！」然後暗中寫了封信給在許都的荀彧，打算先回許都再說。

這個決定被荀彧回信否定：「袁紹的主力軍都在官渡，要與您決一死戰，如果您不能打敗他，就會給他機會，這是決定成敗大局的關鍵時刻。咱們軍糧的確緊缺，但不像楚漢對峙那

88 《資治通鑑》：操使張遼、關羽先登擊之。羽望見良麾蓋，策馬刺良於萬眾之中，斬其首而還，紹軍莫能當者。遂解白馬之圍，徙其民，循河而西。

89 《資治通鑑》：紹為高櫓，起土山，射營中，營中皆蒙楯而行。操乃為霹靂車，發石以擊紹樓，皆破，紹復為地道攻操，操輒於內為長塹以拒之。

麼緊張，當時劉邦和項羽都不肯先退兵，就是因為退兵者會屈於劣勢；如今袁紹他們將耗盡力氣，情況必定會有轉變，萬萬不可撤退。」曹操於是決定繼續對峙。

期間，曹操下令截獲袁軍的數千輛糧車並燒毀，袁紹只好把一萬多輛糧車集中在故氏和烏巢，派淳于瓊駐守。沮授再一次站出來：「我覺得應該再派一支隊伍，守在淳于瓊的外側。」

許攸也站了出來：「老闆，曹操那邊也集中火力跟我們槓上了。若我們派一支騎兵襲擊許都，把皇帝押在手中再討曹軍，定能成功；就算我們拿不下許都，曹操他們也是手忙腳亂。」

袁紹：「呵呵，我一定要在這裡逮住阿瞞。」

許攸：「……。」沮授脾氣好，許攸可不一定。這時許攸在鄴城的家人犯罪被抓住了，許攸便趁夜去投奔曹操，曹操光著腳跑來迎接。

「阿瞞，你這裡還剩多少糧食啊？」

「一年吧！」

「胡說八道！」

「那……半年吧？」

「一本正經的胡說八道！」

「唉唷，逗你玩的，其實就剩下這個月的份而已了。」

許攸對曹操的態度挺滿意的，立刻把袁紹屯軍糧的位置告訴曹操。曹操欣喜若狂，當即穿上袁家軍裝，把曹洪和荀攸留在大營裡，親自帶著五千騎兵往烏巢跑。他要幹麼？原來是要偽裝成袁軍，暗中過去。

半路袁軍盤問：「你們是什麼人？」

「我們是袁將軍的士兵。」

「這樣呀，你們過去吧，辛苦啦。」

曹軍就這麼到了烏巢，當一回縱火犯，淳于瓊只能慌忙應戰。消息傳到袁紹那邊，袁紹：「啊啊啊，這是攻擊官渡的好機會啊！張郃、高覽快去攻他大營！」

張郃：「……那個，要是烏巢失守，咱們不是麻煩了？」

郭圖站出來：「麻煩什麼？袁將軍說啥就是啥，打他就是了！」

於是袁紹派小部分士兵支援烏巢，大部分攻擊曹操大本營，然而並沒有攻下，反而讓曹操徹底燒掉烏巢。在此之後，郭圖嘲笑打了敗仗的張郃，張郃一怒之下直接拉著高覽降了曹營。

緊接著，曹軍發動進攻，消滅了袁紹的主力軍，之後袁紹倉皇出逃，於西元二〇二年憂憤而死，袁氏勢力也被曹操趁機消滅。

自家老闆逃走之後，沮授被曹軍擒下，起初曹操想讓他為自己所用，沮授卻一心想偷跑回去，最後還是死於曹操之手。而田豐不僅沒有被重用，還被聽信讒言、惱羞成怒的袁紹殺掉。

官渡之戰表現出曹操的智慧，以及他善於聽取意見的優點；相較之下，袁紹剛愎自用，本來擁有的優勢也一一失去，終於被曹操以少勝多，大敗官渡。這首亂世戰歌，也讓曹操名震天下，成就一代梟雄。

2 赤壁之戰

人人都有黑歷史，曹操的黑歷史是什麼？曹老闆：「一提起二〇八年我就心痛啊……。」

西元二〇八年，「三國三大戰役」之一的赤壁之戰，也是**歷史上第一場南北方大型戰役**，顧名思義在赤壁一帶發生。這是孫劉聯盟以少勝多的經典戰役，可說是最出名的一場縱火了，這場伴隨著大火的黑歷史，究竟是什麼樣子呢？讓我們走進西元二〇八年前後。

一切要從孫劉剛開始結盟說起。劉備一夥人從樊城匆匆出逃，到了長坂一帶，於來使魯肅和說客諸葛亮的努力下，孫劉終於正式結盟抗曹。在另外兩個勢力結盟的時候，意氣風發的曹老闆在做什麼呢？曹老闆此時正野心勃勃的把目光挪向東吳，打算大舉進攻，當時有兩個謀士站出來勸他，這兩人是程昱和賈詡。

賈詡：「老闆，先別急著打江東如何？咱們先把荊州穩定下來。」

曹操：「我不聽、我不聽。」

程昱：「老闆，依我看，孫劉兩家必會聯合，孫權肯定會借劉備的力量來對抗咱們。」

曹操：「我不聽、我不聽。」

曹操仗著自己兵力充足，並沒有把他們的話放在心上，一揮筆，寫了封戰書給孫權：「今日我奉命討伐罪人，軍旗指向南方，劉琮他已經舉手投降了。如今我調水兵八十萬，要和將軍你一起在東吳決戰。」[90]

八十萬這個數字，頓時引起了東吳內部的巨大恐慌。大臣們在孫權面前分成了兩派，一派是以張昭、秦松為主的投降派：「曹操他挾天子以令諸侯，要是我們對抗，就更不順了。將軍以前靠長江天險來抗曹，但如今曹操拿下荊州，還有水軍，我們的優勢已經沒有了！況且他們足足有八十萬，我們顯然打不過，還是投降吧！」

另一派則是以魯肅為主的請戰派。聽完張昭等人的話，魯肅一言不發，等到孫權起身如廁這才跟了上去。孫權知道他的意思，拉著他的手：「你想跟我說什麼？」

魯肅道：「方才大家的意見都是要害將軍啊，我魯肅去投降曹操，起碼能得個一官半職；可您投降曹操，能有安身之處嗎？希望將軍不要理他們。」

原來自己的想法和魯肅相同，孫權不禁大喜：「真是感謝上天把你賜給我啊！」

在魯肅的建議下，孫權召回正在訓練水軍的周瑜。周瑜風塵僕僕的趕回來，開始分析曹操

90《資治通鑑》：是時，曹操遺權書曰：「近者奉辭伐罪，旌麾南指，劉琮束手。今治水軍八十萬眾，方與將軍會獵於吳。」

方的弱點：「如今曹操後方還有馬超、韓遂等人作為威脅，再加上他讓士兵們登上不習慣的戰船，這是取長就短；更別說北方士兵遠道而來，必定會得病，想打敗曹操就趁現在。將軍你給我三萬人吧，我必能打退敵軍。」

這番言論無疑激勵了孫權，孫權回去之後，拔劍出鞘，砍下桌案一角：「誰再敢勸降，有如此桌！」眾人這才不敢嚷嚷著投降。

當夜，周瑜又來見孫權，說出了自己偵查後的結果，得出曹軍根本沒有八十萬人，最多共二十萬左右，且士兵已經疲憊，肯定能被打敗。周瑜的這個看法，和當初諸葛亮的觀點差不多，孫權挺欣慰的：「你和魯肅、程普先出發一步，我隨後就派後援過去，要是你能打敗曹操，就打敗他；不能，就回來和我碰頭。」

於是周瑜為左都督，程普為右都督（右都督等於副手，所以程普起初不服氣），領著三萬士兵和劉備等人會合，展開了歷史上出名的戰役——赤壁之戰。

當時曹軍也已經行軍到了赤壁一帶，雙方相遇，就此展開一場激烈的對戰，最後以曹操大敗為結局——果然如周瑜所預料，曹軍水土不服，鬧了瘟疫，病懨懨的士兵們很快被孫劉合軍一舉擊敗。曹操退到北岸的烏林，打算操練水兵，等待機會再逆襲。

但北方的陸兵根本不諳水性，站在船上，風一吹，就吐得稀里嘩啦的，哪還能打仗？曹老闆覺得很煩惱。但曹老闆畢竟是曹老闆，很快就想到了一個好辦法：「來人啊，給我把船都連在一起，鋪上木板！」（《三國演義》中是龐統獻計。）

這樣的連鎖方法果然有效，起碼士兵們不吐了，但很快就被對岸的部將黃蓋發現了破綻。黃蓋向周瑜提議：「都督，我們的兵比他們少，長期對峙明顯會吃虧，可如今曹軍把船都連起來，那咱們一把火燒了他們，如何？」（《三國演義》說火攻是孔明、周瑜一起想出來的。）

周瑜：「黃將軍真機智！」

為了讓黃蓋順利靠近曹兵，周瑜命他寫封言詞誠懇的詐降信寄過去。曹操看完信，有點懷疑，但他左看右看、上看下看，好像沒什麼不對的，送信的那小子也沒任何破綻，就放心的認為：「啊，應該是真的。」

等到了約定好的那一天，黃蓋果然領著十艘船過來了：「曹老闆，黃蓋來投降啦！」

大家都跑出來看熱鬧，曹老闆自己也挺得意：「看看，還是我們待遇好吧？」沒想到黃蓋一聲令下，點燃了曹操的戰船，然後自己跳上小船跑了！

曹操大驚失色，這場火可謂來勢洶洶，此時又呼呼的刮起東風，助長火勢，曹軍頓時一片混亂。孫劉聯軍趁機殺了過來，把曹軍嚇得魂飛魄散，曹操只好帶著殘兵敗將經過華容道，往江陵跑去；劉備和周瑜在後頭追擊，但沒有趕上。（《三國演義》說被關公放了。）

曹操死裡逃生，氣喘吁吁的一回頭，看見自己的士兵們也滿身泥濘，死的死、傷的傷，全部兵力居然損失了大半，不禁悲從心來，放聲大哭：「若奉孝在，不使孤至此！」

在此戰中，曹操仗著自己兵多，忽略了很多隱患，例如士兵遠道而來，水土不服，又例如一時大意將船相連，使周瑜有了可乘之機，導致孫劉以少勝多。值得一提的是，勝者一方幾乎都很年輕，像周瑜當年剛滿三十四歲，諸葛亮才二十八歲，而敗者曹操已五十四歲了。

對於這一點，曹操也覺得很沒面子，於是寄了封信給孫權：「赤壁之役，值有疾病，孤燒船自退，橫使周瑜虛獲此名。」

孫權：「……。」

演義中的赤壁之戰遠比歷史更加精彩，不僅添加了龐統連環計等，還加了諸葛亮借東風的玄幻劇情。實際上，諸葛亮並沒有直接參與這場戰役，但他在預備階段分析局勢，促使兩家聯盟，也有很大的功勞。

由於當時的人口因素，曹操戰書中的「八十萬」其實灌了不少水，據《周瑜傳》記載，周瑜所估測的兵力，只有二十萬而已。不過雖然如此，曹軍的二十萬人與孫劉聯軍的五萬人，還是相差懸殊，所以說，這是一場利用優勢以少勝多的經典戰役。

這場大火也驚豔了無數文人墨客，衍生出無數文學作品，例如孫元宴的《吳．赤壁》：

會獵書來舉國驚，只應周魯不教迎。曹公一戰奔波後，赤壁功傳萬古名。

赤壁之戰過後，孫劉兩家各自占有荊州的一部分，曹操則退回北方，足足休養了五年才繼續出征東吳，給了孫劉喘息的時間，為日後的三國鼎立埋下重大的伏筆。

3 樊城之戰

荊州身處戰略要地，在群雄眼裡儼然是個大美人，大家反反覆覆，都是為了搶她。最出名的一場戰役當屬樊城之戰，此戰還有荊州爭奪戰、關羽北伐之類的名稱。這場戰役不僅讓蜀漢痛失荊州，還讓孫劉聯盟一下破裂，最終發生了夷陵之戰。實際情形究竟是怎麼樣呢？下面就讓我們掀開歷史的面紗。

樊城之戰發生於西元二一九年，我們先來了解一下背景。曹操的黑歷史赤壁之戰過後，蜀吳的實力都大大提升，尤其是對已經奪得益州的劉備來說，荊州地形的優勢，既可以打曹操，又可以揍孫權，可說是非常方便。見蜀漢占了個這麼大的便宜，孫權當然不會同意，便派出諸葛瑾要求劉備歸還荊州；一發覺劉備並沒有歸還的意思，更派出呂蒙襲擊長沙、桂陽、零陵三郡。劉備自然不甘示弱，同樣派關羽進軍對峙。

眼看著一場大戰在即，曹操進軍漢中的計畫意外擾亂了劉備的打算，在劉備的談和下，孫劉以湘水分界，隔開了地盤：「別生氣、別生氣……東邊的江夏、桂陽、長沙分給你，西邊的南郡、零陵、武陵給我蜀漢，好不好呀？」

孫權憋了一肚子氣：「行。」心裡想著，自己總有一天會搶回來的。

荊州就像是一塊大蛋糕，被分成三部分，襄陽和樊城則控制在曹老闆手下。西元二一九年，劉備開始進軍兩城，意圖奪取。聽說關羽領兵過來之後，曹操派于禁和龐德駐守樊城。倒楣的是，樊城此時正鬧水災，洪水直接淹沒樊城，于禁只能往高地跑，結果被關羽乘船所擒，無奈之下只好投降[91]，最後僅剩龐德繼續抵禦關羽。（《三國演義》說關公放水淹七軍。）

當時龐德剛來，士兵都在背地裡議論：「龐德那小子的前任上司在蜀漢，就連他堂兄也在蜀漢，他能盡力打仗就怪了。」

原來龐德之前是馬超的部將，後來才跳槽到曹操這裡。聽說這個傳言之後，龐德發誓：「今天不是我殺關羽，就是關羽殺我！」

在關羽的猛攻下，轉眼過了正午，龐德手下的士兵們紛紛死傷或投降；龐德逃往樊城曹仁處的小船亦被掀翻，但他緊緊抱著木頭，一個人困在水中，直到被關羽捉住仍死不投降，最終被殺。曹操聽聞後不禁感慨一聲：「我信了于禁三十多年，怎麼關鍵時刻他反而不如龐德？」

之後關羽乘勝追擊，一舉降了荊州刺史胡修和南鄉太守傅方，就連許都南邊的盜賊們都開始回應關羽，一時之間，關羽可謂「威震華夏」。

正當曹操開始考慮遷都一事，司馬懿和蔣濟建議道：「孫劉表面結盟，內裡各懷鬼胎，如今關羽得志，孫權他必定不樂見。咱們可以送信去勸孫權偷襲關羽的後方，事成之後把江南封給他。如此，樊城之圍可解。」

待孫權同意之後，曹操聽取了董昭的意見，故意將信放出去，由徐晃一箭將信射入樊城和關羽大營。困守樊城的士兵們果然因此士氣大增，關羽則產生了疑慮：「唉呀……萬一是老狐狸曹操在挑撥離間，一撤退，努力不都白費了？但孫權那小子也不是那麼可信……。」

「報——不好啦，孫權襲擊咱們後方啦！」關羽一驚，考慮到後方既然被攻擊，那麼現在拿下樊城應該很困難，連忙往江陵撤去。

江陵那邊又是什麼情況呢？這就要提到兩個人物了——呂蒙、陸遜。

繼魯肅之後，呂蒙鎮守的陸口和關羽緊鄰，他和周瑜站在同一陣線，認為一定要防備著關羽，魯肅則力求維持聯盟。在得知孫權已經打好主意後，呂蒙建議道：「關羽他雖出兵北伐，但因忌憚於我，故在南郡留下不少兵力。您可以對外聲稱我有病，將我調回，一旦關羽知道，必定會抽出兵力增援，到時候咱們沿江攻入，就可以拿下了。」孫權一聽可行，隨即以治疾為由，將呂蒙召回建業。

此時此刻，陸遜出場了，渾然不覺的過來探望「生病的」呂蒙。根據《三國志》記載，陸遜這次被呂蒙騙了過去。

91 《資治通鑑》：八月，大霖雨，漢水溢，平地數丈，于禁等七軍皆沒。禁與諸將登高避水，羽乘大船就攻之，禁等窮迫，遂降。

陸遜：「呂將軍，你就這麼回來，不擔心關羽那邊嗎？」

呂蒙：「咳咳……我、我病得很重啊……。」

陸遜：「……。」接著他說出自己的策略，和呂蒙的獻計驚人的相似。

呂蒙回去之後，就向孫權推薦了陸遜：「陸遜可以擔起大任，況且他知名度不高，關羽心高氣傲，不會在意他的，到時候我們暗中突襲，肯定會成功。」[92]於是，當時沒什麼存在感的陸遜接下了工作。當他一抵達陸口，就先寫了一封信奉承關羽，信中甚至自稱「一介書生」，語氣十分崇拜、謙卑，儼然一名乖巧的小菜鳥。關羽看完信以後，果然沒在意這個假新手，將兵力調去前線支援。

待天色轉黑，呂蒙一方準備開始行動，但要怎麼騙過關羽的崗哨呢？呂蒙機智的穿著白衣，領著士兵假扮成商人進城，占據了江陵，此即「白衣渡江」之計。之後他下令撫慰關羽與關羽部將們的家屬，又下令士兵不得騷擾百姓。據說有個和呂蒙同鄉的士兵，因為隨手拿了一個百姓的斗笠蓋在盔甲上，便被呂蒙揮淚斬殺。

得知關羽撤退，曹仁手下的將領們紛紛建議追殺過去，不過趙儼提出了不同意見，表示如今追關羽，很容易引起孫權的恐慌。最後曹仁沒有追擊，遠方的曹操也持相同想法，轉而釋出家鄉平安的消息，使關羽手下不少將士無心再戰，關羽無奈之下只好退守麥城，並於詐降後領十餘名騎兵出逃，半路與兒子關平一起被孫權派出的潘璋、朱然截殺。就這樣，孫權順利的占據了荊州。

樊城之戰裡，蜀漢痛失荊州三郡，對於諸葛亮的《隆中對》方針來說，無疑是重大打擊，而此戰也成為接下來夷陵之戰的重大伏筆。

92 《三國志》：呂蒙稱疾詣建業，遜往見之，謂曰：「關羽接境，如何遠下，後不當可憂也？」蒙曰：「誠如來言，然我病篤。」……蒙至都，權問：「誰可代卿者？」蒙對曰：「陸遜意思深長，才堪負重，觀其規慮，終可大任。而未有遠名，非羽所忌，無復是過。若用之，當令外自韜隱，內察形便，然後可克。」

4 夷陵之戰

劉備的黑歷史——「三國三大戰役」之一的夷陵之戰，發生於樊城之戰的兩年後，也就是西元二二一年的七月。劉備打著「為關羽報仇」的名義，領著五、六萬大軍伐吳。對於這場討伐，不少人投了反對票，例如趙雲就堅決反對這次進攻，但劉備沒聽進去。

憤怒的劉備純粹是想為兄弟報仇嗎？不可否認有此因素，但更重要的是荊州忽然失守，破壞了劉備的計畫，促使他決心奪回荊州，並好好威懾一下孫權。值得一提的是，諸葛亮的反對態度並沒有很堅決，畢竟荊州在其計畫裡同樣重要，故對於樊城之戰，諸葛亮也是不甘心的。

關羽死後，孫權這方當然也做了相應的準備：他遷都武昌（離荊州只有兩百多公里），又任陸遜、李異等人鎮守防線。得知劉備大軍浩浩蕩蕩趕來之際，孫權任陸遜為大都督，領五萬人與孫桓（孫權的侄子）、潘璋、韓當等人一同對抗劉備。

火上加油的是，就在劉備行軍過程中，張飛也被麾下的將領刺殺了，這個噩耗不禁讓劉備更被憤怒沖昏了頭。儘管孫權派人求和，諸葛瑾也曾寫信相勸，但劉備都沒有聽進去。他先擊破李異等人，派黃權駐守在長江以北，然後利誘蠻族首領沙摩柯一同作戰。

對於來勢洶洶的蜀軍，陸遜分析了當下的情況，決定一路退到夷道和猇（按：音同消）亭一帶，進入防禦狀態，暫時將幾百里山地讓給蜀軍。對於手下部將們急著出戰的請求，陸遜耐心的解釋，說明自己覺得硬拚肯定會吃虧，不如將劉備一方拖延至疲憊，再抓住機會反擊。

西元二二二年，一切依計畫展開，蜀軍進軍猇亭，又包圍了夷道的孫桓。由於受吳軍阻攔，蜀軍終於停下追擊，在夷陵一帶駐紮營地。在一片請求出兵支援的聲音裡，陸遜沉住氣，不管蜀軍怎麼叫嚷，都拒守不出戰，等待對方疲憊的好時機。原本上萬的蜀軍氣勢洶洶而來，卻被猝不及防的堵在猇亭，遲遲無法打上一架，再加上六月天氣燠熱，後勤供應不足，正如陸遜所預測的，蜀國就這麼一點一點的失去士氣。

「這仗還要不要打？熱死我了，六月裡什麼都沒做，居然就被困在了這裡……。」

「就是說嘛！」

眼看著士兵們一個個沒了鬥志，劉備無奈之下，只好把水軍挪至陸地紮營，深入密林——正中了陸遜的下懷。原來陸遜一直擔心劉備水陸兩軍齊攻，如今劉備已經主動放棄了優勢，正是吳國反攻的好機會。他想了想，決定先試探性的派出一小隊，去攻擊某個營寨。

不一會兒，小隊灰頭土臉的回來了：「都督，我們敗了。」

「沒關係。」事實上，陸遜本來就打算從這次試探中，摸索出蜀軍的弱點——和當年周瑜縱火一樣，他也要用火攻來對付劉備。

事不宜遲，陸遜命令士兵們拿著茅草夜襲蜀軍大營，趁夜縱火。由於天氣炎熱，加上周圍全是樹木，火勢頓時凶猛了起來，蜀軍因此亂成一團；陸遜下令全軍出擊，諸葛瑾、朱然、韓當等部隊都發起進攻，之前被圍困的孫桓也明白了陸遜的想法，趁機出動，整整攻破四十多座營寨，蠻族首領沙摩柯等人也在此戰中陣亡。

驚慌失措中，劉備領著殘兵逃亡，在陸遜的追擊下，他只帶著少數兵馬逃入白帝城。這一戰，蜀軍死傷慘重；而駐守在長江以北的黃權，因退路被吳軍截斷，不得不向曹魏投降。

劉備逃回白帝城後，吳國將領潘璋等人提議乘勝追擊，要是能捉拿劉備豈不是更好？但此時劉備已得到了後方援軍，陸遜失去機會，外加擔憂曹魏也趁機參一腳，索性退兵了。事實證明，陸遜的猜測沒錯，本次戰役結束之後，曹丕就找理由派兵進犯，幸好無功而返。

夷陵之戰雖由東吳勝出，但也耗損了國力，不久孫權再次談和：「咱們和好吧，行嗎？」劉備當時已經大病：「好吧……心累了，不打了。」孫劉雙方重新結盟抗曹。

回想成敗，真是成也縱火，敗也縱火。這場勝算不小的仗，誰知道半路跑出一個不起眼的陸遜，讓劉備的計畫崩盤；不過劉備未仔細勘察地形、分散兵力、仗著兵力強一味前進，也都是兵家大忌，導致最後慘敗。

西元二二三年四月，劉備在白帝城與世長辭，諸葛亮花費數年，才使蜀漢損傷的元氣漸漸恢復。至於「一介書生」陸遜，可用演義中一首詩來形容：

持矛舉火破連營，玄德窮奔白帝城。一旦威名驚蜀魏，吳王寧不敬書生。

5 合肥之戰

想知道孫權「孫十萬」的外號是怎麼來的嗎？得從「合肥之戰」這個關鍵字說起。

合肥是曹魏的軍事要地，吳國若想進行北伐，它便是其中一個障礙，所以在西元二〇八年到二五三年間，一共展開了五次戰役，前四次都是孫權指揮，最後一次由諸葛恪指揮，而比較出名的是第二次。

西元二〇八年十二月，赤壁之戰發生後不久，周瑜攻打江陵曹仁，孫權則率領十萬大軍圍攻合肥，卻久攻不下，他本來還想突襲，但在張紘的勸說下放棄。

當時合肥太守為劉馥，在別駕（官名）蔣濟的計謀下，劉馥謊稱曹操派來的援軍已到達，讓主簿佯裝迎接將軍張喜入城，然後派三名守將帶著信出城再裝作偷偷入城，其中兩名遭吳軍擒下。孫權因此得信後，相信曹魏援軍已來，就此撤退——此為第一次合肥之戰。

就在孫劉兩家礙於荊州問題，幾乎一觸即發的時候，曹操奪漢中的行動打斷了兩家相爭。在此期間，司馬懿等人勸曹操一鼓作氣拿下劉備，卻被曹操以「得隴不望蜀」為由拒絕。

在曹劉兩家爭奪漢中之前，曹操派張遼和樂進領七千人駐守合肥，並在臨走時留給他們一封信，標明「賊至乃發」，要敵人來時再拆開。西元二一四年八月，孫權率兵十萬再次出征合肥，張遼他們於是打開信一看，是曹操的親筆信。

原來曹操早料到孫權會趁機趕來，但當時雙方實力懸殊，大家都很疑惑，為什麼曹操堅持出戰？張遼分析：「曹操正率兵出戰，等他帶救兵回來，我們早就被孫權攻破了，所以我們要在敵人徹底圍城之前，反過來攻擊他們，挫挫敵人的銳氣，安定軍心，如此方能守住。」

信中寫道：「如果孫權那小子來了，由張遼和李典應戰，樂進守城，薛悌……」

護軍薛悌：「我呢、我呢？」

「老闆說你待著，不要出戰。」

「……。」

張遼安慰軍心一番後，連夜招募了八百個敢死隊員，殺牛犒勞眾人。第二天，天還沒亮，張遼就率軍衝入敵陣裡殺了幾十人，還斬了兩員敵將，大喝：「張遼在此！」

孫權嚇了一跳，連忙領著士兵登上山頂，拿著長戟自保，又在士兵的保護下探頭一看，發現張遼這傢伙正在下面喊他：「有種你給我下來！」

孫權本來連聲都不敢出，但他再冷靜一看，發覺對方只帶了點兵而已，當即下令用人海戰術圍攻張遼，沒想到張遼居然騎著馬大殺四方，領著數十人殺出重圍。當張遼轉頭一看，那些沒逃出來的士兵紛紛大喊：「將軍，你要拋棄我們了嗎？」他隨即做了個讓人驚嘆的舉動——毫不猶豫的殺回去，救出被圍困的手下。

轉眼十多天過去了，孫權遲遲無法攻下合肥，而且吳軍還遇上了瘟疫，考慮到只要張遼這個瘋子在，就無法順利攻下，孫權只好下令大軍回撤[93]，自己與凌統、呂蒙、甘寧等人殿後。張遼見大部隊已撤回逍遙津，剩下孫權和部分將領，當即率人前去追擊。

孫權身邊人一陣驚呼：「我的天啊！張遼又追上來了！」

張遼果然又殺了一通才回去，孫權則在將領的保護下倉促出逃，只是前面的橋已經斷裂，這下該怎麼辦？刻不容緩，孫權旋即騎馬猛躍過去！待孫權安全撤退，凌統才帶傷跟著回撤。

張遼得勝回來之後，拎著吳國俘虜問：「哎，你們軍隊裡有個紫髯將軍，挺擅長騎馬射箭的，差點被我活捉，那小子是誰？」

「是……是我們的老闆孫權……。」

張遼：「……。」不過再哀嘆，也喚不回當初擒獲對方的機會。[94]

---

93 《三國志》：遼被甲持戟，先登陷陳，殺數十人，斬二將，大呼自名，衝壘入，至（孫）權麾下。權大驚，眾不知所為，走登高塚，以長戟自守。遼叱權下戰，權不敢動，望見遼所將眾少，乃聚圍遼數重。遼左右麾圍，直前急擊，圍開，遼將麾下數十人得出，餘眾號呼曰：「將軍棄我乎！」遼復還突圍，拔出餘眾。……權守合肥十餘日，城不可拔，乃引退。

94 《獻帝春秋》：張遼問吳降人：「向有紫髯將軍，長上短下，便馬善射，是誰？」降人答曰：「是孫會稽（即孫權）。」遼及樂進相遇，言不早知之，急追自得，舉軍嘆恨。

這一戰不僅讓吳國軍士震驚，讓小孩子一聽見「張遼來了！」就嚇得不敢出聲，更讓張遼的老闆曹操十分激賞，立刻封他為征東將軍。一年後，曹操再征孫權，還特意去張遼打仗的地方看了一圈，讚嘆不已。

這次合肥之戰，也就是第二次合肥之戰，讓曹魏一方的張遼創下了奇蹟般的戰績，但我們也可以看出孫權的不甘心，所以他才頻頻出兵要攻打合肥。

西元二三〇年，孫權再次出兵圍攻合肥新城，曹魏大將滿寵在淝水處潛伏，發起突襲，孫權一方失敗——此為第三次合肥之戰。

西元二三四年，諸葛亮第五次北伐，邀請東吳出兵。這一年五月，孫權自稱領兵十萬攻向合肥新城，還派了陸遜和諸葛瑾進攻襄陽，孫韶和張承則向廣陵進軍，分三路北伐。

曹叡於七月親領大軍前來，而曹魏大將滿寵射殺孫權的侄子孫泰，再加上吳軍此時又鬧了瘟疫，使孫權不得不退兵。孫韶也同時撤退，陸遜則在戰鬥後不久跟著撤退回師——此為第四次合肥之戰。

第五次合肥之戰，也就是最後一次合肥之戰，由諸葛恪率二十萬大軍圍攻合肥新城。曹魏張特領三千人守城不出，直至死傷慘重，遂派人傳話：「我已經無心戰鬥，但按魏國法律，被圍攻超過一百天時，若援軍不來，投降可以免去責罰；如今已經九十多天了，你們拿走我的印綬（按：印信和繫在印信上的絲帶）作為信物吧。」諸葛恪信了，卻未拿印綬，誰知當夜張特便開始為防禦做準備。

第二日，張特對吳軍高喝：「我只有戰鬥而死了！」儘管大怒，但此時諸葛恪已經失去了攻克的機會，再加上瘟疫橫行、士氣低迷，且不久後曹魏援軍趕到，諸葛恪不得不撤軍。

孫權統領的四次合肥之戰，如果說第一、二次是要認真揮師，那麼第三、四次就是以騷擾為主了；而諸葛恪帶領的最後一次，未考慮到當時的國力，使得大敗之後的吳國元氣大傷，民怨加深。這五次戰役，始終未取得成功，合肥也始終是孫權心中的痛。

一轉眼，幾千年悠悠過去，江山易主許多遍，當年金戈鐵馬活躍在這片山河的豪傑們，誰曾征服過？誰曾失敗過？都化作史書裡或多或少的文字。

第六章

嫁給傳奇人物是什麼感覺？

1 孫尚香真的嫁給劉備？

【問題】

劉皇叔娶了東吳孫權家的小妹，這兩人一個是仁義總裁，一個是刁蠻小姐，簡直是言情小說中的絕配啊！那為什麼孫尚香頭也不回的回東吳了，還差點拐走阿斗呢？

我聽別人說，劉皇叔每天回家都能看見老婆在耍刀，整個人戰戰兢兢的，還偷偷跟孔明訴苦：「唉唷，孫權這哪是嫁妹妹，分明是把一群女黑幫送來了啊！」、「孔明啊，嗚嗚，江東女人是母老虎。」

請問孫尚香小姐，這些都是真的嗎？

【答題者：孫夫人】

哈！大小姐駕到！

咳咳，首先告訴你一件事，本小姐不叫孫尚香，孫尚香這個名字，是一個爛折子戲《甘露亭》裡亂取的，誰再這麼叫我，我就打誰，記住了啊！

拜託！你哪隻眼睛看到我自願嫁過去了？你們能不能動動腦子？當時什麼背景？當時可是赤壁之戰剛結束，我那老哥想跟劉叔叔維持友好關係，居然把我賣了，我一想到就生氣！

什麼？你問我為什麼叫劉備叔叔？記好了，**劉備他當時已經快五十歲了，我可是才二十歲喔！**這樣叫叔叔有什麼不對？而且劉叔叔還帶個拖油瓶阿斗，簡直太過分了！

但我有什麼辦法呢？在那個亂世，我不想聯姻也得去啊！老哥找我的那天，我記得很清楚，當時我正在練武場裡，跟上百個帶刀侍婢一起耍我最心愛的大刀，我老哥假裝一臉嚴肅的過來了：「妹啊，哥想把妳嫁到荊州去，這是國家大事，妳必須無條件同意！」

我不願意跟他廢話，亮了一下大刀，他的態度馬上一百八十度大轉變。

「哈哈……當然，如果妳有什麼條件的話，老哥會幫妳實現的。」老哥這個語氣讓我感覺挺好的，我當然也不是不諳世事的千金大小姐，最起碼的政治聯姻還是懂的，再怎麼樣還是得以大局為重，於是就同意了。但我提了個條件，要把我悉心培養的幾百個小侍婢也帶去。

老哥的嘴角抽搐了一下，同意了；見我帶著上百個小侍婢去荊州，劉叔叔的嘴角也抽搐了一下……管他的，我就是要這樣！

「每天回家都能看見老婆在耍刀」？耍刀怎麼了？我只是有點與眾不同的小小愛好嘛，舞刀弄槍就是要人多才熱鬧啊。當然，我是有點故意，但我就喜歡這種感覺，看劉叔叔戰戰兢兢的往屋裡走，我只覺得好玩。

我不知道劉叔叔跟諸葛亮說了什麼——他肯定有說過，但諸葛亮再厲害，也不可能管人家的家務事吧？我可不信我玩刀時，諸葛亮能推門而入，指著我說：「放開我家主公。」

但討厭的諸葛亮倒是寫過：「主公之在公安也，北畏曹公之強，東憚孫權之逼，近則懼孫夫人生變於肘腋之下，當斯之時，進退狼跋。」居然拿我跟曹操比，說事變就發生在身邊，有沒有搞錯啊？

不過，其實也不全是他們那邊的錯啦，我也有一點小小的、小小的錯……就是我嫁過去之後，荊州的社會秩序直線下降，聽說是我帶過去的吳兵太任性，經常亂來，只是我也懶得管。

後來，劉叔叔拉來一個叫趙雲的傢伙打擊「惡勢力」，我隱約覺得，那傢伙從那時候就盯上我了，甚至防小偷一般的監視我，哼，真是不爽。

你們說說，這婚姻都變成這副德行了，還有過下去的動力嗎？我沒有，劉叔叔也沒有。

等我們的夫妻情誼告吹，劉叔叔就在荊州孱陵建了一座城，專門供我和我的女保鏢們住，對此我還挺開心的，起碼稍微自由了一點。我記得那是西元二一一年的事，當時劉叔叔出發去打劉璋，正好老哥和劉叔叔的友誼也破局了，老哥立刻派船接我回東吳，我當然毫無留戀，抬腿就走。你說我「頭也不回」？不對，其實我有回頭——看看有沒有能拐走的東西。

左看看，右看看，最重要的貌似是正在玩泥巴的阿斗。我和老哥一樣當機立斷，抱著阿斗就往船上跑，可惜被長期監視我的趙雲半路攔截，將阿斗拐回東吳的計畫因此失敗。不過沒關係，最後我還是揮揮衣袖……不，連衣袖都懶得揮，直接坐船回東吳了。

喔對了，我看過《三國志平話》，書中情節大概這樣安排：孫夫人欲抱繼子阿斗回東吳，卻被趙雲和張飛攔截，又被嘴砲功夫一流的張飛破口大罵，頓時覺得萬分愧疚，撲通一聲跳河自盡。

我還看過演義呢，書中的我對劉備愛得深切，聽聞劉備已死的謠言，哭了一場，一樣撲通一聲跳河。作者還題詩一首：「先主兵歸白帝城，夫人聞難獨捐生。至今江畔遺碑在，猶著千秋烈女名。」千秋烈女？我呸！

拜託，我們女子憑什麼只能守著亡夫孤獨的過一輩子？我們可以改嫁呀。

你問我為什麼這麼刁蠻任性？都說江東少年如虎，江東少女自然也不甘示弱呀，憑什麼女子只能做聯姻的工具？我們有感情、有思想，為什麼不能為了自己的命運抗爭？

你很疑惑之後我的事如何了？嘻嘻，不關你的事。

2 什麼人，才配嫁給諸葛亮？

【問題】

我最愛孔明大人了！我真的超想知道，嫁給孔明是什麼樣的感覺！還、還有怎麼樣……才能嫁給孔明？

【答題者：諸葛亮】

好問題，我來回答第二題。

第一個條件，妳是黃承彥的女兒。

第二個條件，妳就是黃夫人。

【答題者：黃夫人】

好問題，那麼我來回答第一題吧！

你們後世對於我的記載可能相當少，沒關係，我簡單來說一說吧。我的父親是襄陽名士黃承彥，跟當時的上流人士龐統、龐德公等人都關係很好。託父親的福，我並沒有受到亂世的太大影響，在這個男尊女卑的社會裡，有幸略讀過一些書。

我和諸葛亮的婚姻，可以說是我父親一手撮合的。當時諸葛亮爹娘雙亡，跟著叔父一起生活；叔父去世以後，他陷入了無所依靠的情況。我父親一向十分欣賞他，就主動找上門去，為我說媒，只是……我父親說的話有點……。

「聽說你正在找合適的妻子？我膝下有個醜女兒，黃頭髮、黑皮膚，但才能正與你相配，如何？」他真的是這麼說的。

爹，雖然我不在意這些，但我畢竟是個女孩子呀……萬萬沒想到，父親那樣形容我，諸葛亮還毫不猶豫的答應了，這也讓我對他刮目相看。這世上有多少人都只在乎皮囊，殊不知美人在骨不在皮，外貌固然重要，但內在的靈魂對一個人來說也很重要，諸葛亮顯然不是一味看臉的人。

既然你問我嫁給他是什麼樣的體驗，我就來講講那些故事吧。只是我們的故事很平淡，可以用清歡[95]來形容。

95　清歡一詞意指清淡的歡愉，出自蘇軾的《浣溪沙・細雨斜風作曉寒》：「細雨斜風作曉寒，淡煙疏柳媚晴灘，入淮清洛漸漫漫。雪沫乳花浮午盞，蓼茸蒿筍試春盤，人間有味是清歡。」

他上門提親的時候，我送了他一把羽扇：「先生可知，我送您羽扇的理由？」

「姑娘這是禮輕情意重？」

他驚訝又疑惑的樣子很可愛，惹得我一笑：「可知其二？」

這一問顯然把他難住了：「這……。」

我賣夠了關子，向他解釋：「您方才與家父談論天下大事，眉飛色舞；又談起各方豪傑，卻眉頭緊蹙。我送您這把羽扇，是讓您用來遮面的。」畢竟大丈夫做事要沉得住氣，若感情波動一下就被人看穿的話，自然難以成大事。

透過他恍然大悟的表情，我明白了，他果然是我的知心人。我沒有告訴他的是，他一會兒眉飛色舞、一會兒眉頭緊蹙的模樣，我也覺得很可愛。

和諸葛亮結婚之後，由於我的相貌，一首鄉諺悄悄的流傳出來：「莫作孔明擇婦，正得阿承醜女。」畢竟無論古今，許多人的目光都是留戀於表面。對我們來說，正可謂「夏蟲不可語冰[96]」，這些譏諷的鄉諺根本無法影響什麼。

其實我還是個自製達人呢，我記得范成大的《桂海虞衡志》裡記載過關於我的事。

我和諸葛亮住在隆中時，家中經常來客，有的客人喜歡吃麵，有的客人喜歡吃米，因此招待他們時工作量很大，我就自製出椿米的木人、運磨的木馬。對於我這麼快就準備齊全，他們都很好奇原因，還偷偷溜進廚房看過——噗，還是諸葛亮帶頭的。

諸葛亮看完之後，請我將這門技藝傳授給他。我聽說，這門技藝後來甚至在北伐時立了大功（按：指木牛流馬），很像你們愛看的童話吧？

其實童話裡也有幾分現實元素，從另一方面來看，這樁婚事對他來說，有著莫大好處。

我父親黃承彥是當地名士，不僅人脈廣泛，還和劉表是親戚，所以他娶我，也等於邁入了上流圈子裡，為自己的將來掌握更多優勢；他的兩個姐姐，也分別嫁給了襄陽的望族，和龐德公的兒子。

我相信，對於自己的路，他早已在胸中規畫了一步步棋。說來可能會讓人很費解，但我喜歡這樣的他。

我讀過的史書中，亂世似乎向來是屬於男兒的舞臺，但寥寥記載裡，也不缺女子，窈窕如趙飛燕、堅毅如王昭君、身懷大才如鍾無艷，同樣得到有識之君的欣賞，而我有幸列入其一。

有生之年能尋得一個良友般的伴侶，相識相知、攜手一生，真的是非常幸福的事。

96 比喻人見識短淺，不能和他談論大道理。出自《莊子．秋水》：「夏蟲不可以語於冰者，篤於時也。」夏天的蟲入秋就死了，不能與其談論冰雪之事。

3 嫁給英雄要有心理準備——大喬、小喬

【問題】

「公瑾呀，喬家姐妹97飽經戰亂，能得到咱們倆當丈夫，也算是有幸啦。」這是孫策拉著周瑜一同娶親時，笑嘻嘻的跟周瑜開過的玩笑。當時他們大破皖城，在城中發現喬公的兩個女兒，也就是大喬、小喬；後來孫策納大喬為妾，周瑜則納小喬為妾，經過後世的轉述，漸漸傳為一段佳話。

請問當事人，妳們的愛情是不是真的很美好呀？

【答題者：大喬】

我只記得那一年，整座城都亂作一團，我和妹妹倉皇間一抬頭，只見兩個騎著白馬的男子走來……。

美好嗎？曾經，或許吧……可惜我的英雄隕落太早，我來不及體會。

傳說裡美人英雄的動人故事，猶如朦朧的一場鏡花水月。

【答題者：小喬】

美好這個詞呀，本身就很美好。

對了，我們本姓橋，而我們的父親在史書上好像沒有詳細記載，只說是「橋公」……偷偷告訴你們吧，他就是袁術麾下的將軍，橋蕤（按：讀作ㄖㄨㄟˊ）。

父親戰死後，我和姐姐就搬到了皖城，本以為日子就這麼安定下來，沒想到不久之後，城破了。正如同姐姐所說，我們看見兩個打馬（按：動身）而來的男子，約二十五歲上下，一個意氣風發，一個風流俊美。後來我們才知道，他們就是孫伯符和周公瑾。

美人、英雄、亂世，真是美好得惹人遐想的背景設定呀。

我嫁給周公瑾，姐姐嫁給孫伯符。你問我，這份愛情真如傳說裡那般美好嗎？嗯……比起我，姐姐其實過得很不好。婚後孫伯符就四處征戰去了，並沒有時間來留戀風月，或許風月在這些男子眼裡不值一提吧。姐姐等啊等，不料只等來他的棺材——伯符在婚後幾個月就遇刺身亡了。

那天姐姐哭了好久，我不知道怎麼安慰她，只能忍著情緒陪伴著她；回去之後，我忍不住

97 二喬本姓「橋」，至於本名皆已失傳，只好以「大橋」、「小橋」為名；《三國演義》中，橋氏被改為喬，故橋公為「喬公」，兩女又稱「大喬」、「小喬」。本書以大喬、小喬來稱呼。

對著夫君哭了一場，問他：「如果你也像伯符一樣走了，那我怎麼辦？」他的眼神依然溫柔，卻沒有回答。

我知道或許是自己想太多，我嫁的英雄可是江東周郎呀！多少女子彈錯弦音，只求得他一回眸，而我不必彈錯弦，亦能得到他的愛。就這樣，我們一起生活了十一個年頭，再後來呀，我也等來了一副棺材——他病逝在巴丘。

他們都走得太匆忙，讓人來不及告別。

我翻遍了史冊，始終找不到接下來我和姐姐的任何記載。亂世是盛大的浪濤，在那個英雄縱馬長歌、快意天下的時代，我和姐姐就像小小的沙粒，被紛湧的亂世瞬間淹沒。

「小喬，妳的愛情，美好嗎？」我常常會想到這個問題。

嗯！當然很美好啦！只是……只是偶爾，還是會想起他……。

4 司馬懿被老婆嚇到

【問題】

我聽說，劉備和孫夫人最初起碼能維持假感情，但司馬懿和張春華已經連表面感情都懶得維持了，最後居然發展到彼此對罵的程度，這是真的嗎？

【答題者：司馬懿】

不是真的，難道是假的？老東西……不，我夫人，是魏國官員張汪的女兒，唯一的貢獻就是替我生下三男一女。對了，後世史官在《晉書》裡拍馬屁寫：「后少有德行，智識過人。」我就呵呵一聲，不予置評了。

說來也荒唐，起初我們夫妻倆的感情好好的，一切都得從我裝病開始說起。

當時整天有人來敲門：「仲達啊，曹老闆召你去上班啦！」

我不願意上班，更不願意讓曹操當我的上司，索性往床上一躺，蓋著被子不起來：「去跟曹老闆說我病了。」

你們現在裝病不上班，頂多扣個全勤獎金，但我們那個年代不一樣，翹班的風險很大，一旦被曹老闆知道我裝病，恐怕全家都得跟著遭殃。所以機智如我，乾脆躺著死不起來。

很不湊巧，有天我聽見外面轟隆一聲雷響，鄰居鬼哭狼嚎的亂叫：「下雨啦！收衣服啦！誰家的書還沒收啊！」

糟了！我那些珍貴的書還晒在院子裡呢，全被暴雨淋溼就不能看了！我管不了這麼多，病中驚坐起，一翻身跑出去收書。倒楣的是，我抱著書活蹦亂跳的模樣，正好被一個婢女撞見。

婢女指著我：「老爺您……您不是病得很重嗎？」

我傻住了：「我……我是病得很重啊……。」空氣忽然間都安靜了。

回去之後，我左思右想睡不著覺，生怕這件事被那個多嘴的婢女說出去，沒想到張春華已經替我解決了——她親手殺掉婢女，把滿是鮮血的雙手洗乾淨，氣定神閒的做飯給我吃。

她這心狠手辣的個性，跟我簡直是同個模子刻出來的。性格相同的夫妻，照理來說應該更恩愛，對吧？我一開始也這麼想，可我真的沒想到……張春華她年老色衰之後會這麼醜啊！哪有我那美貌的柏夫人好看？都說追求美麗是人之常情，難怪我一眼都不想看到張春華，嘔。

張春華應該也察覺到了，很識相的沒繼續在我眼前晃蕩。

後來我病了，聽見有個溫柔的聲音喊我，我以為是柏夫人，迷迷糊糊的睜開眼——一張醜臉乍現在我眼前！我當時真的嚇了一跳，就下意識喊了句：「老物可憎，何煩出也！」老東西面目可憎，幹麼出來嚇唬人？

她聽了好像挺傷心的，不過無所謂，畢竟我已經對老東西……（以下內容因言詞偏激，故遭管理員刪除）。

【答題者：張春華】

嗯，他說得對，我真的挺傷心的。我不敢相信，這句話是從這個並肩走過大半輩子的男人口中說出來的，你們想想，對於一個女人，這是多麼巨大的打擊？

我沒有別的辦法，只好使出撒手鐧——絕食，我的孩子們心疼我，也陪我一起絕食。老不死的這次嚇了一跳，趕緊跑過來跟我道歉，我於是心一軟，接受了。

後來有人說：「哎，仲達，原來你是妻管嚴啊！」

老不死的應該對此感到沒面子，逢人就說：「老東西不值得可惜，我只是擔心我的好兒子們而已。」

嗯，事實的確如此。我們的夫妻感情早已走到了盡頭。只是不知道，老不死的會不會偶爾回憶起當年，為了保全大計，我為他染紅自己雙手的時候？

第七章

三國大哉問

1 關平和關羽的關係

【問題】

《三國演義》中的關羽，自帶一把神器——青龍偃月刀，之後單刀赴會（見魯肅）、溫酒斬華雄，還怒斬顏良、文醜，過五關、斬六將，最後敗走麥城，與義子關平一同被殺害，死後化作鬼魂，導致呂蒙和曹操相繼離世。此外，還有刮骨療傷[98]之類的傳說。

其膝下有三男一女，分別是關興、關平、關索，以及女兒關氏。

那麼問題來了。演義中的關平，是中途加入關羽的，為關定的兒子，時年十八歲，在戰亂中被關羽收為義子，帶著一起上路。請問這小子究竟是不是關羽的親生兒子？

我還想知道，該如何評價關羽這個人呢？

【答題者：關平】

我明明是我老爹親生的……演義裡為了凸顯我爹的形象，落筆一揮，將我改寫成義子，簡直太過分了！不信你們自己看看我老爹的墓碑，上面清清楚楚刻著我們關家的家庭情況，《關帝志》裡也有記載：「娶妻胡氏，於光和戊午歲五月十三日，生子名平。」

另外，你說的關索是哪位？我老爹根本沒有這個兒子！他其實只是《花關索傳》（中國明代說唱詞話）裡虛構的人物而已！

【答題者：拂羅（本書作者）】

年輕人，你的問題成功召喚了我。

這個……真真假假的這些事，就讓關羽親自回答吧！我只想說，連他本人都沒想到，自己會變成後人的偶像。多少年來，關羽始終被無數人瘋狂崇拜，但其實**在清朝以前**，**那些小粉絲們崇拜的並不是關羽**，這是怎麼回事呢？原來「武聖」這個名號，並不是關羽死後就受封，而是後來才有的。

那麼先前的武聖是誰？這個金光閃閃的外號始於唐朝，唐肅宗為了平衡文武地位，將姜太公追封為武成王，所以**姜太公才是名副其實的「武聖第一人」**。

---

98 《三國演義》裡，關羽攻打樊城時，遭毒箭射中右臂，毒性滲入骨頭。華佗負責開刀治療，原本要替關羽矇眼，再以繩索固定傷臂，未料關羽認為傷痛沒什麼好畏懼的，要求華佗直接用尖刀切開皮肉、刮去骨上箭毒。過程中，關羽一邊喝酒、一邊下棋，只發了點虛汗，但未出一聲，使華佗欽佩不已。

宋朝的時候，關羽的實力一步步壯大，一轉眼到了明朝，明神宗將關羽追封為「三界伏魔大帝神威遠鎮天尊關聖帝君」，**當時同樣被追封的還有岳飛**，為「三界靖魔大帝忠孝廟法天尊岳聖帝君」。

可能有人會很困惑，覺得明神宗八成在開玩笑；實際上當時的太常寺，就提出了這樣的質疑：「近睹漢壽亭侯改封大帝，然本寺職掌未有遵承，倘果係皇祖加恩，不妨命閣臣撰制頒之本寺，然後通行天下。」

但是不管怎麼說，關二爺的地位依舊節節升高，最後在清朝一錘定音：「武聖就決定是你了！」到最後，關二爺的封號是什麼呢？

忠義神武靈佑仁勇威顯護國保民精誠綏靖翊贊宣德關聖大帝。看來明神宗並不是在開玩笑呢……回歸正題，問題裡提到的「溫酒斬華雄」，其實是不對的。

演義中描述關羽自願去殺了董卓麾下的武將華雄，袁紹並不同意，關羽隨即大聲說：「我如果殺不了華雄，就請砍下我的腦袋。」

曹操聽了十分欣賞，便倒了杯熱酒給他：「將軍喝了這杯酒，再前去殺敵吧。」但關羽只是把酒放在桌上，說道：「等我殺了華雄再回來喝吧！」等他拎著華雄的頭顱回來，曹操為他倒的酒還沒涼。

此處華雄的死，替關羽直接樹立起威猛的形象，但實際上華雄的死因挺普通的。根據《三國志》記載，他是在關東聯軍討董的時候，為孫堅所殺。

華雄本人的名字也有爭議。《廣韻》裡指出《三國志》原版的名字應該叫葉雄，後來才漸漸被誤傳成華雄，不過名字之爭目前尚未有定論。

評價關二爺的詞有很多，放眼古今，史書裡的關羽、被追封的關羽、被演義加以榮光的關羽……我們得將這些形象分開來看，既不否定他的功績，也不捏造他的功績，這樣一來，才能還原出真正的關羽，對吧？

【答題者：關羽】

拂羅說得沒錯，大丈夫頂天立地，非關某做的事，關某不會攬功勞。問題說關某斬顏良、文醜，只說對了一半；為了報答曹操，關某的確斬了顏良，但文醜的死跟關某沒什麼關係。當時是袁紹命大哥（劉備）和文醜一起去追曹操，文醜才因此被亂軍殺死。

另外，過五關、斬六將也是假的，關某一聽到大哥的消息，就立刻離開了曹營，並沒有跟曹操「約法三章」。

不過，問題所說的刮骨療傷是真的，只是主刀醫生並非華佗，當時華佗早就已經去世了，顯然此處又是演義虛構的情節。

還有，關某用的武器並不叫青龍偃月刀，而且那刀太笨重，演義中描述重達八十二斤（將近五十公斤），根本就是個表演道具。

至於單刀赴會，關某也不應該攬功。簡單來說，單刀赴會確有其事，但不是由關某主動，而是魯肅邀關某相見；我們各駐兵馬百步上，但請將軍單刀赴會。老實說，關某挺佩服魯肅的勇敢。

還有曹操和呂蒙的死，的確有些詭異，但不是關某能控制的。

關某此生最大的遺憾，就是匆匆隕落在戰場，沒能親眼看見大哥稱霸天下，唉！亦不能挽救蜀漢於狂瀾之中，讓大哥傷透了心……也罷！莫嘆太蒼涼，來世，關某還要親口喚玄德一聲大哥！

2 這些奇女子真的存在嗎？

【問題】

我在演義裡看到了許多女性人物，聰慧如貂蟬、果敢如祝融夫人、權高望重如吳國太……讓人印象深刻。

但正史恰恰與演義相反，幾乎看不到關於女性的長篇記載，她們大都出現在男性人物的傳記中，只占寥寥一、兩句，這究竟是怎麼回事呢？

請問，這些女性真的存在嗎？

【答題者：呂布】

演義我看了，你們後世列出的「四大美女」分別是哪些人？王昭君、楊玉環、西施、貂蟬。想知道貂蟬為什麼沒有正史記載嗎？因為她根本不存在啊！

連我都沒見過活的貂蟬，你們怎麼可能見過？我唯一見過的「貂蟬」，就是當年富二代、官二代們帽子上的裝飾，根本不是大美女！

王允這老頭根本沒有這個美貌的女兒，說什麼「閉月」，指月亮都不如自己女兒漂亮，羞愧得躲起來，還說什麼為了實施離間計，安插女間諜到我身邊……全部都是假的！我在鳳儀亭跟貂蟬幽會，被肥頭大耳的董卓扔手戟這碼事也不存在……好吧，扔手戟其實是真的，誰叫那老東西脾氣暴躁又殘忍多疑呢？

你說綠帽？嘿嘿，這個嘛，我的確是不經意的幫董卓戴過……別誤會，不是貂蟬！我只不過是跟他的小婢女約會了一下下，不知道他有沒有發現？只是他平常沒什麼事就愛朝我扔武器了，如果讓他知道綠帽的事還得了？正巧王允老頭也支持我，我就動手幹掉董卓了。

【答題者：孟獲】

我老婆，祝融夫人，火神祝融後代，飛刀、長標樣樣精通，堪稱女漢子。

呵呵，但根本不存在啊……咦？為什麼我的眼角有淚水滑過？

【答題者：孫朗】

那個……有點不好意思，演義裡的吳國太，也就是我娘，其實也不存在，哈哈……。

演義裡說她是我爹孫堅的次妻，也就是吳夫人的妹妹，跟姐姐吳夫人一起嫁過來，不僅生下我，還有一個女兒叫孫仁。

我悄悄爆個料——其實啊，我娘是我爹的妾室，並不是作者改編的吳國太。而且我爹當初求婚的時候，吳夫人是這麼說的：「何必為了我一個女子招惹禍端？倘若他對我不好，也是我命如此。」顯然身不由己啊，既然是這樣嫁過來的，怎麼可能把自己的妹妹也一起帶過來？

至於「女兒」孫仁，也根本不存在。你問孫仁是誰？抱歉啦，你們都沒想到我有兩個名字吧？孫仁是我，孫朗也是我，是演義把我的名字拆開來看了。

【答題者：曹操】

樓上幾個的回答乍看挺厲害，其實全不存在。

孤來講個真正存在的。她叫蔡琰（按：音同眼），或叫蔡文姬，她爹是文學家蔡邕（按：音同庸），跟孤亦師亦友。小丫頭從小琴棋書畫樣樣精通，走的是文藝女神路線，一開始嫁給衛仲道，沒想到衛仲道這小子死得早，丫頭就回家了。

孤直到後來才聽說，蔡邕死了之後，蔡文姬居然被匈奴人擄走了，淪為南匈奴左賢王劉豹的女奴，還為左賢王生下兩個孩子。

這個消息來得太晚，當孤知道時，她已經在那邊待了整整十二年。孤趕緊派使者用千金把她贖了回來，這就是你們所說的「文姬歸漢」。孤一開始還擔心她捨不得兩個兒子，但幸好她心繫中原，最終還是回來了，之後孤就把她許配給都尉董祀。

然而董祀那小子不爭氣，不久居然犯了死罪。孤以為蔡文姬這個弱女子不會有什麼行動，沒想到她的行動比孤想像的更大膽。

當時孤正舉辦宴會，下人說蔡琰求見，孤挺高興，對賓客介紹：「蔡伯喈（蔡邕的字）的女兒就在外面，今天讓各位見一見。」沒想到這丫頭披頭散髮，赤著腳一步一步走進來，然後到孤面前跪下，嚇得孤心臟一跳，還以為大白天的撞見女鬼了。

完了，難不成文藝女神發瘋，變成文藝女神經病了？事實上她沒瘋，她是來為丈夫求情的，其聲音之淒切，令人為之動容。[99]

孤問她：「你們的遭遇很值得同情，但判決書已經發出去了，要怎麼辦呢？」

她答：「您馬廄裡有萬匹好馬，旁有無數猛士，為什麼不讓其中一人騎馬追回，拯救將死之人呢？」好！孤就喜歡這性格，當即放了董祀。蔡文姬很感謝孤，**居然憑著記憶，手寫了她爹的上百篇文章送給孤。**

孤敬佩的人有很多，論女子，蔡琰算是少數一個。

對了，後世是不是有個叫朱熹的傢伙說：「蔡文姬受辱虜庭，誕育胡子，文辭有餘，節烈不足，又另當別論」？孤能罵髒話嗎？不能？好吧，那孤回答完了。

99《後漢書．列女傳》：時公卿名士及遠方使驛坐者滿堂，操謂賓客曰：「蔡伯喈女在外，今為諸君見之。」及文姬進，蓬首徒行，叩頭請罪，音辭清辯，旨甚酸哀，眾皆為改容。

3 喵！曹操和張飛是親戚

【問題】

張飛這幾年間忽然熱門起來，因為我們發現，他的形象或許不是黑臉粗人，反而搖身一變，成了有才華、有長相的白臉美男。據明代卓爾昌的《畫髓元詮》記載，張飛不僅擅長畫美人，亦精通書法，此外，張飛更寫過一首《真多山遊記》[100]。

聽說他和曹操還是親戚……建安五年，林間一個十四、五歲的姑娘外出拾柴，忽聞遠方傳來腳步聲，她好奇的抬起頭，入眼的是一位身披鎧甲的將軍，兩人的姻緣就此展開。這個姑娘就是夏侯淵的侄女，夏侯霸的堂妹。

夏侯淵的妻子是曹操妻子的妹妹，而張飛娶了夏侯淵的侄女，變成侄女婿，於是和夏侯淵扯上了關係，張飛也就和曹操成了遠房親戚。

---

100 《真多山遊記》：王方平採藥此山，重子歌玉瀘山澗。雪，住宿方行。

簡單來說，張飛是曹操的妻子的妹妹的丈夫的侄女的丈夫，請問這是真的嗎？我們該如何評價歷史上真正的張飛？

【答題者：夏侯淵】

放屁！

電視劇《三國演義》裡有這麼一段臺詞，我看就這段最真實：

關羽：「……從今往後，關某之命即是劉兄之命，關某之軀即為劉兄之軀，單憑驅使，絕無二心！」

張飛：「俺也一樣！」

關羽：「某誓與兄患難與共，終生相伴，生死相隨！」

張飛：「俺也一樣！」

關羽：「有渝此言，天人共戮之！」

張飛：「俺也一樣！」

是的沒錯，你們瞅瞅，多過分，拐跑我侄女的張家小子就是這樣胸無點墨的人！

最近這小子突然洗白了，傳說善畫美人圖，也就是仕女圖唄！但仕女圖文化是什麼時候發展起來的？在我們離開多年以後的唐朝才真正發展起來，根本不是我們的年代！況且除了明代的《畫髓元詮》、清代的《歷代畫徵錄》，其他正規書籍根本沒記載這種事，所以我說這兩本書的真實性，實在值得懷疑。

說到張飛是美男……嘔，你們翻翻史書，張飛那小子的記載根本沒幾頁，哪有對於他長相的描寫？有人推測的根據是：張飛的兩個女兒先後被劉禪立為皇后，能當皇后的相貌當然不差，既然女兒長相漂亮，老爹當然也不會長得太難看。

自己摸摸良心，這個說法勉不勉強？他就算不是醜得人神共憤，也不會畫風一轉，變成個美男子！而且無論是史書還是演義，都明確記載了張飛「暴而無恩」，更不會發生什麼竹林相遇的美好姻緣。

所以你提到的建安五年這個記載，究竟是張飛強占了民女，後來才發現是我們夏侯家的女兒，還是其他可能，你自己推估一下吧。

啊對了，他那支被神化的丈八蛇矛，只是普通的矛而已，並沒有其他特別之處。

至於是不是親戚……雖然我很不想承認，但這個是真的，不過曹老闆可從來沒在戰場上跟他相認過！

4 你佩服小說人物還是歷史人物？

【題目】

演義裡有過「蔣幹盜書」的情節，蔣幹這個人物是周瑜的老同學，在赤壁開戰之前主動請纓，前往東吳勸說周瑜投降，反而被周瑜利用，拿著蔡瑁和張允的偽造投降書過去，害死了這兩個無辜的人。

周瑜設計害死兩個心腹大患之後，龐統又想出了連環計，但該怎麼做才能讓曹操相信自己呢？正犯愁的時候，蔣幹神助攻了一次——他開開心心的把龐統推薦給曹操，直接導致了曹操大敗。

周瑜和蔣幹如此天差地別的兩個人，真的是同學嗎？周瑜是個什麼樣的人？他真的被諸葛亮陷害了嗎？

【答題者：蔣幹】

幹麼把我說成這樣？未免太不禮貌了吧，哼！我好歹也是當年的辯論家和名士，而且「有儀容，以才辯見稱」啊！

我的確去找過周瑜，不過不是主動請纓去找，是曹操派我去勸周瑜跳槽的，俗稱挖角。以下是我們的原話。

周瑜：「子翼良苦，遠涉江湖為曹氏作說客邪？」

我說：「吾與足下州里，中間別隔，遙聞芳烈，故來敘闊，並觀雅規，而云說客，無乃逆詐乎？」

周瑜笑了：「吾雖不及夔（按：音同葵）、曠，聞弦賞音，足知雅曲也。」

從他說出這句話時我就知道，他早就看穿了我獵頭的身分。在他那兒待了幾天後，我確定他是不可能跳槽的，於是放棄招降。而龐統並沒有獻連環計，我當然也沒有推薦過龐統。

至於我和周瑜是不是同窗……挺可惜，你們在史書裡見過這樣的記載嗎？

【答題者：程普（孫權麾下將軍，曾和周瑜同為左右都督）】

周瑜是個什麼樣的人？老夫覺得自己有資格回答看看。

周瑜那個年輕人啊，性格特別大度，當時老夫有點看他不順眼，所以總羞辱他，但他始終不跟我計較，讓老夫很欽佩。

和他往來啊，如同飲美酒，不知不覺間便醉了。這個年輕人實在不簡單。

【答題者：諸葛亮】

好問題。

演義裡的我似乎很調皮啊，足足氣了公瑾三次，謝謝作者給我加的戲分。我不否定其文學價值，但為了真實起見，我想說說我眼裡的周公瑾。

他比我大六歲，嚴格來說是我的前輩。我智激周瑜、三氣周瑜只是故事橋段，其實我在赤壁之戰前期的身分是說客，後期也沒有直接參與大戰，借東風一事並不存在。

周公瑾的人生很短暫，而赤壁之戰是他人生中很輝煌的一筆，從赤壁之戰可以看出，他有計謀也有兵法，可以說是這場大戰勝利的關鍵人物。在大部分東吳臣子惶恐欲降的時候，他能自信的站出來，實屬難得。

此外，赤壁之戰過程中，老將黃蓋也是個重要人物，但他的重要在於詐降，不在於挨打，不過挨打之事也不曾發生過就是了。曹操是聯想到黃老將軍的身分與地位，再加上使者的從容鎮定，才相信黃蓋確實投書通報投降。之後的事大同小異，曹操潰敗退回北方，不久就傳來公瑾逝世的消息。

我與公瑾並無太多交集，能以微薄之力澄清的，只有這些。英雄惺惺相惜，不應相妒。

謝謝。

【答題者：拂羅（本書作者）】

來晚了，大家回答得都很全面，看來沒有我需要補充的地方了，那我便用蘇軾《念奴嬌》來描繪真正的周公瑾吧：

大江東去，浪淘盡，千古風流人物。故壘西邊，人道是，三國周郎赤壁。亂石穿空，驚濤拍岸，捲起千堆雪。江山如畫，一時多少豪傑。

遙想公瑾當年，小喬初嫁了，雄姿英發。羽扇綸巾，談笑間，檣櫓灰飛煙滅。故國神遊，多情應笑我，早生華髮。人生如夢，一樽還酹江月。

許多人物在演義和歷史中判若兩人，談及這麼多藝術形象與歷史形象後，希望我們可以在欣賞演義作品之餘，了解更多史實，免得將兩個形象混淆。

藝術源於生活又高於生活，它的精彩性和藝術性不可否認，我們冷靜區分的目的，不是為了在看演義時，蔑笑一句「歷史並非如此」，而是感嘆演義精彩絕倫的同時，也可以隨時抽身，辨認出這些人物的歷史形象。

我們承認演義的精彩，也尊重歷史的真實，如此便好。

附錄 大事年表

年分（西元）	事件
一八四年	十常侍作亂，黃巾起義。
一八九年	大將軍何進召董卓進京，何進被十常侍殺害，袁紹殺宦官。曹操逃歸鄉里，投奔好友張邈。
一九〇年	以袁紹為盟主，關東聯軍伐董卓。二月，董卓遷都長安，關東聯軍畏懼涼州軍不敢前進，曹操獨自前往被擊敗，不久關東軍解散。
一九一年	荀彧投奔曹操，曹操為東郡太守。劉備投奔公孫瓚，與青州刺史田楷一起對抗袁紹。孫堅戰死。
一九二年	呂布殺董卓，曹操成為兗州牧，降服青州黃巾軍。
一九三年	曹操出兵徐州，孫策在丹陽招兵。

一九四年	曹操因父仇二次出兵徐州屠城，陳宮和張邈叛變，迎呂布入兗州。劉焉病死，劉備為徐州牧，諸葛亮隨叔父諸葛玄投靠荊州牧劉表。
一九六年	劉備為豫州牧，曹操迎獻帝。
一九七年	張繡投降曹操，又叛。
一九八年	曹操殺呂布、陳宮。
一九九年	張繡投降曹操。孫策、周瑜娶大喬、小喬。
二〇〇年	「衣帶詔」事件洩露，曹操打敗徐州劉備，擒關羽，劉備投奔袁紹。孫策被刺身亡，孫權繼位。許攸投奔曹營，助勝官渡之戰。
二〇一年	曹操打敗劉備，劉備投奔荊州牧劉表。
二〇二年	袁紹病死，劉備燒營撤退，大敗夏侯惇。
二〇三年	袁譚、袁尚相爭。
二〇五年	曹操殺袁譚，占據冀州。

年分（西元）	事件
二〇七年	曹操北征烏桓成功，郭嘉逝世。袁尚、袁熙被公孫康殺死。劉備三顧茅廬，諸葛亮獻《隆中對》。
二〇八年	赤壁之戰，孫權、劉備聯軍大敗曹操。劉備占據荊州江南四郡，徐庶不得已離開劉備。孫權攻合肥失敗。
二一〇年	周瑜死。孫權將荊州借給劉備。
二一一年	八月，馬超造反，潼關之戰後敗走涼州。劉璋迎劉備入益州。
二一二年	馬超一家被殺害，荀彧自殺。
二一三年	曹操進軍濡須口，孫權率兵拒之。曹操被封為魏公，加九錫。馬超投奔漢中張魯。
二一四年	馬超投靠劉備，劉備進攻劉璋，占據益州（龐統於雒城身亡）。孫權二次攻合肥失敗。
二一五年	劉備、孫權湘水為界，平分荊州。曹操收服漢中張魯。合肥之戰，張遼帶敢死隊衝入孫權大營，孫權退走。
二一六年	曹操為魏王。

二一七年	曹操在濡須口打敗孫權。劉備進軍漢中。魯肅卒。
二一九年	劉備占據漢中，稱漢中王。孫權攻合肥。曹操殺楊修。孫權派呂蒙襲南郡，殺關羽，據荊州（荊州之戰）。呂蒙病死。
二二〇年	曹操病死洛陽，曹丕不久稱帝，東漢滅亡。
二二一年	劉備稱帝建立蜀漢，諸葛亮為丞相。劉備率軍攻孫權，張飛卒。孫權稱臣於魏，封吳王，歸還于禁。
二二二年	夷陵之戰，劉備被吳軍所敗。十二月，馬超病逝。
二二三年	劉備病死，劉禪即位。諸葛亮派鄧芝出使吳國，恢復聯盟。
二二六年	曹丕卒，曹叡繼位。
二二七年	諸葛亮上《出師表》率軍北伐。
二二八年	司馬懿殺孟達。春，諸葛亮第一次北伐出祁山，收姜維，馬謖卻失街亭；冬，諸葛亮第二次北伐，糧盡退兵。
二二九年	諸葛亮三次北伐。

年分（西元）	事件
二三〇年	孫權三次攻合肥失敗。
二三一年	曹真死，司馬懿領兵同諸葛亮對抗。諸葛亮四次北伐，司馬懿不出戰，蜀兵糧盡退兵，諸葛亮上書罷免李嚴。
二三三年	孫權四次攻合肥失敗。
二三四年	諸葛亮五次北伐，駐軍五丈原，後病死。孫權五次攻合肥失敗。
二三九年	曹叡卒，曹爽與司馬懿輔佐曹芳。
二四七年	司馬懿稱病不參朝政。
二四九年	司馬懿殺曹爽。
二五一年	司馬懿卒。
二五二年	孫權病死，諸葛恪輔佐孫亮。
二五三年	諸葛恪攻合肥失敗，費禕被郭循刺殺。

二五四年	司馬師廢曹芳，立十三歲的曹髦為帝。
二五五年	司馬師卒，司馬昭控制朝政。
二五六年	姜維大舉伐魏失敗。
二五八年	司馬昭殺謀反的諸葛誕。
二六〇年	司馬昭殺曹髦，立曹奐為帝。
二六三年	魏國鄧艾、鍾會伐蜀，劉禪投降，蜀亡。
二六四年	鄧艾、鍾會被殺。司馬昭稱晉王。吳國孫皓即位，陸抗鎮守北部邊界。
二六五年	司馬昭卒，司馬炎稱帝，魏亡。
二六九年	羊祜鎮守南方邊界。
二七四年	陸抗病死。
二七八年	羊祜卒。
二八〇年	孫皓出降，吳亡，三國歸晉。

issue 056

三國正史 比小說更戲劇

資治通鑑、三國志、魏書……十多本正史考證蒐集，
誰的評價遭冤枉？誰的表現被誇大？
（原版書名：羅貫中沒告訴你的三國演義）

作　　者／拂羅
責任編輯／宋方儀
美術編輯／林彥君
副總編輯／顏惠君
總 編 輯／吳依瑋
發 行 人／徐仲秋
會計助理／李秀娟
會　　計／許鳳雪
版權主任／劉宗德
版權經理／郝麗珍
行銷企劃／徐千晴
業務專員／馬絮盈、留婉茹、邱宜婷
業務經理／林裕安
總 經 理／陳絜吾

國家圖書館出版品預行編目（CIP）資料

三國正史 比小說更戲劇：資治通鑑、三國志、魏書……十多本正史考證蒐集，誰的評價遭冤枉？誰的表現被誇大？／拂羅著.
-- 二版. -- 臺北市：任性出版有限公司, 2024.02
384面；17×23公分. --（issue：056）
ISBN　978-626-7182-54-3（平裝）

1. CST：三國史　2. CST：通俗史話

622.3　112019830

出 版 者／任性出版有限公司
營運統籌／大是文化有限公司
臺北市 100 衡陽路 7 號 8 樓
編輯部電話：（02）23757911
購書相關諮詢請洽：（02）23757911 分機 122
24 小時讀者服務傳真：（02）23756999
讀者服務 Email：dscsms28@gmail.com
郵政劃撥帳號：19983366　戶名：大是文化有限公司

法律顧問／永然聯合法律事務所
香港發行／豐達出版發行有限公司 Rich Publishing & Distribution Ltd
香港柴灣永泰道 70 號柴灣工業城第 2 期 1805 室
Unit 1805, Ph.2, Chai Wan Ind City, 70 Wing Tai Rd, Chai Wan, Hong Kong
Tel：2172-6513　Fax：2172-4355　E-mail：cary@subseasy.com.hk

封面設計／林雯瑛　內頁排版／王信中
印　　刷／鴻霖印刷傳媒股份有限公司
出版日期／2019 年 5 月 初版
2024 年 2 月 二版
定　　價／420元（缺頁或裝訂錯誤的書，請寄回更換）
I S B N ／978-626-7182-54-3
電子書ISBN／9786267182536（PDF）
9786267182529（EPUB）

Printed in Taiwan